효과적인
성경연구 방법

17가지 지침

하워드 F. 보스 지음 • 류영모 옮김

한국장로교출판사

Effective Bible Study

A Guide To Seventeen Methods

by

Howard F. Vos

Tr. by

Yeong Mo Ryoo

1988

Publishing House
The Presbyterian Church of Korea
Seoul, Korea

추천의 글

"교회는 성경을 살아 계신 하나님의 말씀으로 믿는다. 그러나 이 하나님의 말씀이 진정 오늘날 신도들의 생활 속에서도 말씀이 되고 있는가?"라는 질문을 받았을 때 확신에 찬 긍정적인 대답을 하기는 어려운 실정이다. 이것은 수육(受肉)의 복음이 우리들의 생활 속에 수육이 되지 못하고 있다는 것이다. 다시 말해서 진리가 삶 속에서 구체적으로 번역되지 않고 있다는 말이다. 그리고 이러한 사실은 말씀의 이해와 전달에 있어서 어디엔가 문제가 있음을 암시해 준다.

말씀이 전달되는 장(場)은 성서연구(혹은 성경공부)의 영역이다. 성경을 공부하는 목적은 사람들로 하여금 하나님을 알고, 계속 말씀해 오시는 하나님께 응답하도록 준비시키려는 것이다. 따라서 교육에 있어 성경의 주된 역할은 사람들로 하여금 하나님과 계속적인 만남을 갖게 하는 데에 있다.

그러나 때로는 성경공부를 할 때 마치 바리새인과 같이 성서를 율법주의적으로 사용하여 성경이 인간의 주인이 되거나, 혹은 실용주의적 방법으로 사용하여 성경이 마치 참고서나 백과사전같이 여겨져 인간이 성경의 주인이 되는 오류에 빠진다. 성경의 본래 역할을 가능하게 하기 위해서는 성경과 상호 인격적이고, 대화적인 관계 속에서 입체적인 의사소통을 통해 하나님을 만나고 공동체의 친교와 활력을 불어넣을 수 있는 다양하고도 폭넓은 성경연구 방법이 필요하다.

최근 소그룹 단위의 많은 성경연구 교재들이 출판되어 소개되고 있는 반면, 이들 성경연구를 위한 방법에 대하여 체계적인 이론을 정리한 지침서가 없어 아쉬움을 느껴 오던 중, 이번에 한국장로교출판사에서 하워드 보스(Howard F. Vos)의 「효과적인 성경연구 방법 : 17가지 지침」을 번역, 출판하게 되어 퍽 다행으로 생각한다.

이 책은 미국의 복음적인 신학교나 교회에서 지금까지 계속 널리 애용되고 있고, 출판된 이래 무려 20판을 거듭하여 미국에서만도 4만부 이상이 판매되었다. 본서가 지금 한국에서 활성화된 소그룹 성경연구들을 보완할 수 있는 이론적 지침서가 되리라 믿는다.

특별히 역자는 장로회신학대학교에서 "성서교육방법"을 강의해 온 분으로 이 책의 내용을 잘 이해하고 있는 분이다. 모쪼록 이 책이 신학교나 교회, 그리고 목회자와 교회지도자들의 교육현장에 널리 이용될 수 있기를 바라면서 이에 추천하는 바이다.

장로회신학대학교 명예교수

고 용 수

역자의 글

인간이 받은 축복 중에서 가장 큰 축복은 하나님과 인격적으로 대면할 수 있는 만남일 것이다. 기독교교육의 가장 중요한 매개체 역시 이 만남 속에서 말씀을 주고받는 대화이며, 이 대화 속에서 인간의 삶이 변화된다.

우리는 이 만남이 하나님께서 친히 계시하신 성경의 연구를 떠나서는 결코 일어날 수 없음을 너무 잘 알고 있다. 그러나 전통적으로 연역적 연구에 익숙한 신자들로서는 거미가 줄을 뽑듯이 제한된 기쁨을 느낄 수밖에 없었고, 꿀벌이 꿀을 모으듯 무한한 진리의 발견에서 오는 감격과 능력을 맛볼 수는 없었다.

말씀의 축복이 없는 신자들의 신앙은 자못 맹목적이기 쉽고, 성경연구의 능력이 없는 교사나 목사들은 독에 고인 물을 마시듯 하여 샘솟듯 솟아나는 생명수를 마실 수가 없을 뿐만 아니라 양들을 푸른 초장으로 인도할 수가 없을 것이다.

이 목마름과 배고픔 속에서 하워드 보스(Howard F. Vos)의 「효과적인 성경연구 방법 : 17가지 지침」이라는 책을 대하게 되었다. 나는 그 순간 "주의 말씀 받은 그날 기쁘고도 복되어라." 하며 목이 터져라 찬송을 하지 않을 수 없었다(20여 년 전의 일이었다). 이 끝없는 감격 속에서 나는 교사들, 청년들, 학생들과 더불어 최일선에서 이 책을 연구해 가는 동안 점점 더 깊이 빠져들게 되었다.

이렇듯 이 책의 연구가 계기가 되어 귀납적 성경연구에서 한스 웨버의 공동체 성경연구에 이르기까지 다양한 연구방법론에 깊은 관심을 갖게 되었고, 교회 현장에서 성경연구의 많은 기쁨과 능력을 체험하게 해 주었다. 감히 역서를 내놓을 수 없는 자신의 부족을 알면서도 나의 수많은 동역자들과 함께 읽고 싶은 충동에서 모험을 하게 된 것이다. 분명 부족한 능력과 성의를 통해서라도 성령님은 성경을 사랑하는 많은 사람들을 통하여 크게 역사하여 주실 줄 믿는다.

끝으로 지도와 격려를 아끼지 아니하시고 친히 추천의 글을 써 주신 나의 은사 고용수 교수님께 심심한 감사를 드리고, 미숙한 원고를 흔쾌히 출판해 주신 한국장로교출판사에 마음으로부터 감사 드리며, 행여 원문의 깊은 감동을 손상하지 않았나 내심 송구함을 금할 길이 없다.

망원동 유수지 곁에서

류영모

머리말

채터누가(Chattanooga)에서 교편을 잡고 있을 때, 어떤 학생 하나가 성경연구 방법에 관하여 알고 싶다고 간절한 요청을 해 왔었다. 그 덕분에 템플 대학교(Tennessee Temple College)에서 두 과목의 성경연구 방법론을 강의하게 되었다.

3년 동안 이 강의를 수강했던 많은 학생들이 하나님의 말씀을 깨닫게 되고, 영적인 통찰력을 가지는 데 커다란 진전이 있음을 입증해 주곤 했다. 그 후 나는 이러한 과정을 다른 사람들에게 전달해야겠다는 사명을 가지게 되었고, 자연스럽게 이에 대한 가치를 새롭게 느끼게 되었던 것이다.

이 책에서 내가 목적하는 바는 교사들과 학생들에 의해서 개발되고 입증된 바 있는 성경연구에 관한 제 원리들을 밝히는 데 있다.

끝으로, 하나님의 말씀 속에서 그 진리를 좀더 잘 이해하려고 애쓰고 노력하는 많은 학생들과 평신도들에게 도움이 되었으면 한다.

일리노이 주 에반스톤에서

하워드 F. 보스

차례

서 론

세례 요한은 광야에서 외치는 '소리'였다. 대부분 오늘날의 크리스천은 그에 대한 메아리에 불과하다. 스펄전(spurgeon), 무디(Moody), 혹은 몰간(Morgan)이 발견했던 성경의 심오한 진리들을 상고하는 일은 누구나가 인정할 수 있는 성경의 이해방법이 되어 왔다. 오늘날의 크리스천은 이미 이 시대 사람이 아닌 신앙의 위인들처럼 의미심장한 생각을 발견해 낼 수 있는 능력을 자기 자신도 가졌으면 하는 열렬한 바람에도 불구하고, 그것들을 발견하기 위해 마땅히 지불되어야 할 대가를 꺼렸기 때문에 결국 하나님의 풍성한 복을 발견해 내지 못한 것이다. 혹 어떤 사람에게는 야심과 노력은 충분할지 몰라도, 자기 스스로 그 말씀 속에서 보화를 어떻게 찾아야 할 것인가 하는 방법이 부족한 경우도 볼 수 있다.

숨겨 있는 이 말씀의 보화들은 몇몇의 특수한 개인을 위해서 보존되는 것이 아니라 그 말씀을 찾고자 애쓰는 모든 사람들에게 유용한 가치가 될 것이다. 그러나 심오한 영적 진리를 꿰뚫어 볼 수 있게 되는 이 사실이 누구에게나 아무런 노력 없이 주어진다는 뜻은 아니다. 지름길을 찾으려고 하는 것은 시간에 대한 심한 모독이다. 즉, 하나님의 참된 지식을 얻기 위한 지름길은 없다. "서반아어 학습의 왕도"(Spanish in Twenty Easy Lessons)와 같은 원리가 하나님에게는 적용되지 못한다. 열심히 공부하면서 성령의 가르침에 의지하는 것만이 여기서 성공할 수 있는 유일한 길이다. 그러나 명확한 계획이 없는 사람에게는 어떠한 노력이나 성령의 가르침도 큰 도움이 되지 못할 것이다. 그는 아무런 진전도 없이 다람쥐 쳇바퀴를 도는 것처럼 시간을 낭비하고 말 것이다. 즉, 이 성령의 가르침에 대한 사역은 산만한 조각 지식들이 하나의 통합된 계획하에 함께 연결되어야 할 필요가 있는 것이다.

아마 미국의 보수적 신자들의 가장 큰 결점 중의 하나는 하나님을 위해 해야 할 일과 하나님의 말씀 속으로의 몰입은 강조하면서도 그것을 '어떻게' 성취할 수 있느냐 하는 방법론에는 많은 강조를 못하고 있다는 점이다. '어떻게'에 관한 잡지의 기사나 서점의 책들이 좋은 성과를 얻고 있음에도 불구하고 왜 성경연구에 관해서는 '어떻게'에 그리 큰 강조를 하지 않는 것일까?

오늘날 성경연구 방법에 관한 저술이 절실히 요구되고 있다는 사실은 확실하다. 이 저술은 참된 성경지식을 찾고 있는 평신도, 성경 중심적인 목회를 원하는 목사, 강습회를 인도하는 지도자, 성경대학, 또는 이 분야의 참고서적을 찾고 있는 많은 사람들에게 도움을 주리라 믿는다. 이것이 바로 저자가 이 책을 쓰고자 하는 목적, 이 주제에 대한 결론적 총결산이 아니라 간단한 서언으로서의 목적이다.[1)]

1) 저자는 '성경연구 방법'이라는 주제에 관한 유용한 저서들이 있음을 인정한다. 특히 훌륭한 책으로는 *Galatians : The Charter of christian Liberty*(by Dr. Merrill C. Tenney, Dean of the Graduate School, Wheaton College, Wheaton)가 있다. 테니(Tenney) 박사는 갈라디아서를 연구하는 데 있어서 9가지 방법을 사용한다.

헬라어나 히브리어로 주석을 단다든지 그 어원에 대한 일반적인 이해를 도와주는 책들은 많이 있다. 그러나 이 책은 번역판 성경을 연구하고자 하는 학생들에게 하나의 지침서로 제공해 주고자 한다. 이 책 각 장들의 전반적인 내용 구성은 다음과 같다.

첫째, 각 방법들의 정의가 내려진다. 신학적, 사회학적, 정치학적, 철학적 방법들과 같은 경우에는 독자가 비성경적인 자료들에 대해서도 최소한의 지식을 가지고, 그 방법 속에서 성경이 주는 메시지에 좀더 깊이 집중할 수 있게 하기 위하여 그 분야에 관한 간략한 개관을 제공하려고 한다.

둘째, 간단한 예가 주어진다. 여기서 학생들은 정의에서 제시된 제 원리들이 어떻게 활용되는가를 이해하게 된다.

셋째, 더 깊은 연구를 위해서 필요한 몇 가지 제안을 더 하고 있다. 여기에는 평신도들이 자기 나름대로 연구를 계속할 수 있도록 일람표가 실려 있고, 이 책을 교재로 사용하고자 하는 교사들을 위해 학생들의 연구과제 등을 제시하고 있다.

마지막으로 도움이 될 만한 저서들은 각주로 안내하거나 혹은 본서 마지막 부분의 "참고문헌"란에 수록했다. 그러나 대부분 이런 참고도서 목록은 그 방법을 연구하는 데는 불필요하다. 또한 대개의 방법들은 그 방법을 따르고자 하는 별 도움이 없어도 말씀을 직접 연구할 수 있으리라고 본다.

이러한 방법들을 통해서 알게 된 진리를 선포하는 데 도움이 될 만한 몇 가지 조언을 하고자 "성경교수의 방법들"이라는 제목을 첫 장에서 다루고 있다. 이 점에 있어서 어떠한 시도도 독창적인 것은 없다. 왜냐하면 이 주제에 대해서 많은 사람들이 다루어 왔기 때문이다. 그러나 지금까지 쓰인 대부분의 것들은 간단한 프린트물이거나 일반 크리스천들이 이해하기 어려운 방법들이었다고 본다.

여기서 한 가지 경고하고자 하는 것은 사람들로 하여금 성경연구를 위한 한두 가지의 규칙이나 제안들을 받아들임으로써 하나님의 진리에 도달할 수 있게 해서는 안 된다는 것이다. 성령의 가르침 사역에 대치할 만한 성경연구 계획이란 있을 수 없다. 그것은 요한복음 16 : 13~15에서 약속한 바와 같다. "그러나 진리의 성령이 오시면 그가 너희를 모든 진리 가운데로 인도하시리니 그가 스스로 말하지 않고 오직 들은 것을 말하며 장래 일을 너희에게 알리시리라 그가 내 영광을 나타내리니 내 것을 가지고 너희에게 알리시겠음이라 무릇 아버지께 있는 것은 다 내 것이라 그러므로 내가 말하기를 그가 내 것을 가지고 너희에게 알리시리라 하였노라"

더욱이 이 성령의 가르침이 모든 사람에게 다 적용되지는 않는다는 것도 알아야 한다. 죄에서 구원 받지 못한 사람에게 그것을 깨닫기를 기대할 수는 없다. 그것은 "육에 속한 사람은 하나님의 성령의 일들을 받지 아니하나니 이는 그것들이 그에게는 어리석게 보임이요, 또 그는 그것들을 알 수도 없나니 그러한 일은 영적으로 분별되기 때문이라"(고전 2 : 14) 하는 말씀과 같다.

또한 육적인 혹은 영적인 크리스천이 아닌 그가 단단한 음식을 소화할 수 없는 어린아이로서 하나님 말씀의 고기가 아니라 우유로 길러졌기 때문에 하나님의 진리의 충만을 맛볼 수 없는 것이다(고전 3 : 1-2). 성령의 가르침의 능력을 힘입을 수 있는 자는 오직 영적인 사람, 하나님과 올바른 관계를 맺고 있는 사람이다. 바울은 영감으로 말하기를 "기록된 바 하나님이 자기를 사랑하는 자들을 위하여 예비하신 모든 것은 눈으로 보지 못하고 귀로 듣지 못하고 사람의 마음으로 생각하지도 못하였다 함과 같으니라 오직 하나님이 성령으로 이것을 우리에게 보이셨으니 성령은 모든 것 곧 하나님의 깊은 것까지도 통달하시느니라"(고전 2 : 9-10)라고 하였다.

영적인 크리스천들은 빛에 대한 불순종의 결과로 빛의 생활에서 멀어지고 어두움에 거하게 된다는 수많은 경고를 받게 된다. 마가복음 4 : 23~25이 이 점을 지적하고 있다. 거기에서 제자들에게 이야기하는 중에 예수는 다음과 같이 말한다. "들을 귀 있는 자는 들으라 또 이르시되 너희가 무엇을 듣는가 스스로 삼가라 너희의 헤아리는 그 헤아림으로 너희가 헤아림을 받을 것이며 더 받으리니 있는 자는 받을 것이요 없는 자는 그 있는 것까지도 빼앗기리라" 이러한 말씀은 신자들의 손이나 발, 마음, 그리고 입술 등 모든 면에서의 완전한 복종의 도를 강조하고 있다. 우리의 복종의 정도에 비례하여 하나님은 더 많은 축복과 기회와 빛을 주시는 법이다. 반면에 우리가 진실하지 못할 때 그 빛을 빼앗기고 마는 것이다.

이러한 진리는 우리의 관심을 요한복음 15 : 14~15로 이끈다. "너희는 내가 명하는 대로 행하면 곧 나의 친구라 이제부터는 너희를 종이라 하지 아니하리니 종은 주인이 하는 것을 알지 못함이라 너희를 친구라 하였노니 내가 내 아버지께 들은 것을 다 너희에게 알게 하였음이라" 여기서 주님은 당신의 요구에 응하는 자는 주님과 이 땅위에서 가까운 친구의 관계를 가지게 될 것이라고 말씀하신다.

그러면 그 친구들은 자신의 계획과 삶의 문제와 소망에 이르기까지 주님과 의논하게 되는 것이다. 그러나 그들 사이에서 어떤 문제가 발생할 때 그 우정은 깨어지고 만다. 즉, 그들 사이의 관심의 공동체는 더 이상 존속될 수 없다. 환언하면 우리가 그리스도의 명령에 따르지 못할 때 친교가 단절되고, 더 이상 우리에게 아버지에게서 들은 모든 일을 말씀해 주시지 않는다. 이 점에 대해서는 몰간(G. Campbell Morgan)이 적절하게 언급하고 있다. "하나님의 말씀은 하나의 계시이며 그 계시는 빛을 뜻한다. 그리고 그 빛은 어둠에 싸인 물체의 베일을 벗기는 것을 의미한다. …… 그러나 만약 우리가 받았던 경고를 무시하고 자신을 계속 고집한다면 성경은 밀봉된 책이 될 것이며 우리는 성경을 알 수도, 가르칠 수도 없게 될 것이다."[2] 같은 생각이 아래의 이행 연구(couplet)에도 잘 표현되어 있다.

빛은 더 밝은 빛에 순종하고, 빛은 오는 밤을 몰아낸다.

신자들은 조심스레 빛에 순응해야 할 뿐 아니라 성경연구는 정직을 요한다는 사실을 깨달아야 할 것이다. 말씀을 읽을 때 어느 편에 서든지 자신의 편견은 배제되어야 한다. 또한 어느 누구에게도 자기 자신의 선입견에 맞추기 위해 진리를 왜곡시킬 권리가 주어지지 않았다. 열린 마음으로 성경에 접근하고, 있는 그대로를 당신의 것으로 받아들여라. 당신에게 어떤 진리의 사실에 관해서 편견을 가지게 했던 부모, 교사 혹은 설교자의 성경이 아니라 당신 자신의 성경이 되게 하라. 또한 성경은 성경으로 하여금 스스로 말하도록 하라.

진리를 발견하기 위해 애쓰고 노력하며 부활하셔서 영광을 받으신 우리 주님과 깊은 교제를 나누는 독자들에게 이 모든 것이 자신의 몫이 되기를 바라며 주님이 보내 주시마 약속하신 성령이 이 책 구절마다 신령한 빛을 내려 주시고, 신자들을 신비로운 말씀의 풍요로움 속으로 인도해 주실 것을 바라마지 않는다.

---

2) G. Campbell Morgan, *The study and Teaching of the English Bible*(London : James Clarke & Co.), pp. 79-80.

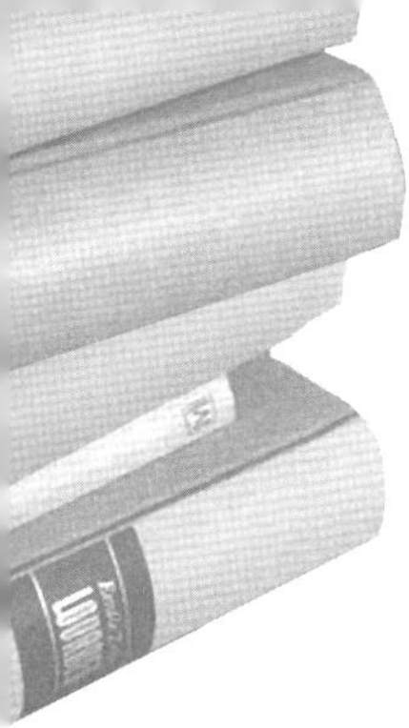

01 성경교수의 방법

우리는 성경연구의 다양한 방법들을 잘 소화하고 점령한 줄로 안다. 이제 그것을 가르치는 방법을 연구해 보도록 하자. 주님께서는 순전히 우리 자신의 기쁨을 위해서만 그 영적 지식을 주시고, 나 혼자만의 축복을 위해서만 영적 능력을 우리에게 허락하신 것은 아니다. 성경 연구자는 하나님의 진리를 신뢰하는 단순한 청지기에 불과하며, 주의 가르침에 따라 그것을 타인에게 나누어 주어야 하는데 이것이 곧 우리의 임무이다. 그리고 성경을 아는 지식이 위대하면 위대할수록 한층 더 무겁게 그것을 세상에 전해야 하는 의무와 책임 있는 특권이 항상 첨가되는 것이다.

이 분야에 대한 연구는 너무나 광대하므로 한두 가지의 간단한 방법으로 완전하게 다룰 수 있는 문제는 못 된다. 그러므로 여기서는 교수법을 성인 수준으로 제한하고 있다. 더욱이 여기서의 목적은 교육심리학 속에 형식화된 학습이론을 제시하려는 것이 아니고, 하나님의 말씀을 가르치는 교사들을 위해 몇 가지의 실제적인 관찰과 원리를 제공하고자 한다.

교 사

먼저, 성공적인 성경교사가 되기 위한 세 가지 기본적 요소가 있다. 첫째, 진리를 알아야 하고, 둘째, 진리대로 살아야 하고, 셋째, 진리를 선포하는 법을 알아야 한다.

진리를 배우는 방법을 제공하는 것이 앞으로 여러 가지 방법을 설명할 목적이며, 여기서는 자신이 터득한 것을 더욱 효과적으로 다른 사람들에게 전달할 수 있는 방법에 관한 몇 가지 관찰들을 제시하고자 하는 설계 방안을 살펴볼 것이다. 그러나 교사가 고백하는 원리가 성육신적 표본이 되지 못한다면, 그것은 진리를 말하는 것도 아니며 지식도 될 수 없는 것이다. 이러한 관점에서 몬로에(Monroe)는 훌륭한 교사는 무엇보다도 먼저 훌륭한 인격자가 되어야만 한다고 말했다. 교사는 물론 지식과 관찰력이 있어야 하지만 더욱 완전한 인격을 가져야만 한다는 뜻이다. 이런 관찰의 진리는 아리스토텔레스의 시대로부터 현재에 이르기까지 모든 저자들의 주제에서 강조되어 왔던 것이다.

사람들은 단순히 말을 듣는 것이 아니라 말하는 사람을 듣는 것이다. 즉, 그것은 말하는 사람의 신뢰도에 비례하여 영향력을 미치기 때문이다. 정직하고 성실한 사람은 그가 알고 있는 사실과 말하는 진리에 관해서도 좋은 평판을 갖게 되는 것이며, 사람들이 그의 인격을 신뢰하기 때문에, 그가 말할 때에 존경을 받게 되는 것이다. 그는 자신의 인격에 의하여 듣는 사람들에게 영향을 끼치게 되는 것이다. 전통적인 용어를 빌리자면 그는 곧 '윤리적인 설득력'을 지닌 사람이다.[1] 이러한 것이 일반 교사들에게도 사실이라고 한다면 기독교 교사들에게 있어서의 적용은 훨씬 더 깊은 것이며, 그 교사들의 전체 메시지는 그 본질상 윤리적인 것이라고 보아야 할 것이다.

---

1) Alan H. Monroe, *Principles and Types of Speech*, pp. 5-6.

전술한 기독교교육자들을 위한 세 가지 기본 요구는 앞으로의 진행에 앞서 명시되어야 하는 것이다. 이러한 문제는 이 책 전체에 흐르는 가정이나 과정 전체에 필적하는, 혹은 그것보다 더욱 중요한 문제가 된다. 즉, 교사는 성경을 하나님의 말씀으로 믿어야 하며, 하나님 안에서 가지는 깊은 신앙이 있어야 한다. 그리고 그는 이 가르침의 중요성과 그 가치를 깨닫고 있어야 하는 것이다. 구원의 경험이 없이는 그가 영향을 주고자 하는 진리를 선포할 수가 없는 것이다. 왜냐하면 "육에 속한 사람은 하나님의 성령의 일을 받지 아니하기"(고전 2 : 14) 때문인 것이다. 하나님의 말씀 안에 있는 믿음이 없다면 그 교사는 메시지에 관하여 방황하게 되고, 도덕적 교훈 내지는 사회 복지로 진리를 전환시킬 우려가 있다. 그의 임무에 관한 가치와 중요성에 대한 각성이 없다면, 그는 명확한 복음의 실현성을 향한 효과적인 추진력과 사명감을 잃고 말 것이다.

이러한 기본 요구에 더하여 교사의 성공과 실패를 좌우하는 다른 요인들이 있다. 이 주제에 관하여 몇 가지 코멘트를 하고자 한다. 지도자가 그에게 주어진 상황에서 요구하고 있는 그 이상의 것을 알고 있어야 한다는 사실은 아주 중요한 문제이다. 그 원리는 외국어 기초를 가르치는 현장에서나 교회학교 학습, 혹은 고대 역사 교육에까지 적용되는 사실이다. 우리가 가능한 한 최소한의 노력으로 필요한 모든 것을 얻으려고 하는 것은 자연스러운 일이다. 그러나 그렇게 해서는 효과적인 학습이 일어날 수가 없다. 학생들의 다양한 훈련과 실습, 교사의 자신감이나 학생 편에서의 높은 관심 가운데 어느 하나만으로는 이루어질 수 없는 것이다.

에베소서 2장의 내용을 가르치고 있는 교회학교 교사가 에베소서 전체의 설계나 신약성경의 일반적 영역에 관한 모든 것을 알고 있다면, 훨씬 더 훌륭한 학습을 일으킬 수 있을 것이다. 만약 프랑스어 문법 교사가 그 문법적 원리들이 적용된 프랑스 문학작품을 읽는다면, 자신의 임무를 더 효과적으로 감당할 수 있는 좋은 방법을 이해하게 될 것이다. 고대 역사 교수가 희랍의 예술과 건축에 관한 특징을 잘 알고 있다면, 훨씬 더 효과적으로 파르테논신전에 관한 강의를 하게 될 것이다. 물론 이처럼 수업 시간마다 주어진 학과의 모든 배경을 안다는 것이 불가능하기는 하나, 가르쳐야만 하는 사람은 그의 영역에 관한 지식을 끊임없이 향상시키고 추구해 나가야 하는 것이다.

교사는 자신이 가르치는 과목을 더 깊이 추구해 가야 하며, 그는 기꺼이 이 과정을 거쳐야 한다. 열정은 전염성이 있으며 그것은 또한 진실된 것이다. 사람은 누구나 자신이 거의 혹은 전혀 관심이 없는 주제에 열정을 가진다는 것이 극히 어렵다는 사실을 알고 있다. 마찬가지로 교사는 자신의 관심 이상으로 학생들의 관심을 끌어올리기 어렵다. 관심의 결핍은 종종 가르치고자 하는 주제에 관한 욕구를 잃게 하고, 마땅히 해야 할 준비를 하지 못하는 것이 당연시되어 버리고 만다. 종종 자신이 다루고 있는 주제에 참으로 관심이 있는 지도자는 자신이 거기에 관심을 가지고 있다는 사실을 구태여 증명하려고 하지 않는다. 이러한 행위는 실제로는 자신들이 하고 있는 일을 좋아하지 않는 사람들의 행위로써 분명히 학습에 큰 손해를 가져오게 된다. 잘 준비된 지도보다는 오히려 많은 지식은 가지지 않았지만 따뜻한 마음, 열정적인 가르침이 종종 더 큰 성과를 이룬다는 것을 명심해야만 한다.

또한 훌륭한 교사는 그의 학생을 좋아해야만 한다. 교사는 학생들을 자동조절 인간으로 대접하여 거대한 계획을 성취하리라고 기대할 수도 없다. 그는 학생들에게 불친절한 행동 혹은 인내성 없는 행동을 하고도 자신이 하고자 하는 프로그램에 그들이 쉽게 응답하리라고 기대해서도 안 된다. 진정한 교사는 그의 학생 하나하나에게 한 인간으로서의 성실하고 깊이 있는 관심이 있어야 하며, 학생들에게 그가 보여 주는 친절이 참으로 진실된 것임을 알 수 있게 해야 한다. 왜냐하면 그가 이토록 감화를 주었던 친절성이 하나의 위장에 불과한 것이었다면 그것은 곧 정체를 드러내게 될 것이며, 그것이 발견될 때 우리의 사역은 크게 손상을 입고야 말 것이기 때문이다.

교사는 학생들을 좋아해야 할 뿐 아니라 그들을 잘 알고 있어야만 한다. 그들이 요구하고 있는 지식, 장애물, 좋아하고 있는 것과 싫어하고 있는 것을 알고 있어야만 좋은 학습을 가져다주게 되는 지름길이 될 것이다. 정식적인 교육과정을 거치지 못한 교사들이 그의 학생들을 관찰하고 연구함으로써, 훌륭한 교사가 되는 것을 많이 볼 수 있다. 반대로 폭넓게 교육을 받은 교사가 그들의 학생들에 대한 연구의 실패로 그들의 학습 속에서 비참한 실패를 가져오기도 한다.

열매 있는 교사에 대한 또다른 하나, 나의 요구는 훌륭한 기억력을 소유해야 한다는 것이다. 일반적으로 훌륭한 기억력은 유전에서 오는 것이 아니고, 많은 수련과 향상을 통한 것이라고들 한다. 교육과 심리학이 강조되는 오늘날에 있어서 빈약한 기억력을 가진 사람은 많은 책들과 과정이 기억력의 훈련을 위해 유용하게 사용될 수 있기 때문에, 그는 의논할 대상을 가지게 된 것이다. 아무튼 우리 중 많은 사람들이 기억력에 의존하는 데 대한 중요성을 깨닫지 못하고 있다. 이러한 깨달음이 없는 교사는 위험이 따를 수도 있다. 이런 이유로 인하여 교실에서 발생되고 있는 실수는 이루 말할 수 없는 것이 되고 만다.

훌륭한 교사가 지녀야 할 마지막 자격은 능력과 의지력이 있어야 한다는 것이다. 이것이 없다면 교실은 혼란과 무질서로 난장판이 되고 말 것이다. 왜냐하면 활동을 싫어하는 사람에게 교사는 제재를 가하게 되고, 교사의 권익에 대적하는 사람을 싫어하게 되며, 집중하려고 하지 않는 학생들의 산만한 행동을 직면하게 될 것이기 때문이다. 아무튼 교사는 언제나 교실 분위기를 잘 조절할 수 있어야 하며, 혼란과 무질서의 분위기 속에서는 어떤 학문적 활동이나 기대도 걸 수 없음을 깨달아야 한다. 교사는 학생들이 학문적 추구에 열정을 가지고 참여할 수 있도록, 학생들 편에서 충분한 관심과 욕구를 파악하여 학습 목표로 그들을 이끌 수 있어야 할 것이다. 통제보다도 교사의 창조력은 이 의지력의 주 결과로 나타나게 되는 것이다.

이제 궁극적인 차원에서 부정적인 면으로 넘어가 보자. 교사가 실패를 하게 되는 두 가지 중요한 결점이 있다. 그 첫째는 지나치게 학문적 입장을 갖는 것이다. 이런 경우 교사가 어휘를 사용하는데 있어서 학생들의 이해와는 거리가 생길 수 있을 것이다. 또다른 사람들에게 있어서는 신학적 방법으로 제시된 자료가 매일 생활의 실제적인 문제와는 관계가 없는 것을 적용하는 경우를 볼 수 있다.

또 일부 사람들은 깊지 못한 학문적 분위기로 인하여 어떤 불투명하고, 허황된 생각을 가져오게 되는 경우를 볼 수 있다. 이와 같은 것은 교사와 학습자 사이의 깊은 괴리감을 고정시켜 주는 것이기 때문에 오히려 해를 가져오는 낡은 방법이 될 뿐만 아니라, 따뜻함과 관심의 상호작용에서 일어나는 참된 교육적인 성공을 파괴하는 요인이 될 것이다.

지도자를 때때로 오류에 빠지게 하는 두 번째 결점은 해마다 같은 방법, 같은 재료를 사용해서 가르치고 있는 것이다. 세계는 변화하고, 학문도 그것과 함께 변해야만 하며, 교사도 변화해야 하고, 그의 교수 방법 또한 변화해야만 한다. 학습의 다양성과 향상은 학생들보다 교사 자신에게 있어서 더욱 중요한 것이다. 그렇지 못할 때 교사는 가르칠 의욕마저 상실하고, 이 과목은 아주 지루하게 되고 만다. 때문에 그는 학생들에게 도전을 줄 수가 없게 되고 전에 가졌던 성과조차 기대할 수 없게 되고 만다. 이러한 결점은 여러 가지 방법으로 개선될 수 있다. 교과서를 변화시킬 수도 있고, 접근방법을 다양하게 꾀할 수도 있으며, 좀더 친숙하게 학습을 이끌 수 있는 계획들을 가질 수도 있다. 그 방안으로 성경학습에서의 다양한 접근 방법을 본서에서 제시했다. 즉, 학습 계획은 개인적인 수준에 따라 향상되어야만 한다.

우리는 교사가 해야 할 일과 해서는 안 될 일들을 살펴보았다. 이제 교사로서의 자기 자질에 관한 문제를 논의해야 할 시간이다. 교사는 자기 자신을 끊임없이 판단해야만 한다. 이것은 학습 성과나 학생들에 대한 주의 깊은 배려에 의하여 이루어질 수 있는 문제이다. "학생들은 피해야 할 것은 피하고, 가치 있고 칭찬할 만한 어떤 특징들을 보여 주고 있는가?", "성공한 것이나 실패한 것이 있는가?", "있다면 그 이유는 무엇인가?", "그 실패나 성공 중 교사 자신에게 그 원인이 있었던 것은 어떤 것들인가?", "우리의 학습에서 장려할 만한 어떤 특징이 있었는가?".

교사가 그 자신을 평가하는 또다른 한 가지 방법은 그의 교수 방법에 관한 관찰에 의해서이다. "교사가 교수 방법들 속에 있는 약점을 알고 있는가?", "학생들이 그것들을 얼마나 잘 받아들일 수 있는가?", "학생들이 수업 중에 흥미를 느낄 수 있으며, 생생하게 살아있는 활동을 할 수 있는가?".

자기 평가에 관한 세 가지 방법은 몇 가지 목록으로 만들어진 교사 자질 테스트를 사용하여 할 수 있는 방법이며, 이것은 특별히 대학과제나 성경 연구원에서 적용될 수 있다.

여기서 하는 테스트는 상당히 많은 것들이 고안되어 있고, 유용하고 합리적인 것들이다. "교사의 용모, 적절한 수준, 시청각 재료는 충분히 쓰고 있나?", "지도자의 준비도는 어느 정도인가?", "교과서는 적절했나?"와 같은 항목을 들어 논평할 수 있는 기회를 주고 있다. 교사가 이러한 형식적 평가 사용을 꺼린다면 그 자신이 평가 기준을 만들어 할 수도 있다.

교사의 활동에 있어서 또다른 하나의 기준은 그의 수업 출석률이다. 이것은 대학에서 필수과정으로 삼고 있지는 않지만 거의 모든 대학이나 성경 연구원에서는 선택과정으로 삼고 있다. 그리고 대부분 교회학교에서의 출석은 자유 의사에 맡기고 있다. 교회학교 교사들의 결석 이유나 횟수를 면밀히 조사하고, 주간에 교사들이 관심을 갖는 부분을 관찰해 보자.

자기 평가를 하는 목적은 보다 더 훌륭한 교사를 만드는 데 있는 것이다. 모든 교사는 꾸준히 향상되어야 하고, 향상을 위한 분명한 계획이 있어야 한다. 이러한 기본적인 계획은 교사로 하여금 우리의 교과내용이나 방법을 더 잘 알 수 있도록 해 주고, 교사의 자질이 점점 향상되어 만족할 만한 단계에 이를 때까지 끊임없이 연구해야 할 과제이다.

다음으로 교사는 제시해야 할 방법을 충분히 연습하여 그 접근방법이 가장 효과적으로 수행될 수 있게 해야 할 것이다. 또한 교사의 평가에 대한 깊은 연구는 교사 자신의 약점을 잘 보여 주기 때문에 이러한 가치 있는 연구는 끊임없이 이루어져야 할 작업이다. 자신의 자질을 향상할 수 있는 또 하나의 길은 다른 동역자들의 도움을 통해서이다. 교회학교 교장이나 교육전도사 등 다른 교사의 조언을 요구할 수 있다. 그리고 다른 교사들의 교수방법을 관찰하거나 도움이 될 만한 참고서들을 읽을 수도 있다.

일반교수 원리

교사가 수업에서 사용하게 될 방법을 토의하기 전에 그의 교수활동에서 지침이 되는 몇 가지 원리들을 생각하고자 한다. 전 일리노이 주립 대학교(The State University of Illinois) 총장이면서 침례교회 목사인 존 밀톤 그레고리(John Milton Gregory)는 다음과 같이 말하고 있다.

> 교회학교의 주 목적이 어떤 사실을 가르치는 데 있는 것이 아니라 감동과 회심에 있다고 생각한다면, 어떤 교수법에 근거한 체계적인 교육의 가장 중요한 목적은 교사나 목사 등 교회학교 일꾼들에게 달려 있는 것이다. 유능한 가르침보다 더 바람직한 것은 오히려 감정에의 따뜻한 호소요, 양심에 대한 진지한 권면이다. 그러한 감정의 호소나 권면의 가치를 부정할 사람은 아무도 없다.
>
> 우리는 이러한 감정과 양심에 호소하고 권면하는 기회를 주간학교나 교회학교에서 시간시간마다 가져야 하는 것이다. 만약 성경의 진리가 사실이 아니라면 교회학교 교사들은 어디에 근거하여 호소를 해야 하는가? 어떻게 성경 진리가 우리 마음에 스며들고, 능력 있게 우리 가정 속에 파고들어올 수가 있겠는가? 어떤 설교자가 그의 손에 들려진 성경으로 무디(Moody)보다 더 많은 영혼을 구원할 수 있겠는가? "성경을 연구하라!"는 목사의 권면보다 교사나 학생을 위한 더 훌륭한 권면이 어디 있는가? 성경에 대한 유대인, 희랍인의 편견에 바울 이상 더 합리적으로 대처했던 사람이 어디 있는가?
>
> 단순히 감정에 호소하는 뜨거운 열정의 교사와 그의 감정이 냉담해서 모든 감정이 굳어진 냉정한 교사간의 영향력의 차이는 엄청난 것이다. 생명의 물이 있다면 증기나 얼음 중 어느 것이 더 유익할까? 그의 마음이 하나님의 진리의 빛에서 펼쳐지고, 그와 같은 확실한 진리의 비전으로 학생들을 지도하는 능숙한 교사는 그의 가르침에 영감적 능력을 불러일으키는 데 실패할 수가 있을까? 하나님의 진리 자체나 하나님의 말씀이 아니고도 능력이 있다고 인정하는가?[2)]

모든 조직적 교수의 기본은 '목적'이다. 우리가 어디에 도착하고자 한다면, 우리가 가고 있는 곳을 알고 있어야만 할 것이다. 만약 알지 못한다면 그것은 군대의 병사가 적을 쏘아 맞추기 위하여 총 쏘는 법을 배우지 않고 전쟁터에 나가는 것처럼 어리석은 짓이다. 그와 마찬가지로 신앙적 전쟁에 참여하고 있는 크리스천 교사도 그 목표를 달성하기 위한 훌륭한 능력과 목적을 개발해야 하는 것이다. 일반적으로 크리스천 학습의 목적은 학생들을 그리스도에게 인도하며, 그들로 하여금 그리스도 안에서 성장하게 하고, 사역을 위해 세상에 파송하는 세 가지 차원이 있다.

그러나 모든 강의, 토론, 또는 학기의 과정은 그것 나름대로의 특별한 목적이 있어야 한다. 그리고 교사는 교실에 들어가기 전에 이 목적을 매우 주의 깊게 생각해야 할 의무가 있는 것이다. 교사의 목적에 관한 개발이 중요한 만큼 교육의 본질에 관한 이해 역시 중요하다. 즉, 기독교의 진리는 가르쳐질 수 있는 일정량의 지식이 아니다. 그러므로 엘버트 휴바드(Elbert Hubbard)는 "교육은 새롭게 얻어지는 것이지 유산이 아니다. 즉, 그것은 주어질 수 있는 것이 아니라 성취되어야만 한다."[3]고 했다. 이 '성취'라는 것은 지식의 전달에 의한 성취가 아니고, 정신적인 활동을 위한 상호 협동적 계획과 학생들이 새로운 개념과 진리를 이해하고 생각할 수 있을 때까지 교사 편에서의 주의 깊은 배려와 지도에 의해서만이 이루어질 수 있는 문제이다.

더구나 우리가 습득한 원리들은 매일매일의 생활과 실제적인 관련을 맺을 때까지는 실제적인 교육이 이루어졌다고 할 수 없다. 즉, 우

2) John M. Gregory, *The Seven Laws of Teaching*(New York : The Pilgim Press, 1886), pp. 11-12.

3) C. B. Eavey, *The Art of Effective Teaching*(Grand Rapids : Zondervan Publishing House, 1953), p. 149.

리는 교육을 교과서나 학교에 한정된 문제로 생각해서는 안 된다. "진정으로 학습된 사람은 지식 이상의 것을 성취한다. 그는 훌륭한 습관, 특별한 기술, 명확한 이해, 지속성 있는 관심, 의욕적인 태도, 가치 있는 목적, 그리고 고상한 사상을 갖게 되는 것이다. 이것들은 모두 그가 매일매일의 삶에서 바르게 살 수 있게 해 주는 요인이 된다."[4]

효과적인 교수를 위한 또다른 중요 원리는 교사가 언제나 학생 한 사람, 한 사람의 요구와 흥미와 목적을 그 출발점으로 삼아야 한다는 것이다. 교사가 이러한 제반 사실들을 이해한다면 반드시 그의 학생들을 알게 될 것이다. 즉, 그들의 성숙성, 학습 태도, 이 분야에 대한 사전 연구, 그들의 문제, 그리고 그들의 포부를 알게 되는 것이다. 우리의 학생들을 알게 되는 문제와 관련하여 에스겔의 경험에 대한 논평은 상당히 흥미 있다. 즉, 그는 능력 있는 "이스라엘 족속의 파수꾼"(겔 3 : 17)으로 부름을 받기 전에 "그들이 거하는 곳"에서 지내게 된다(겔 3 : 15).

마지막 원리는 학생들이 습득한 대량의 지각을 어떤 새로운 문제에 관련 짓는 것이다. 즉, 그 새로운 사상이 그가 이미 알고 있는, 혹은 이미 경험한 단어 등으로 제시되어야만 한다. 바꿔 말하면 교수의 질서가 추상적인 것으로부터 구체적인 것으로 관련되고, 잘 아는 것으로부터 익숙하지 않은 것으로 연결되는 것이다. 그것은 생소한 생각과 사실이 가능한 한 알기 쉽게 전달되는 것이 가장 중요한 방법이다.

우리가 특별히 관심을 가지지 않는다면 지적인 면에 지나친 강조를 두게 되는 오류를 범하게 된다. 우리도 전인적인 교육, 즉 알고(mind), 깨닫고(emetion), 행하게 하는(will) 교육이 조화를 잘 이루어야 하는 것이다. "만약 지식이 잘못되면 감정은 나쁜 일을 하도록

4) Ibid., p. 215.

의지를 자극하게 될 것이다."[5] 다른 말로 하면 "지식이 총을 쥐고, 의지는 방아쇠를 당기게 하고, 감정은 목표물을 지시하게 된다."[6]이다. 계획과정의 중요성에 관하여 이미 말했지만, 이 모든 중요한 주제는 한 번 더 언급할 가치가 있는 것이다.

많은 사람들이 시간을 메우기 위한 충분한 자료를 준비하려고 노력을 하게 되는데, 중요한 것은 시간을 소비하는 데 있는 것이 아니라, 효과적인 수업을 위한 조직화 작업이다. 물론 계획은 학기가 시작되기 오래전에 이루어져야 한다. 전체 과정에 맞게끔 각 단계에 대한 시간 배치를 잘 하여야 하며, 빨리 진행할 수 있는 부분에서 너무 많은 시간을 소비하게 되면 전체에 대한 조화 있는 완전성을 기대할 수가 없다. 수업 진행을 조직하는 데 있어서는 첫째, 목적을 만들고, 둘째, 적용할 방법을 결정하고, 셋째, 수업 개요를 만들고, 넷째, 도움이 될 만한 질문들을 작성하고, 다섯째, 예시를 선택하고, 여섯째, 적응을 시도하는 여섯 가지 단계를 따를 수도 있다.

수업에 도움을 주는 예시의 선택은 언어로 된 것일 수도 있고, 시각적인 것일 수도 있는데, 그것들이 개인적인 경험에서 나온 것이라면 가장 큰 효과를 가져올 수 있다. 시각적인 예시는 지도, 차트, 물건, 사진, 모델, 환등 필름, 영화 등이 있을 수 있다. 물론 특별한 시각자료가 없이도 시간마다 적절한 토론 등으로 연결시킬 수는 있다. 그러나 사람은 시각적인 도구를 사용함으로써 더 큰 효과를 가져올 수 있으므로 그것들이 비록 충분치 않더라도 폭넓게 사용되어야 한다.

한 단원이나 과정이 끝나면 시험 시간이 있다. 시험은 단순히 일

---

5) E. W. Thornton, *How to Teach*, Revision by C. J. Sharp(Cincinnati : Standard Publishing Co.), p. 17.

6) Ibid., p. 23.

을 늘리고, 등급을 나누기 위한 목적이 아님을 명심해야 한다. 시험은 학생들이 직면하고 있는 난점을 나타내 주고, 교사의 가르침이 명확하지 못했음을 보여 주며, 학생들이 무엇을 기대하고 있으며, 어떤 방법이 효율적이었는지를 측정할 수 있게 해 준다.

일반적 교수원리에 관한 문제를 마치기 전에 그레고리(Gregory)에 의하여 제시된 일곱 가지 교수법칙에 주의를 기울여 보자.

1. 교사는 학과나 가르칠 진리를 알고 있는 사람이어야 한다.
2. 학습자는 주어진 학과에 관심을 가지고 참석하는 사람이어야 한다.
3. 언어는 교사와 학생 양자가 다 같이 통하고 이해할 수 있는 매개물이 되어야 한다.
4. 수업은 학습자가 이미 알고 있는 사실로써 설명될 수 있어야만 하고, 잘 알지 못하는 것도 이미 알고 있는 것에 의해서 설명되어야 한다.
5. 가르침은 바람직한 개념이나 사고를 형성하기 위하여 학생들의 생각을 자극하고, 개발시켜 나가는 것이어야 한다.
6. 학습은 새로운 개념이나 진리를 자기 자신이 이해하게 하는 사고 과정이다.
7. 교수가 끝난 후 교수 내용에 대한 테스트나 검증은 배운 지식을 복습하고, 재음미하며, 다시 알아보고, 재현시키는 것이어야 한다.[7]

수업진행 방법

간략하나마 훌륭한 교사의 자질에 관하여 생각하고 몇 가지의 효과적인 교수원리들을 살펴보았다. 이제 교사가 가르치고자 하는 자료들을 제시할 수 있는 방법을 토의하려고 한다. 전형적인 교수형태로써 가장 편리한 방법은 '강의법'이다. 그러나 이것은 모든 상황에서 최선의 방법은 못 된다. 그것의 가치는 때때로

7) John M. Gregory, *The Seven Laws of Teaching*(New York : The Pilgim Press, 1886), pp. 5-6.

논박을 받게 된다. 적극적인 면에서 그것은 시간을 절약할 수 있고, 재료를 간단히 요약할 수 있게 해 주며, 잘 알려지지 않은 정보를 제공하는 데 쓰이고 있다. 부정적인 면으로써는 참가자가 극소수에 한할 수도 있고, 연구된 자료를 학생들과 충분히 연결 지어 주지 못할 때도 있으며, 개인차가 전혀 고려될 수 없고, 교사 편에서 이루어지는 대중적 강의에는 다른 방법들보다 단조로운 경향이 있을 뿐만 아니라 능숙한 기술이 요구되고 있다.

성공적인 수업을 위해서 강의자는 학급의 주의를 최대한 집중시킬 수 있어야 한다. 또한 학생들의 기억에 깊은 인상을 남겨야 하며, 적극적인 신념과 활동으로 그들을 이끌 수 있어야 한다. 특히 음성의 적절한 사용은 강의에 있어서 아주 중요한 부분이다. 강조해야 할 때에 강조하되 학생들에게 큰 소리를 쳐서는 안 된다. 강약, 고저 및 효과적인 쉼에 깊은 관심을 가져야 한다. 중요하다고 생각되는 부분은 학생들에게 필기를 시켜야 하며, 대부분의 시간은 함께 이야기하고, 논평과 토의 및 설명을 하는 데 보내야 한다. 이러한 강의 방법을 사용하는 데 있어서 몇 가지 어려운 점에 부딪치고 있음에도 불구하고, 많은 교사들이 다른 어느 방법보다도 약간의 변화를 주며 이 강의법을 사용하고 있음을 볼 수 있다.

두 번째 일반적으로 쓰이는 학습안은 '토의법'이다. 그룹의 지도자가 문제를 제시하고, 그 해결책을 찾아내는 식으로 전개될 수 있다. 또는 많은 청중 앞에서 어떤 주제를 놓고 패널 형식을 취할 수 있다. 참으로 훌륭한 토론을 위해서는 그 문제를 분명히 생각할 수 있고, 공평하고도 참을성 있으며, 자신을 통제할 수 있을 뿐만 아니라 그 주제에 관하여 아주 통달된, 그리고도 재치와 유머를 소유한 지도자가 있어야만 하는데, 이 방법은 정말 훌륭한 교육방법이 될 수 있다.

그것은 때로 교사 편에서 적절한 준비와 재능의 부족으로 의도된 목표를 성취하지 못하는 경우도 있으나, 다음 사항에 유의하면 훌륭한 토의를 진행할 수 있을 것이다(다양한 토의법이나 교수방법에 관해서는 본 역자의 공역으로 되어 있는 「그룹을 통한 40가지 교수-학습 방법」이라는 책을 참고하시오〈역자주〉).

1. 생각해야 할 문제점이 참여자들에게 분명히 제시되어야 한다.
2. 토의 주제는 주어진 시간 속에서 할 수 있는 한 활발하게 토의되어야 한다.
3. 토의는 쓸데없는 발언으로 변질이 되어서는 안 된다.
4. 지도자는 토론을 독점하게 되는 소수자의 횡포를 막을 수 있어야만 한다.
5. 빗나가는 화제를 최소화해야 한다.
6. 한 번에 한 사람만이 말하는 것을 허락해야 한다.
7. 토의를 진행해 가는 사람은 지도자가 아니라 그룹 회원이라는 사실을 참여자들에게 이해시켜야 한다.
8. 토의에 진전을 가져오지 않는 한 논쟁을 피해야 한다.

토의에 있어서 '필수 불가결한 것'은 그룹 지도자 편에서 고도의 능숙을 요하는 전문 기술이다. 그의 질문은 간단명료하고, 단순하고도 적합한 것이어야만 한다. 벤손(Clarence Benson)은 질문에서 피해야 할 실제적인 문제를 몇 가지 제안하고 있다.

1. 읽는 질문을 피하라.
2. 대답을 제시하는 식의 질문 어법을 피하라.
3. 대답을 시험하기 위한 것이 아니라면 '예'나 '아니오'로 대답할 수 있는 질문을 하지 말라.
4. 질문을 하기 전에 학생의 이름을 부르지 말라. 학급의 나머지 학생들을 안심하게 하거나 이름이 불린 학생을 당황하게 만들기 때문이다.
5. 순서대로 질문하는 것은 자기 차례가 올 것을 아는 학생에게 잘못하는 것이다.[8)]

질문과 대답의 방법은 때때로 '개인 지도법'이라고도 부르는데, 소크라테스에 의해 잘 개발되었다. 학생들이 무지를 깨닫고 예리한 통찰력을 가짐으로써 참된 지식을 이끌어 내는 소위 '산파법'을 사용했던 것이다.

성경에 나타난 성경 교수법

이제 우리는 성경에서 관찰할 수 있는 교수 및 교수방법을 살펴보고자 한다. 우리는 구약성경 곳곳에서 하나님께서는 당신의 백성들과 관계를 가지고 그들에게 사명을 주시기 위해 유용한 모든 방법을 사용하고 계심을 볼 수 있다. 일반적으로 유대인들의 교육은 자라는 세대에게 신앙을 심어 주는 데에 그 기본 목표가 있었다. 유대인들은 구전에 의하여 그들의 전통을 전수하였고, 그것은 직업 교육이 중심이 된, 순전히 관찰에 의한 교육이었다. 이런 관찰이나 기념을 통한 교육이 여호수아 4 : 1~9에 나오고 있다.

이스라엘 백성들이 요단 강을 건너 약속된 땅으로 건너갔다. 그들은 각 지파에서 한 개씩의 돌을 취하여 12개의 돌을 모아 돌을 쌓고 거기에 기념비를 남겨 두었다. 그 돌무더기를 왜 쌓았느냐고 누군가가 묻게 되면 그에게는 민족 역사가 설명된다. 또한 낭독송이 여호수아 8 : 12~35과 신명기 27 : 9~26에서 나타난다. 이때에 백성들의 절반은 축복의 산인 그리심(Grezim) 산에 서게 되고, 나머지 절반은 저주의 산인 에발(Ebal) 산에 서게 된다. 레위기에서도 축복과 저주를 부르는 각 구절이 끝날 때마다 백성들 편에서는 "아멘."으로 응답했다.

느헤미야 8장에도 에스라와 느헤미야가 거리와 광장에 백성들을

---

8) Clarence H. Benson, *The Christian Teacher*(Chicago : Moody Press, 1950), pp. 131-133.

모으고, 일주일 동안 아침부터 정오까지 율법의 말씀을 읽고 듣게 했다는 기록이 있다. 주간 중 안식일의 교훈은 아주 중요한 것이었다. 안식일은 교훈적 가치가 있을 뿐만 아니라 다른 특별한 의식과 기타 예식이 행해졌다. 처음 태어난 남자 아이들의 구속과 관련하여 할례를 행하고, 유월절에 처음 태어난 양과 소도 제물르 드리는 등 오순절, 장막절과 속죄일, 안식일과 희년 등 레위기에서 그 제물에 관한 모든 것이 설명되고 있다.

또한 가정교육으로 잠언 22 : 6의 "마땅히 행할 길을 아이에게 가르치라 그리하면 늙어도 그것을 떠나지 아니하리라" 하는 말씀과 신명기 6 : 7에서 "네 자녀에게 부지런히 가르치며 집에 앉았을 때에든지 길을 갈 때에든지 누워 있을 때에든지 일어날 때에든지 이 말씀을 강론할 것이며" 하는 말씀을 생각해 보자.

그것들을 마음에 의존해서 부르짖음으로써 사람들의 마음에 심어 주는 독창적인 방법으로 율법에서 간단한 것을 뽑아 신앙의 표적이나 기도대를 만들어 사용했으며, 그것들은 기도할 때에 사용했고, 이마에 붙이고 어깨나 팔에 달고 다니며 경고로 삼았다(출 13 : 9, 신 6 : 8).

성막, 성전, 그리고 회당은 마찬가지로 유대인에게는 대단히 귀중한 교육적 기관이 되어 주었다. 특히 이 중에서 회당은 교육적으로 큰 역할을 감당했다. 다른 아무것도 존재할 수가 없었던 수세기의 포로생활, 그 바벨론의 어려운 나날 속에서도 회당은 유대인의 생활과 교리를 보존하고, 널리 선포하는 사명을 다해 주었다. 주간에는 학교 수업이 열리고, 안식일에는 사람들에게 아주 진정한 의미의 예배 처소가 되었다. 전형적인 예배로서 율법서와 예언서를 읽고, 기도나 축복 기도를 받으며 그날에 필요한 성경을 강론 받게 된다.

이제 우리가 신약성경을 연구해 가노라면 우리는 전 시대를 통하여 가장 위대한 교사 예수와 바울을 만나게 된다. 유대인들 중에는 랍비라는 이름보다 더 명예롭고 고귀한 이름은 없었다. 그런데 이 말은 예수님에 대해서 신약성경에서만도 60번 이상 사용되고 있다.

가르침에 있어서 특별한 목적의 중요성은 이미 본 장에서 강조한 바 있다. 가장 위대한 교사 우리 주님의 탁월한 교육목적 몇 가지를 나열할 수 있겠다. 그것은 첫째, 올바른 이념의 형성, 둘째, 하나님께로의 개종, 셋째, 인간관계 증진, 넷째, 삶의 문제 해결, 다섯째, 성숙한 인격으로의 성장, 여섯째, 봉사를 위한 훈련 등이다.[9)]

예수의 사역은 고상한 목적뿐만 아니라 탁월한 원리들에 의해서 수행되고 있다. 프라이스(Price) 박사는 예수의 사역에 대해 다음과 같이 말하고 있다.

> 첫째, 오래 관찰하셨다. 둘째, 개인적 접촉을 강조하셨다. 셋째, 교수 원리나 적용 방법을 먼저 찾지 않으시고, 학생이 처하여 있는 곳에서 출발하셨다. 넷째, 치명적인 문제에는 그곳에 머물러 계셨다. 다섯째, 양심에 따라 역사하셨다. 여섯째, 최선의 길을 인출하셨다. 일곱째, 학생들의 자발적 행동을 추구하셨다.[10)]

예수의 교육적 사명에서 다른 것과 비교할 수 없이 가장 효과적으로 사용되었던 두 가지 사실은 첫째, 그의 성경에 대한 탁월한 지식과 둘째, 인간 본질과 그 인간을 이기시는 방법에 대한 깊은 이해이다. 이 사실들은 예수님이 사용하신 몇 가지 교수방법에서 끊임없이 나타나고 있는데, 그 방법들을 간단히 알아보도록 하자.

---

9) J. M. Price, *Jesus the Teacher*(Nashville : The Sunday School Board, Southern Baptist Convention, 1946), pp. 31-44.

10) Ibid., pp. 46-60.

강의나 담화

예수님은 회당에서 성경을 읽고 세밀하게 설명을 하셨다. 또한 그의 산상 설교는 유명한 담화나 강의 중 하나이다.

이야기법

예수님은 해박하고 완벽한 비유를 예화로 사용하셨다. 하늘의 신비를 지상적, 보편적 교훈으로 말씀하셨다. 그리고 그것은 그를 반대하는 자들에게 더 깊이 숨겨진 진리가 되기도 했다. 여기에 신성한 어떤 목적이 있었던 것이다.

대 화

많은 군중들이나 혹은 단란한 가정에서도 그는 자주 대화를 나누셨다. 사마리아 여인과의 대화나 니고데모와의 대화는 좋은 예가 될 것이다.

논 쟁

반대자들과의 충돌에서 언제나 승리하는 논쟁이었다.

실물 교훈

효과적인 교훈, 즉 겸손에 관한 교훈으로 제자들의 발을 씻기시고, 중풍병자를 치료하심으로 그리스도의 신성을 보여 주셨다.

드라마

예수님은 어떤 사람의 역할을 대신하는 그런 역할을 하시지는 않았다. 그러나 극적 효과를 사용하셨다. 야이로의 딸을 일으키셨다든지, 나사로의 생명을 소생시키셨다든지 하는 이 드라마보다 더 극적인 일이 어디 또 있을 수 있겠는가 하는 것에는 누구나 공감할 것이다.

선전법

소크라테스나 플라톤이나 아리스토텔레스와는 달리, 예수님은 당신의 가르침이 인간적 능력을 초월함으로써 가진 조직화된 선교적 프로그램의 중요성과 그 가치를 알고 계셨다. 그가 효과적으로 사용하신 선전에 있어서의 기본적 요소는 복사 교육보다 고상한 권위에로의 소명, 그의 제자들을 향한 마땅히 해야 할 바에 대한 분명한 지시들을 들 수 있다.

우리는 예수님께서 탁월하게 성공하신 방법을 받아들여야 한다. 왜냐하면 예수님의 교훈은 생활을 변화시키고, 인간들이 자신을 신에게 봉사하는 희생과 헌신에로 이끌게 했으며, 문학, 법률, 기타 전 영역에 전 세계를 통하여 그의 영향이 미치지 않는 곳이 없기 때문이다.

예수님과 마찬가지로 바울 역시 그의 가르치는 사역을 위하여 잘 준비된 인물이었다. 그는 태어날 때부터 그의 부모에 의하여 유대적 신앙 속에서 훈련을 받았고, 이 사실은 구약성경을 통달하고 있었음을 의미한다. 그는 대 가말리엘 문하에서 연구했고, 제1차 전도여행에 앞서 몇 십 년 동안의 은둔생활을 하며, 다소(Tarsus) 대학에 다녔던 것으로 보인다. 더구나 그는 분명하고도 신비한 영적 경험을 하게 된다.

바울은 그가 진리를 가르치는 모든 기회를 가능한 한 유익하게 사용했다. 도시에 들어가면 그는 평소 하던 대로 회당에서 머물렀고, 또한 집집마다 방문하면서 가르치기도 했으며(행 20 : 20), 성전에서도 가르쳤고(행 19 : 9), 아레오바고(Areopagus) 시장과 같은 대중적인 장소에서도 가르쳤고(행 17장), 로마의 셋집에서도 가르치는 기회를 가졌으며(행 28 : 30), 설교의 목적을 위해 상호 응답법을 사용하기도 했다.

바울 역시 잘 개발된 목적을 갖고 있다. 이를 요약하자면 첫째, 확실한 회심의 근거를 마련하는 것과 둘째, 기독교에 관하여 조직적인 지식을 제공하는 것, 셋째, 잘못된 철학들을 깨뜨리는 것, 넷째, 기독교인의 원만한 인격을 개발하는 것, 다섯째, 크리스천의 시민 향상을 추구하는 것이다.

바울의 기본적 학습 기술은 강의나 담화식 설교인데, 그는 마스(Mars) 언덕이나 아레오바고에서 이 방법론을 유익하게 사용했고(그는 알렉산드리아에서도 사용했다.), 토론이나 논쟁 등(행 17 : 27의 논쟁은 소크라테스식 대화로 구성되었다고 할 수 있다.)은 그의 서신에서 많이 볼 수 있다. 그의 교육적 사역의 성취는 그가 이방세계에서 기독교를 설립하는 데서 볼 수 있고, 그는 기독교 교리를 질서 있게 서술하여 공식화한 사람이며, 그는 가는 곳마다 지도자 그룹을 교육시켰다. 이런 관점에서 우리는 바울이 자신의 사명을 확장시켜 갔던 방법에 주시해야만 한다. "또 네가 많은 증인 앞에서 내게 들은 바를 충성된 사람들에게 부탁하라 그들이 또다른 사람들을 가르칠 수 있으리라"(딤후 2 : 2).

예수와 바울의 교육적 사명은 이외에도 초대교회의 많은 사람들에 의하여 수행되고 있는데, 그들은 사도들(행 5 : 42), 전도자(딤후 4 : 4, 11), 집사(엡 4 : 11, 딤전 3 : 2), 베드로(행 2 : 40-42), 요한(행 4 : 1-2), 바나바(행 11 : 26), 아볼로(행 18 : 25), 브리스길라와 아굴라(행 18 : 26), 그리고 디모데(딤후 2 : 2) 등이다.

결 론

성경연구 방법과 교수법에 관하여 함께 생각해 보았다. 우리의 타고난 재능과 수많은 방법론적 기술이 있을 수 있으나 주님께서는 "나와 분리되어서는 너희가 아무것도 할 수 없다."고 말씀하신다. 풍만함은 그분 안에서만 가능하다는 사실을 깨닫고, 곧 새롭게 변화되어야 한다. 이베이(Eavey) 박사는 말하기를 "교사는 마치 정원사와도 같다. 정원사는 식물을 자라게 하기 위하여 세심한 노력을 하는 수밖에 없고, 생명이나 성장의 원인에 대해서는 어찌할 수가 없는 것이다. 그것은 하나님만이 하실 수 있다."고 했다.[11] 우리는 단순한 도구일 따름이다. 즉, 진정한 교사는 성령이시며, 성령만이 개인의 마음속에 진리를 심어 주시고 열매를 맺도록 하시는 것이다.

---

11) *Principles of Teaching for Christian Teachers*, pp. 9-10.

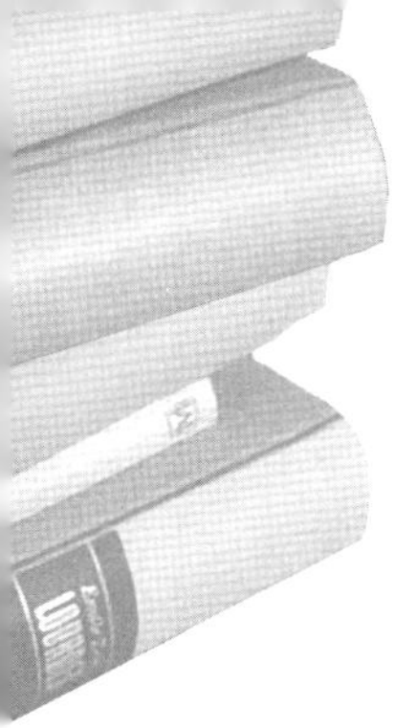

02
귀납적 방법

직접 성경을 읽고 거기에서 명확한 진리의 메시지를 발견하는 일은 모든 신자들의 특권이다. 성경 그 자체를 진지하게 공부하기 전에 주석을 먼저 하는 행위는 자기의 연구에 일정한 방향을 설정하게도 하지만, 그의 사고에 어떤 구조를 설정하여 그로 하여금 성령의 인도와는 전혀 상관없는 결론으로 끌어가게 될지도 모를 일이다. 더구나 각 개인은 자력으로 다양한 진리를 발견하는 축복을 영원히 잃고 말 것이다. 결국 주석서를 쓰는 저자들도 그들의 자료를 수집하는 방법 면에 있어서 현재 성경을 연구하는 학생들과 똑같은 방법으로 연구하였을 것이기 때문에 크리스천이 항상 다른 사람의 성경연구를 따라야 하는 일이 꼭 필요한 것은 아니다. 즉, 이러한 단계를 넘어서서 얻을 수 있는 영적인 성숙을 찾아야 한다. 이 귀납적 방법은 상당히 독특한 방법으로 신자들에게 독자적인 성경연구 능력을 길러 준다.

방법의 정의

이 책에서 설명하고 있는 방법들은 다소 자의

적으로 이름을 붙였으나, 혹자들은 자신의 기호에 따라 더 다양하게 용어의 이름을 붙이고 있다는 사실을 먼저 인정하여야 되겠다. 더구나 이러한 연구에서 중복을 피하기는 어렵다. 즉, 어떤 방법을 설명해 가는 데에 여타의 방법들의 관점도 자주 이용될 수 있다는 말이다. 이 장에서 저자가 선택한 방법의 명칭은 그 강조점이 어떤 개개의 사례들로부터 결론을 이끌어 내는 데, 혹은 추론을 하는 과정에 그 강조점이 있기 때문에 귀납적 방법이라 부르기로 한다. 즉, 상당한 강조점을 질문하거나 조사를 하고, 세밀히 분석을 하는 등 그 관찰에 두고 있다.

어떤 이들은 이러한 접근방법은 책의 전체를 연구대상으로 할 때 가장 많이 이용되기 때문에 'Book Method'라고 명명하기도 한다. 그러나 '귀납적 방법'은 오히려 어떤 책의 한 부분을 연구할 때 사용되는 반면, 'Book Method'는 주로 분석적, 종합적, 혹은 다른 연구형태를 함께 사용하여 연구하는 방법으로 보아야 한다.

연구범위로써 문단에 특별한 강조점이 있기 때문에 '문단 연구방법'이라는 명칭으로 사용할 수도 있을 것이다. 혹, 어떤 이는 그것을 '구조적 연구방법'(Compositive Method)이라고 부를지도 모르겠다. 왜냐하면 강조점이 문어적 문장이나 구어적 표현법에 더 많이 있기 때문이다.

명칭이야 어찌 됐든 조직체계는 같은 것이며, 이 조직체계야말로 성경연구의 핵심인 것이다. 성경을 손에 들고 이 페이지, 저 페이지를 넘기면서 되는 대로 읽어 가는 학생을 결코 성경연구생이라고 말할 수 없을 것이다. 이 방법을 질서정연하게 발전시켜 나가기 위해서는 무엇보다도 책상에 앉아서 끊임없이 이 방법을 탐구해야 할 것이며, 오직 이 길만이 성경 각 권의 중요한 윤곽을 발견할 수 있는 길이 될 것이다.

성경의 저자가 독자들에게 전해 주고자 하는 주 메시지가 있고, 그 성경이 훌륭한 문학서일 뿐만 아니라 질서 있게 단계적으로 사고를 전개해 간다고 했을 경우, 현대를 사는 독자들이 볼 때는 성경 저자의 논법이 약간 틀렸음을 발견하고, 이 주제를 가지고 새로운 각도에서 전개해 볼 수 있다는 사실은 어느 정도 당연한 것으로 생각된다. 어떤 책에 대한 깊은 연구를 시작하기 전에 여러 번 그 책을 통독한다는 것은 바람직한 일이다. 그 책을 주의 깊게 읽고 난 후에 당신이 생각하는 대로 단락을 나누어 보라. 그 다음에는 여러 번 읽어 가는 중에 가장 중요한 부분들은 각 단락의 중요 제목으로 기록해 두라. 또한 독자가 발견한 사실에 근거하여 자유롭게 자신의 결론을 내릴 수 있기 위해서는 편집자의 아무런 비평도 달려 있지 않는 성경책이 절대로 필요하리라고 본다.

개요가 드러났으므로 이제 성경의 상세한 연구를 시작할 수 있으리라고 본다. 나는 처음 아우트라인의 단위에 준하여 각기 구분된 절을 연구의 기본 단위로 삼는다. 관찰하라. 그리고 맹목적으로 읽지만 말고, 주어진 텍스트를 면밀히 조사하고 분석하여 소화시켜라. 단지 보는 것(looking)이 아니라 이해할(seeing) 때까지 그 부분에 머물러 있으라.

첫 번째 문단을 연구하는 데 한 시간이 걸렸다고 할지라도 그것은 좋은 훈련이 될 것이다. 이제까지 거기서 발견하지 못했던 무엇을 찾아냈는가? 이 질문에 대한 대답을 기록해 두어라. 캐묻기를 주저하지 말라. 당신 자신에게 질문하는 법을 배우라. 즉, '누가?', '무엇을?', '언제?', '어디서?', '왜?', 그리고 '어떻게?'를 질문하라.

계속되는 본문과 각 단락 속에서 왜 이 문단이 본문 속에 들어 있으며, 왜 그곳에 있어야 하는지를 알아보려고 노력하라. 왜 그것들이 그곳에서 언급되었는지와 주요 인물 혹은 다른 등장인물들과의 관계, 그리고 이야기 주역들 사이의 유사점과 상이점들을 알 수 있도록 등장인물들을 연구하라. 또한 지리적인 위치나 시간적인 요소들이 포함될 때는 어떤 이유가 있는 법이다. 즉, "그것들이 여기에 나타나는 사건이나 교의에 어떤 공헌을 하느냐?" 하는 점이다.

신령한 영상은 누구에게나 도움이 된다. 당신은 무엇을 느끼고, 보고, 듣고, 그리고 또 어떤 냄새를 맡고 있는가? 그리고 본문을 볼 때는 화가, 극작가, 음악가, 스포츠맨, 가정주부, 혹은 그 밖의 다른 인생의 분야에서 어느 한 개인의 관점으로 그 사건을 보려고 노력하라. 즉, 그 한 인물이 삶을 살아온 그대로 말씀을 따라 살려고 노력하라.

성경으로써 성경을 비교한다는 사실은 중요한 일이다. 이것은 성경해석의 가장 기초적인 규칙이다. 전체로서의 성경이 거기에 대하여 말하고 있는 것이나 성경의 적절한 맥락 속에서의 가르침을 이해하지 못함으로써 범할 수 있는 오류는 누구에게나 있는 일이다.

다음에는 문단, 단락, 혹은 본문이 무엇을 가르치려 하는가에 대하여 질문해 보라. 이상의 질문이나 연구를 위해서 제시된 그 밖의 질문에 대한 대답을 할 때에는 먼저 해석을 하고, 적용을 하며, 신앙화(devotionalizing)하는 정도에서 그치도록 하고, 그 텍스트가 말하는(says) 것에 집착하도록 하라.

이 방법의 중요한 분야가 아직 남아 있다. 그것은 도표화의 문제이다. 도표화는 연구자가 어떤 본문에서나 그 본문의 어느 부분에서 발견한 본질적인 자료들을 조직화 내지 시각화시키는 방법이다. 도표화를 가장 간단하게 하려면 도표 종이의 맨 위에 중요한 구분을 적고, 그 다음 칸에는 단락의 제목을, 그 다음에는 도표의 본문 부분과 단락 제목 사이에 사선을 그어 거기에 문단명을 적는다. 그리고 그 종이의 왼쪽 나머지 부분에 주제 목록을 적는다. 선을 그 종이의 위에서부터 종선으로 긋는데, 단락 제목들 사이를 그어서 각 부분에 포함되게 하고, 가로선을 조사한 주제 사이에 긋게 되면, 어떤 개개의 단락에 알맞은 주제의 전개 과정에 관한 표기를 할 수 있도록 편리한 네모 공간들이 생길 것이다. 다음 도표를 참조한다면 위에서 설명한 것을 좀더 명확하게 알 수 있으리라고 본다.

구 분 (Divisions)						
단 락 (Sections)						
문 단 (Paragraphs)						
주제목록 (Subjects To Be)						
발견된 진리 (Traced)						

방법의 예

이 귀납적 방법은 성경의 모든 사항(item)을 고려해야 하기 때문에 이 방법의 세밀한 예시를 제시하기는 상당히 곤란하다고 생각한다. '성경'이라는 이 한 권의 책으로 두엇을 할 수 있는가를 보여 주기 위해서는 그 책 전체를 살펴봐야 할 것이다. 마가복음은 단순하며 이야기체로 쓰였고, 또한 연대순으르 배열되었기 때문에 우선 이 연구를 선택하기로 한다.

첫 번째 연구과제로서 일반적인 윤곽과 그 책의 주요한 성격을 파악하기까지 학생들은 본문을 몇 번이고 계속 읽어야 할 것이다. 그리고 마가복음 1 : 1을 읽는 데 적어도 30분 이상은 소비해야 할 것이다.

아마 두 개의 결론 중 하나는 전체적인 윤곽을 살피는 과정에서 발견될 것이다. 즉, 우리는 그 책이 세 부분으로 나뉜다는 것을 알게 될 것이다(1 : 1–13 ; 1 : 14–8 : 30 ; 8 : 31–16 : 20). 혹은 갈릴리에서의 사역, 유대에서의 사역, 그리고 예루살렘에서의 사역 등과 같이 지리적인 전개에 의거하여 여러 개의 부분으로 나눌 수도 있을 것이다. 그리고 이와 같은 세 부분의 중점을 각각 '준비'(preparation), '선포'(proclamation), '수난'(passion)이라는 차원에서 나누어 볼 수도 있다.

또한 이 책에서 더 많은 연구가 진행됨에 따라서 각 부문의 분류가 명확하게 드러날 것이다. 예를 들어 처음 몇 장에 나타나는 것에 대한 제목은 다음과 같이 정할 수 있을 것이다. 그것은 예수님에 대한 소개(1 : 1–8), 예수님의 준비(1 : 9–13), 사역의 시작(1 : 14–45), 방해의 시작(2 : 1–3 : 6), 폭력의 조직(3 : 7–35), 왕국 비유의 날(4 : 1–41) 등이다.

일단 각 단락 구분이 결정되면 지도자가 각 단락에 의해서 연구 과제를 만들거나 학생들이 같은 방법으로 자기들의 연구 프로그램을 수행할 수도 있을 것이다. 세 부분으로 나누게 된 이 계획은 학생을 위해서 상세히 풀이되어야 한다.

1. 할당된 단원(unit)에 나타나는 문단(paragraphs)의 이름 붙이기[1)]
2. 텍스트에 관한 10개의 독창적인 관찰하기
3. 지도자가 작성한 질문에 답하기[2)]

---

1) 절의 이름을 붙일 때에 세 단어 이하를 가지고 제목을 작성하려고 노력해야 한다. 또한 그 제목은 그 절의 내용을 잘 묘사해야 할 것이며, 이 책의 다른 절과도 잘 구별될 수 있어야 할 것이다.
2) 질문의 예문 목록은 46~47쪽에 실려 있다.

만약 이 방법을 교실 수업에 활용하려면 때때로 학생들이 깊이 생각하고 연구한 관찰에 근거하여 자기 자신의 질문을 할 수 있도록 허용되어야 할 것이다.

이 방법은 귀납적 방법이라고 불려 왔다. 특별한 부분, 부분에서 일반화나 결론을 끌어내며 같은 종류의 일반적인 주제와 관계된 관찰들을 표로 만들어서 살펴보고, 거기서부터 결론을 이끌어 내기 때문이다. 몇 가지 예가 이 점을 명백히 해 주고 있다. 마가복음 1 : 1에서 주님에 대한 여러 가지 이름들이 주어진다. 여러 가지 이름들이 있다는 것을 주목하는 것은 '살펴보는 것'(looking)이 될 수 있지만, '이해하는 것'(seeing)으로 이름에 관한 세밀한 숙고를 요하고 있다. '예수'는 인성적인 이름이다. 반면 '그리스도'는 하나님의 '기름부음을 받은 자'를 의미한다. 그러므로 그리스도는 '파송자'(mission)라는 것을 의미한다.

한편 '하나님의 아들'이라는 말은 그가 곧 하나님이라는 것을 상기시킨다. 위의 세 가지 이름이 함께 사용될 때에는 이와 같은 이름들이 그리스도의 위(位)를 충분히 설명하는 것이 된다. 즉, 선교의 임무에 있어서 그는 신이요, 인간인 존재라는 뜻이다. 2~3절에서는 계속해서 그가 예언의 성취로 세상에 오셨다고 말한다.

좀더 관찰해 가노라면 베드로에 관해서 1 : 14~45에서 찾아볼 수 있다. 16절에서 안드레는 그의 형이라고 말하고 있다. 그리고 30~31절에서는 시몬의 장모의 열병 치유에 관해 언급하고 있다. 그리고 36절에서는 시몬 베드로가 그 제자 그룹을 이끌었다는 암시가 이미 보인다. 여기서 나온 결론은 그가 열두 제자 중에서 리더의 자리에 있었다는 것이고, 우리는 이 책의 뒷부분에서 자주 그가 활동하리라고 기대를 하게 된다. 이렇게 마가복음에 숨겨져 있는 진리들이 끊임없는 관찰에 의하여 발견될 수 있다. 그러나 이 방법의 다른 면들이 아직 더 설명될 필요가 있을 것이다.

'비교'에 의한 연구가 깊은 영적인 진리를 가져다주는 수가 가끔 있다. 6장에 나오는 두 개의 잔치에 주목하여 보자. 세례 요한이 참수형을 당할 때 헤롯 왕이 행했던 것과 예수가 오천 명에게 빵을 베풀면서 행한 사건인 두 개의 잔치를 잔치 주인, 베풀어진 이유, 준비 혹은 양식, 손님들, 오락의 종류, 장소, 모여든 자들의 태도, 결과 등과 같은 제목하에서 비교해 보라. 오천 명과 사천 명의 급식을 참석한 자의 수와 군중의 위치, 시간적 요소, 정식 식사 전의 음식물, 남겨진 조각들이라는 관점에서 비교해 보는 것도 재미있는 일이 될 것이다.

그리고 또 하나의 좋은 비교는 세례 요한과 예수와의 인간성에 관해서 비교해 보는 일이다. 그들의 출생, 사역의 목적, 사역의 본질, 그들에 대한 사람들의 태도, 용모, 죽음을 당하는 방법 등에 주목해 보라.

지도자가 학생들이 학습하게 될 성경에 대한 연구과제를 부과할 때 일련의 질문들을 이미 작성해 놓았어야 함은 전반부에서 언급했다. 아마 그들이 어느 정도 사고를 하고 연구할 수 있도록 아래와 같은 질문 목록을 제시하는 것이 좋을 듯 싶다. 이 질문들은 마가복음 1：14~45을 중심으로 연구하려는 질문이다.

1. 각 문단을 주의 깊게 관찰하고 문단마다 제목을 붙이시오.
2. 각 문단 간의 관계를 살피시오. 왜 그 문단이 거기에 끼어 있고, 왜 거기에 있어야만 하는가?
3. 시간과 장소의 표기를 주의해서 관찰하시오. 그것들이 그 문단의 전개에 어떠한 공헌을 하고 있는가?
4. 이 문단에서 예수가 직면하고 있는 문제들을 토론할 준비를 하시오.
5. 예수에 대한 어떤 반응들이 기록되어 있는가?
6. 예수에 의해서 어떤 변화가 일어나고 있는가?

7. 그는 인생의 핵심에 대하여 어떤 언급을 했는가?
8. 1 : 1에서 "왜?"라는 질문을 만들어 연구하시오.[3)]
9. 세례 요한을 포함시키고 이사야의 글을 인용한 이유는 무엇인가?
10. 예수의 신성과 인성을 나타내는 곳은 어디인가?
11. 반복되는 단어들을 찾아보시오.
12. 인기 증진의 과정을 살펴보시오.

이 방법의 성공 비결은 학생들에게 일련의 사실을 그릇에 담아서 부어 주는 어떤 것이 아니라, 연구를 위한 좋은 질문이나 함께 토의하는 과정에 의해서 그들 자신이 스스로 성경말씀이 담고 있는 진리를 찾도록 인도하는 방법에 있다는 것을 교사들은 항상 잊어서는 안 된다.

개인적으로 혹은 학교에서 성경을 공부할 때에 학생들은 방대한 양의 노트를 하고 놀랄 만큼 많은 사실들을 축적해 온다. 그러나 이러한 것들은 자신들이 쉽게 알아볼 수 있는 어떤 관계를 가지고 조직화되지 않는다면 별 가치를 가지지 못할 것이다. 이것은 도표화에 의해서 성취될 수 있다.

도표는 한눈에 본문을 전체적으로 볼 수 있게 해 주며, 그 내용과 중요한 사상을 한눈에 알 수 있게 해 주기 때문에 그 가치가 있다. 도표는 전체의 개념들을 간결하게 한두 개의 단어로 정리해 주며, 또한 기억의 실마리를 제공한다. 도표의 구조에 대해서는 이미 언급했지만, 성경을 통해서 찾아보아야 할 주제에 대해 여기서 몇 가지를 더 설명하려고 한다.

예수의 정체(identity)를 연구해 보자. 이 책에서 어떤 이름들이 그를 지칭하고 있는가? 자신은 어떤 인물이라고 주장하며 무슨 일을

3) 이하의 질문 목록(8－12번)은 마가복음 1장을 중심으로 더 연구할 수 있는 질문을 역자가 자의적으로 만들어 부가시킨 것이다.

하기를 원하는가? 예수의 반대자를 주목해 보라. 열두 사도에 관해서 성경은 무엇이라고 말하고 있는가? 어떤 종류의 기적들이 수록되어 있는가? 예수는 어떤 비유를 이야기하고 있는가? 하나님의 나라에 관계되는 가르침을 적어 보자.

예를 들어 1장에서 예수는 왕국을 도래시키는 분이며, 4장에서 예수는 왕국을 가르치고 있고, 9장에서는 미래의 왕국에 대해서 잠깐 이야기하고 있으며, 10장에서는 왕국에 이르는 길은 어린아이 같은 순진함과 겸손에 의해서 가능하다고 가르치며, 11장에서는 왕의 예루살렘 입성을, 13장에서는 그 왕의 재림을 말하고 있고, 15장에서는 요셉이 그 왕궁을 찾는 자로서 나타난다. 이 복음서를 통해서 찾을 수 있는 재미있는 주제들은 그 외에도 성령, 기도, 마가의 구약 인용, 본서의 여성에 대한 태도 등을 들 수 있다.

연구제언

물론 이 방법은 성경의 어떤 책에도 활용이 가능하겠지만, 어떤 책들은 다른 것보다도 더 많은 효과를 가져올 수 있다. 창세기같이 아주 긴 책들은 많은 도표가 필요할 것이다. 한편 잠언, 시편, 몇 개의 역사서들은 조그마한 주제들을 매우 자주 바꾸고 있다. 스가랴, 다니엘, 에스겔 등 다른 예언서들은 때때로 고도로 비유적인 언어로 표시되어 있어서 해석하는 데 근본적인 문제가 남아 있다. 느헤미야, 요나와 같은 책들은 전기라는 관점에서 더 연구될 수 있다. 룻기, 에스더는 이야기식의 해설을 잘 나타낸다. 이 방법은 어떤 책이든 적당한 분량의 길이로 되어 있어 너무 많은 해석상의 난점들이 없을 때 가장 잘 적용될 수 있다.

사무엘상, 로마서, 히브리서는 귀납적 방법을 잘 적용시킬 수 있는 세 권의 책이다. 첫째로, 사무엘상을 주의 깊게 읽어 보면 주요한 구분들로 사무엘의 어린 시절과 봉사, 사울의 기름부음과 초기시절, 다윗의 기름부음과 사울과의 투쟁 등을 재미있게 연구할 수 있을 것이다. 이 책을 통해서 찾아보고 도표화할 재미있는 주제들은 기도문, 성령, 죄의 결과들, 하나님의 계시, 이스라엘 백성들로부터의 배울 점 등이다. 학생들의 노력을 잘 보상해 줄 수 있는 특별한 주제들은 엘리와 사무엘의 대조, 사울과 다윗의 대조, 사무엘과 다윗의 비교, 사울이 몰락하는 단계를 추적하는 일, 다윗이라는 인물의 개성과 특징에 대한 연구 등을 들 수 있겠다.

둘째로, 로마서가 비록 심오한 책이기는 하지만 귀납적 방법에 의한 연구로 훌륭한 주제들을 가지고 있다. 독자는 그 책의 주요한 구분들이 그 책의 맨 처음 개관에서 강조한 사상들에 의해서 분명한 차이가 있음을 알게 될 것이다. 하나의 간단한 구분은 두 가지 측면으로 이루어진다. 즉, 교리적인 것(1-11장)과 실제적인 것(12-16장)이다. 이 책은 성경 중에서 가장 교리적이기 때문에 도표에서 추적해야 할 대부분의 항목들은 자연 교리적인 것이 되곤 한다. 특별한 의인, 정죄, 공의, 하나님의 주권, 그리고 성령, 매일매일의 죽음, 육체성, 율법, 유대인 혹은 잃어버린 자와 하나님의 관계 등에 주목해 보라. 물론 학생들은 이 책과의 개인적인 접촉을 통해서 이러한 주제들을 규명하도록 되어 있지만, 성경 용어사전을 사용함으로써 많은 도움을 받을 수 있을 것이다. 좀더 깊은 신앙의 발전을 위한 주제들로는 신자들의 두 가지 본성(7장), 유대인, 이방인, 교회와의 관계나 비교, 성도의 책임(12-15장), 그리고 이 성도의 책임은 종교적 의무(12장), 세속적 의무(13장), 양심의 문제에 관련된 형제우애에 대한 의무(14-15장) 등의 표제로써 연구할 수 있을 것이다.

셋째로, 귀납적 방법이 잘 적용되는 성경본문으로서는 히브리서가 있다. 로마서와 마찬가지로 교리적인 부분과 실제적인 부분으로 나뉠 수 있다. 즉, 그리스도의 인성과 업적에 대한 찬양(영광)(1 : 1-10 : 18)과 교회의 적용(10 : 19 - 13 : 25)이다. 독자의 판단에 따라서는 다른 아우트라인으로 체계화될 수도 있다. 예를 들어, 달라스(Dallas) 성경학교장인 메싱거(Martin O. Massinger)가 제시한 아래와 같은 것들을 살펴보자.

1. 그리스도 안에서 나타난 하나님의 마지막 계시(4 : 1 - 3)
2. 그리스도의 천사에 대한 우월성(1 : 4 - 2 : 18)
3. 그리스도의 모세에 대한 우월성(3 : 1 - 4 : 13)
4. 그리스도의 아론과 레위 족속 제사장들에 대한 우월성(4 : 14 - 10 : 18)
5. 그 외에 다른 것들에 대한 그리스도의 우월성의 사실에 근거한 권고들(10 : 19 - 13 : 25)

위대한 축복과 더불어 이 책을 통해서 발견할 수 있는 몇 가지 주제들은 모든 일이 '더 나아진다는 사실'(better)과 "~합시다"(Let us) 혹은 "~하라"(Let)와 같은 권고를 많이 하는 일이며, 혹은 '온전한'(perfect), '하늘의'(heavenly), '영원한'(eternal)과 같은 단어들, 유형(類型, typology)의 주제들(가장 위대한 타입 중에는 영원한 대제사장, 속죄양, 장막 등과 같은 유형이 있다.), 혹은 구원론 같은 것이 있다.

자, 이제 여러분의 정직한 수고에 보답할 수 있는 다른 주제들을 만들어 보자. 틀림없이 여러분들은 신자들의 영원한 안식이라는 주제, 믿음의 교리, 천사에 관한 이 책의 교훈 등과 관계되는 문제의 그 구절들을 도표의 윗부분에서 발견하게 될 것이다.

03
종합적 방법

에반스(William Evans)가 말해 주고 있듯이, 성경 역시 책의 형식을 빌려 만들어진 것이다. 그것은 역사적, 예언적, 그리고 윤리적인 진리와 필연적인 요구에 따라서 언급되고 발생된 한 권의 책이다.[1] 물론, 성경은 높은 경지의 영감으로 기록되었기 때문에 성경 저자가 한숨에, 혹은 단 며칠 니에 성경전체를 기록할 수는 없었다. 다만 성경의 각 권은 전체로서 그 책이 연구될 때만이 하나의 통일된 주 메시지를 발견해 낼 수 있는 것이다. 현재와 같이 성경책을 절, 문단, 장으로 구분하는 것은 성경이 처음 기록될 때의 작업은 아니었다. 물론 원본의 변천에서 구분이 생기고 소멸되기도 하며, 혹은 원본과는 달리 주제의 변화가 생길 수도 있다는 사실은 의심할 여지가 없다.

오늘날 성경의 3분화 경향은 순전히 편리상 도입된 것이지 그 구분이 전체적인 메시지를 흐리게 하려는 의도는 아니었다. 성경의 각 권은 하나의 편성 단위에 불과한 것이기 때문에 종합적으로 연구되

1) William Evans, *The Book Method of Bible Study*(Chicago : Moody Press, 1915), p. 7.

어야만 한다. 종합이란 그 명칭이 암시하듯 '각 권을 함께 모아 편찬함'을 의미하며, 성경을 전체로서 고찰하는 것이다. 이것은 세밀한 조사를 목적으로 한 권의 책을 연구의 작은 단위들로 세분하려는 분석적 방법의 반대 개념이다.

또한 성경의 귀납적 관찰과 종합적 관찰 사이에는 어떤 구별이 있다. 전자는 상세한 관찰에 근거하여 결론이 얻어지지만, 후자의 경우는 비교적 덜 상세한 관찰에 의하여 일반적인 생각들을 끌어내게 되는데, 그와 같은 주요한 생각들의 구분을 상세하게 따라야 하는 것은 아니다. 이 장을 계속 읽게 되면 그 차이점을 좀더 분명히 알 수 있으리라고 본다.

일반 학문에 있어서도 전반적인 개관이 다양한 영역의 전문적인 연구를 상당히 요하고 있듯이, 성경연구에 있어서 종합적 방법도 성경에 관한 모든 연구 영역에 깊은 관계가 있다. 대부분의 미국 대학에서 학생들은 먼저 문화사를 공부한 다음 미국사, 유럽사, 남미 역사, 혹은 역사의 다른 분야를 세밀하게 공부해 들어간다. 지리학자는 전 지구의 연구에서 출발하여 점점 육지, 나라, 강, 산 등에 관해서 공부하게 된다. 고고학자는 어떤 언덕에 대한 전체적인 조망을 먼저 한 다음, 그 언덕을 여러 구획으로 말뚝을 박아 경계를 나누게 되고, 최종적으로 어떤 구획의 내용물을 조심스럽게 분석하게 되는 법이다.

그러나 반대로 먼저 강, 산, 평야, 도시 등의 위치를 알고 마지막에는 이 자료의 덩어리를 통합하여 그것을 나라들, 궁극적으로는 대륙 및 지구 전체를 관련시켜 연구를 계속해 가는 사람을 우리는 거의 볼 수 없을 것이다. 이와 같이 어떤 성경의 장, 절을 읽을 때에 그 본문 전체, 혹은 전체로서의 성경이나 전 계시의 영역이라고 하는 맥락에서 그것을 알지 못하고, 그 장과 절 자체만을 분리하여 읽고 해석함으로 많은 오류를 범하고 있는 성경 독자들을 흔히 볼 수 있다.

아마도 이 방법의 전개를 위해 아래와 같이 일반적인 제안들을 하게 되는 것은 이러한 이유에서일 것이다.

1. 성경을 여러 번 통독하라. 읽을 때마다 전체를 한번에 읽어라. 그러나 이러한 독서의 간격이 필연적으로 아주 가까운 시간 내에 이루어져야 한다는 것은 아니다.
2. 읽을 때마다 지리적, 역사적, 교리적 방법 등과 같이 연구의 방향과 강조점을 다르게 하라.
3. 성경은 성령이라는 도구를 통해서 계시되고 영감을 받아 쓰인 책이라는 것을 인정할 뿐만 아니라, 그 깨달음 역시 성령의 조명에 의하여 가능하다는 사실을 깨닫고, 늘 기도하는 마음으로 경건하게 읽어라.
4. 다른 도움이 없이 읽도록 하라.
5. 관찰하는 마음, 말씀에 귀를 기울이는 마음, 말씀대로 살고자 하는 마음으로 읽어라. 당신이 읽고 있는 구절을 주의 깊게 관찰하고, 그 말씀이 당신에게 말하고자 하는 바에 귀를 기울이며, 성경을 읽음으로써 생겨나는 분위기와 그 상황 속에서 살아가라.

몇 번이고 성경을 통독해야 할 것을 여기서 권해 왔지만, 어떻게 이러한 독서를 시작할 것인가에 대한 명확한 계획은 아직 제시하지 못했다. 종합적 방법을 취급하는 데 있어 테니(Merrill C. Tenney)는 갈라디아서에 관한 그의 연구에서 다음과 같이 충고했다. 즉, 맨 처음 읽을 때에는 중심 테마를 찾아야 하고, 저자가 그 테마를 어떻게 전개하려고 하는가를 주목해야 한다. 또는 그 중심 테마를 구체화시켜 주는 열쇠가 되는 중요한 단락이나 구절을 찾아야 한다. 두 번째 읽을 때에 독자는 중심 테마를 기억해야 하며, 그 책 전체에서 이 주제가 어떻게 강조되고 있는가를 이해하도록 노력해야 한다.

또한 이 책의 논조를 명확히 이해해야 한다. 즉, "이것은 교훈적인가, 논증적인가? 그렇지 않다면 그것은 어떤 성질의 것인가?"를 묻는다. 재독 시에는 그 책의 개요(outline)를 밝혀야 한다.[2] 이 장에서는 위와 같은 세 가지 방법을 적용하여 설명하려고 한다.

확실히 지성은 신성의 한 속성이다. 성령 하나님은 성경에 영감을 부여하셨다. 그 성경에 영감을 부여하는 과정에서 인간적인 요소들이 배제되지는 않았다. 그것은 인간이 이성적인 존재이기 때문이다. 이제 우리는 이렇게 결론지을 수 있겠다. 즉, 지성을 가진 사람들이 성경을 만들었기 때문에 성경의 각 권은 다른 문학 작품들과도 마찬가지로 논리적인 계획(plan)을 갖고 있음에 틀림없다. 만약 각 권이 수사학적인 원리를 따라서 배열된 하나의 근본적인 메시지를 담고 있다면, 일반 독자들이 그러한 계획을 잘 파악할 수도 있어야 할 것이다. 고린도전서(7 : 1, 25, 8 : 1, 4, 12 : 1, 16 : 1, 12)에서처럼 "~에 대하여는" 혹은 "이제 ~에 대하여는" 등의 말을 반복함으로써 주제의 변경에 대한 예고가 가끔 있을 수 있다. 그 반면에, 주제의 변경이 명백하게 있지만 예고하지 않을 수도 있다. 그럴 때에는 어떤 비슷한 단어들의 반복이 (주제 변경에 대한) 실마리를 제공해 주기도 한다.

그리고 연대기적, 지리적, 역사적인 분할이 행해지는 일도 가끔 있다. 예를 들어, 많은 사람들은 예수 사역의 지역적인 전개 — 가령, 페레아(Perean) 지방(요단 건너편, 눅 6 : 17, 요 11 : 28, 마 19 : 1 참조〈역자주〉), 유대 지방, 갈릴리 지방의 사역, 그리고 마지막 주간에는 예루살렘 근처 — 등에 따라서 복음서의 개요를 만들려고 하기도 한다.

이와 같이 주제의 변경이나 강조점의 전환을 발견하는 데 가장 유

---

2) Merrill C. Tenney, *Galatians : The Charter of Christian Liberty*(Grand Rapids : Wm. B. Eerdmans Publishing Co., 1950), pp. 26–31.

익한 방법은 미국 표준판 성경(American Standard Version)이나 어떤 다른 판에서 설정, 제시한 것과 같이 문단이 잘 나뉜 텍스트를 연구하는 것이 좋다.

예 시

초독 – 중요한 테마의 이해

빌립보서를 이 방법의 예시로 선택했다. 이 서신을 읽는 많은 독자들에게는 '기쁨'과 '환희'라는 것이 중심 테마가 될 것이다. 이 책의 메시지로서 자주 반복되어 주장되고 있음을 알게 됨으로써 어렵잖게 이 결론에 도달하는 것 같다. 혹은 일반적인 주제를 다루고 있는 이 책 속에서 '기쁨'이라는 단어가 계속 언급되고 있다는 사실에 근거하여 그와 같은 결정을 하게 되는지도 모르겠다.[3)]

그러나 이 책 속에서 저자의 신념은 두 가지의 목적으로 나타나고 있다. 하나는 빌립보 교회의 신자들에게 그들의 관대한 선물 때문에 감사를 드리는 것이다. 둘째는 더 중요한 목적인데, 빌립보 교회에서 발생된 사건으로 그 지역 교회의 화평을 위협했던 분쟁 문제를 다루고 있다. 에바브로디도(Epaphroditus)가 바울에게 선물을 전해줄 때 그에게 이 같은 말을 전한 것으로 분명히 나타난다. 사도 바울은 전 교회의 통합을 위해 이 문제를 은밀하게, 그리고도 침착하게 다루고 있다.

그렇지만 독자들은 이 책 전체를 읽으면서 이 문제에 대한 끊임없는 암시를 발견하게 될 것이다. 여러 곳에서 '너희들 모두'(you all) 혹은 '모두'(all)와 같은 말을 계속하고 있는데, 이는 사도 바울이 여러 당파들에게가 아니고 전체 빌립보의 교회를 대상으로 말하고 있

---

3) 빌립보서 1 : 4, 18, 25, 26 ; 2 : 2, 16, 18 ; 3 : 1, 3 ; 4 : 1, 4, 10.

다는 사실을 강조하고 있음을 의미한다.[4] '하나'(one) 혹은 '같은' (same)[5]과 같은 단어나 2 : 14의 "모든 일을 원망과 시비가 없이 하라"는 그의 간절한 부탁에서 나타나고 있듯이 그의 통합을 위한 간절한 소망이 언급된 다른 부분들도 또한 주목해 보라. 혹 어떤 구절은 다른 구절보다도 전체 서신의 사상을 좀더 잘 표현해 주고 있는데, 2 : 1~5은 그 중심 구절로 나타나고 있다.[6] 우리는 이 구절 속에서 통합의 근거인 크리스천 삶의 축복, 통합을 위한 교훈, 즉 "같은 마음을 품으라"와 통합의 수단, 즉 "겸손함과 서로 다른 사람의 필요를 고려함."이라는 귀중한 진리를 발견하게 된다.

재독 – 테마의 깊은 이해

이제 본문을 두 번째 읽을 때에는 통합이라는 테마가 본문 전체에서 어떻게 전개되는가를 좀더 깊이 이해하기 위해서 그 중심 사상을 염두에 두고 읽어라. 바울은 "그리스도 예수 안에서 빌립보에 사는 모든 성도에게"라는 인사말로써 이 서신을 시작한다. 이것은 그가 "모두들"이라고 강조했던 로마서를 제외하고는, 교회로 보내는 다른 서신들과는 다른 접근방법을 선택하고 있음을 의미한다. 역시 로마서에서 그렇게 한 이유는 바울이 수많은 개인 집에서 교회 모임이

---

4) 빌립보서 1 : 1, 4, 7, 8, 25 ; 2 : 17, 26.

5) 빌립보서 1 : 27 ; 2 : 2 ; 3 ; 16 ; 4 : 2.

6) 아마 독자들은 Smith와 Goodspeed의 공저 「완전한 성경」(*Complete Bible*, University of Chicago Press, 1939)에서 보여 준 빌립보서에 대한 훌륭한 해설에서 도움을 얻을 수 있으리라고 생각한다. "그러므로 우리가 그리스도와의 관계에서 어떤 간청을 하든, 사랑을 할 때 어떤 동기를 갖든, 성령에 어떻게 참여하든, 혹은 어떠한 우애나 동정심을 갖든, 똑같은 사람의 태도와 똑같은 감정, 그리고 목적과 조화되게 살아감으로써 우리를 완전한 행복으로 이끌게 하라. 이기적인 목적이나 허영심 때문에 행동하지 말고, 겸손하게 서로서로 남을 나보다 낫게 여기며, 너 자신의 이익을 위하지 말고, 다른 사람의 이익을 위하라. 예수 그리스도가 취했던 바로 그와 같은 태도를 가져라."

이루어지고 있는 로마 크리스천 사회에 하나의 통합을 바라는 의도가 있었기 때문이다.

그런데 저자는 계속해서 다음과 같이 그 주제를 강조한다. 즉, '너희들 무리'를 위하여 간구함은(빌 1 : 4), 그리스도 예수의 날까지 '너희 모두'를 지키실 것을 확신하노니(1 : 7), '너희 무리'를 어떻게 사모하는지(1 : 8), '너희 무리'와 함께 거할 이것을 확실히 아노니(1 : 25), 너희가 일심으로 서서 한뜻으로 복음의 신앙을 위하여 협력하는 것과(1 : 27), 마음을 같이하여 같은 사랑을 가지고 뜻을 합하여 한마음을 품어(2 : 2), '너희 무리와 함께' 기뻐하리니(2 : 17), 에바브로디도가 바울과 함께 '너희 무리'에 대한 사모의 정을 나눔으로써(2 : 26), 그리고 한마음에 대한 더 많은 강조의 문구가 3 : 15~16에서 발견된다. 또한 4 : 2에서 저자는 파벌 싸움에서 주모자격인 두 여인(유오디아와 순두게)에게 그들 간의 불화를 해소할 것을 권고하고 있다.

물론 책 전체에서 가장 위대한 구절은 2 : 1~11이다. 이것은 대기독론적 선언이며, 다음과 같은 사실과의 관련성을 여기에서 찾아볼 수 있다. 즉, 사람들이 그리스도의 마음을 갖고 그들이 타인들의 권리를 침해하지 않는 겸손한 삶을 살아갈 때에 모든 분파 활동은 그칠 것이며, 조화를 되찾을 것이라는 사실과 그와 같은 침해 행위가 모든 분야에서 그칠 때에는 통일을 되찾을 수 있다는 사실이다.

이 책의 논조는 아버지다운 면으로써 묘사되고 있는 듯하다. 특별히 바울은 그들을 꾸짖는 어조로 이 글을 쓰지 않았다. 그러므로 'Polemic'(논쟁)이라는 용어는 적절한 표현이 못된다. 그는 상세하게 가르치는 식이 아니기 때문에 'didactic'(설교적)이라는 용어도 꼭 어울리는 표현은 아니다. 그렇지만 그들을 주 안에서 자신의 자녀들로 취급하고, 그들이 자기를 걱정해 주는 데 대해 감사하고 있고, 그들을 격려함으로써 소동을 그치게 했으며, 서로서로 화목하게 지내는 법을 가르치고 있다. 1 : 8에서 보여 준 아버지 같은 관심에 주의를 돌려 보자. 즉, "내가 예수 그리스도의 심장으로 너희 무리를 얼마나 사모하는지 하나님이 내 증인이시니라". 또한 사도 바울은 2 : 12에서 자기에 대한 그들의 복종에 대하여 역설한다. "그러므로 나의 사랑하는 자들아 너희가 나 있을 때뿐 아니라 더욱 지금 나 없을 때에도 항상 복종하여……" 또 3 : 17에서는 마치 아들이 아버지의 길을 따르듯이 바울 자신을 본받으라고 요구하고 있다.

통합이라는 일반적인 테마와 관련되어서 두 가지 특수한 문제가 제기된다. 첫째는 유대주의와 유대교인에 관련된 문제인데 이것은 3 : 1~7에서 취급되며, 둘째는 적어도 불화의 한 이유가 되어 왔던 문제인데 이것은 그리스도교인의 온전히 이룸에 관한 것이다. 그것은 여러 구절에서 강조된다. 이것에 답하여 바울은 절대적인 것이 아니라 점진적인 것이라고 분명히 가르치고 있다. 3장에서는 이 주제에 관해서 광범위하게 취급한다(7 - 15절). 특히 이 부분의 몇몇의 중심되는 구절들을 자세히 관찰하라. "내가 이미 얻었다 함도 아니요 온전히 이루었다 함도 아니라…… 형제들아 나는 아직 내가 잡은 줄로 여기지 아니하고…… 부름의 상을 위하여 달려가노라…… 그러므로 누구든지 우리 온전히 이룬 자들은 이렇게 생각할지니……" (12-15절).

그 밖의 다른 절들도 똑같은 가르침을 보여 준다. "너희 안에서 착한 일을 시작하신 이가 그리스도 예수의 날까지 이루실 줄을……" (1 : 6), "내가 기도하노라 너희 사랑을 지식과 모든 총명으로 점점 더 풍성하게 하사"(1 : 9) 등은 그들이 아직 도달하지 못했음을 시사하는 반면, "이는 너희가 흠이 없고 순전하여……나타내며"(2 : 15) 등의 말씀은 같은 생각을 반영해 준다.

삼독 – 개요의 이해

삼독 시에는 개요가 밝혀진다. 개요를 발견하는 가장 확실한 길은 아마 문단 연구에 의한 것일 것이다. 여기에는 미국 표준판 성경(American Standard Version)이 도움이 될 것이다. 성경의 원본의 말들을 문단으로 나누는 것이 어려워질 때 이 판은 확실히 어떠한 개요를 설정하는 데 도움이 되는 흐름이나 주제의 변경을 시사하는 단서를 찾는 데 학생들에게 도움이 되도록 그 텍스트를 여러 가지 사상으로 나누어 놓고 있다. 그러나 대부분 미국 표준판 성경은 원본의 문단 나누기를 따르고 있다.

이제 종이 한 장을 집어서 그것을 세 개의 수직적인 칸으로 나누어라. 첫째 칸에는 문단의 번호를 쓰고, 둘째 칸에는 문단이 나누어지는 구절들을 나열하고, 셋째 칸에는 그 문단의 내용을 묘사하는 단어나 짧은 구절을 적어라. 이상의 방법을 따른 빌립보서는 다음과 같이 나타난다.

개요 1 – 빌립보서의 문단 도표

문단번호	성경구절	내 용
1	1 : 1~2	인사말
2	1 : 3~11	바울의 기도
3	1 : 12~30	복음전파 위한 바울의 투옥
4	2 : 1~11	그리스도의 마음
5	2 : 12~18	달음질의 헛됨
6	2 : 19~30	디모데의 자질, 에바브로디도의 병과 근심
7	3 : 1~16	그리스도를 위한 잃어버림.
8	3 : 17~21	바울을 본받아

9	4 : 1	(주 안에) 견고히 서 있음.
10	4 : 2~3	부녀들을 도움.
11	4 : 4~7	기도와 그 결과로 생기는 화평
12	4 : 8~9	억제하며 생각하는 생활
13	4 : 10~20	빌립보 교인들의 선물에 대한 감사
14	4 : 21~22	마지막 인사
15	4 : 23	축복의 기도

이제 문단 전개를 기초로 하고 또한 초독에서 발견한 주제와 일치되도록 하나의 개요를 만들어 보자. 대부분 개요의 각 중심점은 텍스트의 각 문단 속에서 나타나고 있음을 다음의 개요에서 알게 될 것이다.

개요 2 – 빌립보서 : 크리스천 통합을 위한 호소

서론 : 1 : 1~11[7)]
- A. '모두'에게 인사말, 1 : 1~2
- B. '모두'를 위한 기도, 1 : 3~11

Ⅰ. 통합 문제와 관련된 바울의 투옥, 1 : 12~30
- A. 복음전도 사업을 위한 동기로 분열의 허용, 1 : 12~20
- B. 하나님의 은총 속에서 계속 성장할 수 있도록 보호됨, 1 : 21~26
- C. 그가 얼마 동안 감옥에 있으면서 계속 통합을 권고함, 1 : 27~30

Ⅱ. 그리스도의 마음 : 모든 통합의 원천, 2 : 1~30
- A. 본질 : 겸손한 마음, 2 : 1~11
  1. 죽기까지 순종함

---

7) 빌립보서에 관한 자세한 개요 연구를 Norman B. Harrison이 쓴 *His in Joyous Experience*라는 책에서 찾아볼 수 있다.

2. 아버지에 의한 높임

B. 성과 : 통합과 그 결과, 2 : 12~18

C. 예시 : 그리스도의 마음을 소유한 사람들, 2 : 19~30

1. 디모데

2. 에바브로디도

Ⅲ. 통합을 위한 호소 : 분열의 원인이 되는 문제들에 대한 바울의 경험에서 나온 대답들, 3 : 1~21

A. 바울의 의로움, 3 : 1~16

1. 율법에서가 아니라 그리스도를 믿음으로 말미암은, 3 : 1~11

2. 아직 완전한 관계가 아닌, 3 : 12~16

B. 바울의 예, 3 : 17~21

Ⅳ. 통합으로 이끄는 권고, 4 : 1~9

A. 서두의 말, 4 : 1

B. 교회 안의 두 여인 사이의 차이점 해소, 4 : 2~3

C. 기쁨, 기도, 그리고 그로 인한 하나님의 화평, 4 : 4~7

D. 억제하며 생각하는 생활, 4 : 8~9

Ⅴ. 그들의 선물에 대한 감사 : 그들의 단합된 행동의 묘사, 4 : 10~20

결론 : 모두로부터 모두에게 드리는 문안 인사, 4 : 21~23

A. 마지막 인사

B. 축복 기도

04

분석적 방법

'분석'이라는 용어는 구성요소나 구성분자들로 분리하는 것, 혹은 그것을 개별적인 부분들로 나누어 연구하는 것이라고 정의할 수 있다. 예를 들면, 한 문장을 구성하는 단어들이나 어떤 논법 속에 들어 있는 여러 가지 명제들을 고찰할 때 쓰이는 방법이다. 성경과 관련해 볼 때, 분석이란 어떤 책의 메시지를 확실히 알기 위해 그 책을 여러 갈래로 나누어서 상세하게 연구하는 것을 의미한다. 이미 말한 대로 분석은 어떤 책을 전체로 파악하고, 그 전체 속에서 메시지를 발견하고자 하는 종합적 방법의 반대 개념이다.

이 방법의 전개에 있어 첫째로 문법적인 분석이 필요한데 여기에서 우리는 주 문장들과 그 주위에 있는 종속적인 문장, 절의 분류와 그것들 사이의 상호관계를 발견할 계획을 가지고 한 단락 한 단락씩 연구를 해야 한다. 그와 같은 절차는 특히 바울 서신을 연구하는 데 필요한데, 사도 바울의 계속적인 항로변경(deviations)이 독자들을 자기가 읽고 있는 구절의 주 메시지를 놓치게 할 위험 속에 빠뜨리기 때문이다. 성경구절은 급히 읽게 되면 그 구절의 중요한 테마에 대해서 그릇된 인상을 갖기 쉬운 법이다. 따라서 그 구절을 문법적으로 도표화해서 보면, 주요한 테마로 간주되었던 것이 실제로는 종속절로 나타나기 때문에 그 교훈이 가장 중요한 가르침이 아니었다는 사실을 알게 될 것이다.

지금까지 문단 이용법을 연구의 단위로써 언급해 왔는데, 항상 성경의 지적 연구의 기초가 됨에는 틀림없다. 독자는 문단 이용법이 앞에서 설명한 귀납적, 종합적 두 방법에서 계속 장려되었다는 것을 기억할 것이다. 이미 두 장에서 지적했듯이 표준판 성경(ASV)은 문단이 잘 나뉘어 있는 연구용 성경으로써 학생들에게 많은 편리를 줄 것이다.

많은 사람들에게 분석이란 단지 텍스트의 여러 가지 단어들, 어법, 또는 사상들을 연구하거나 논평하기 위해서 여기저기를 마음내키는 대로 읽는 것을 의미한다. 그러나 사실은 그런 것이 아니다. 먼저 말씀의 메시지를 연구하기 위해 어떤 조직적인 계획이 있어야 한다.

다음은 메시지의 본질을 정확히 파악하기 위해서는 텍스트에 대한 문법적인 분석이 필요하다. 분석적 방법은 텍스트의 문법적인 도표화로부터 시작하고, 다음에는 그 도표에 근거하여 주의 깊게 개요를 파악하고, 마지막으로 이렇게 해서 밝혀진 메시지에 대한 다양한 관찰을 해 나가는 방법이다.

문법적 분석을 하다 보면 텍스트를 다시 한번 쓰게 된다. 주요한 진술들은 그것이 어떤 주장이나 질문이든, 혹은 명령이든 종이의 좌측에 쓸 필요가 있다. 테니(Tenney)는 이 문제에 대해서 명확하고 간단하게 설명을 해 준다. "각 행(line)은 하나의 주 진술문과 수식어로 이루어지게 된다. 그런데 수식어는 보통 하나 정도로 하며 너무 긴 수식어구가 아니어야 한다. 구조상 종속절이나 종속구는 텍스트의 주 진술문의 앞뒤에 위치하는데, 주 진술문이 들어 있는 줄의 위나 아래 부분에 텍스트 배열상 들쭉날쭉하게 위치시킨다."[1] 수식어구는 항상 그들이 수식하는 단어의 밑에 놓인다. 이러한 분석이 완료되면 그때는 주요한 행(line)의 사상이 명확하게 드러나고, 또한 개요를 짓는 문제는 아주 간편해진다.

이제 당신이 개요를 만들 준비가 완료되었으면 분석이 다 되어 있는 종이 옆에다가 새로운 빈 종이 한 장을 준비하라. 대부분 그 분석 종이의 왼쪽 구석에서부터 시작하는 진술문들은 주요 포인트가 될 것이고, 위아래에 적힌 수식어구들은 둘째 포인트가 될 것이다. 이와 같은 재배열이 필요한 이유는 성경의 행(line)을 분석하고 숫자나 문자에 의하여 배열을 나열하는 등 알아보기 쉬운 개요의 형태로 정리하는 데 있다. 이 일이 끝나면 학생들은 이제 텍스트를 관찰할 준비가 된 것이다. 항상 학생들에게는 분석하는 과정에서 어떤 구절이 내포하는 메시지에 대한 많은 질문이 생기게 되는데, 이제 그런 질문에 답을 찾아야 할 때가 왔다. 더욱이 어떤 단어나 개념들은 학생들에게 유익한 연구거리가 되어 줄지도 모른다.

이미 제2장에 소개된 바 있어서 항상 마음에 두고 연구해야 할 6명의 '정직한 하인들'에 의지할 수 있다.

즉, '누가?'에 대한 대답으로써 받는 사람, 이야기의 주역들, '무엇을?'에 대한 대답으로써 활동, 메시지, 명령, '언제?'에 대한 대답으로써 시간적 요소, '어디서?'에 대한 대답으로써 지역적 언급, '왜?'에 대한 대답으로써 텍스트의 활동, 메시지, 명령 배후에 있는 이유,

---

1) Merrill C. Tenney, *Galatians : The Charter of Christian Liberty*, p. 166. 물론, 갈라디아서 연구에서 분석적 방법을 사용했던 테니 박사의 그 훌륭한 업적에 필적하기는 어려울 것 같다. 그럼에도 불구하고 여기에서 그 방법에 대한 취급을 하는 것은 이 한 권의 책으로 모든 독자에게 성경연구의 여러 가지 다른 방법들을 소개하기 위함이다.

그리고 '어떻게?'에 대한 대답으로써 "어떤 방법으로 그 이야기 속의 행위가 등장인물들에게 영향을 미치는가?" 또는 "그 책의 메시지가 어떤 방법으로 저자에게 영향을 미치게 했으며, 어떻게 독자의 마음을 바꾸게 하는가?"를 들 수 있다.

이와 같은 질문은 항상 우리로 하여금 어떤 주제에 대해서 철저하게 알 수 있도록 해 주는 효과적 지침이 되는 것이다.

예 시

여기서는 성경의 광범위한 부분을 열거하자는 것이 아니라, 학생들이 분석방법에 대하여 스스로 몇 가지 방법이라도 터득할 수 있도록 하자는 것이기에 간단한 예문을 사용하고자 한다. 로마서 12 : 1~8의 첫 번째에 나오는 2개의 문단을 선택하여 그 부분을 문법적인 체계로 정리해 보자. 1절의 첫 부분은 독립절로 되어 있으므로 우리는 그것을 종이의 가장 좌측 부분에서 시작할 수 있다. "내가 하나님의 모든 자비하심으로 너희를 권하노니 너희 몸을 하나님이 기뻐하시는 거룩한 산 제물로 드리라"는 이 문장의 주절이다.

그러므로 그것은 모두 같은 줄에 기록될 것이다. 왜냐하면 "하나님의 모든 자비하심으로"라는 부사구는 삽입구적인 것이며 그 주동사(main verb)를 채워 주기 위해서 그것 앞에 위치하기 때문에, 우리는 그 구를 행(line) 위에 놓게 된다. 이 문장의 다음 부분인 "하나님이 기뻐하시는 거룩한 산 제물"은 제시의 방법을 말하며, 이 절의 맨 끝 부분인 "이는 너희가 드릴 영적 예배니라"는 그 몸을 드리는 이유에 대해서 말하고 있다. 이 두 행들은 주요 행의 조금 밑 부분에 놓이게 하라.

다음의 문장은 두 개의 주절을 포함하고 있고 두 개 다 좌측 부분에서 시작할 수 있다. 그리고 마지막에 있는 종속절은 두 번째 주절 아래에 기입해야 한다.

이제 둘째 문단의 작업을 계속해 보자. 역시 첫 번째 진술문이 종속절이 아니기 때문에 자연히 이것은 좌측 구석부터 시작해야 한다. 종속 부분을 전부 제하면 주요 진술문은 "너희 각 사람에게 말하노니"가 된다. "내게 주신 은혜로 말미암아"라는 종속절은 삽입절이기 때문에 그 행의 위쪽에 비껴서 위치시켜야 한다.

이 문장의 그 다음 두 부분은 사도가 말씀한 내용으로 구성되어 있으며, 문법 구조상 동격이기 때문에 '말하노니'라는 동사 아래에 위치시켜야 한다. 이 문장의 마지막 부분은 '대로'(according)로 시작되고 있는데, 이것은 세 번째 독립절에 부수되고 있으므로 그 부분의 아래에 비스듬히 위치시켜야 할 것이다. 실제적으로 바울은 3절에서 '말하려'는 것을 4~8절에서 계속 말하고 있다.

그러나 우리가 이미 제시했던 주 문장은 제일 좌측에 있어야 한다는 원칙을 지키기 위해서, 즉 '말하노라'라는 동사 밑 부분에 있는 다른 부분들과의 혼란을 피하기 위해서 우리는 4~5절의 주요 진술문을 좌측에 위치시켜야 할 것이다. "이와 같이 우리 많은 사람이 그리스도 안에서 한몸이 되어"는 이 문단의 마지막 주요 독립 진술문이 되는 것이다.

그리고 "서로 지체가 되었느니라"는 중문의 서술부를 이루고 있기에 위의 주요 진술문의 아래쪽에 비스듬히 위치시켜야 할 것이다. 6절 상반절은 5절의 '우리'에 관한 묘사를 하고 있다. 이것은 방금 인용한 부분과 대등한 위치에 놓이는 것이 안전할 것이다. 그리고 6절의 나머지 부분에서 8절까지는 은사의 목록을 나열하고 있으므로 계속 아래 부분에 비스듬히 기록해야 할 것이다. 이제까지의 설명을 정리하면 아래와 같이 된다.

하나님의 모든 자비하심으로 내가 너희에게 권하노니, 그러므로 형제들아…… 너희 몸을 드려라. 하나님이 기뻐하시는 거룩한 산 제물, 이는 너희의 드릴 영적 예배니라. 그리고 너희는 이 세대를 본받지 말고 오직 마음을 새롭게 함으로 변화를 받아, 하나님의 선하시고 기뻐하시고 온전하신 뜻이 무엇인지 분별하도록 하라.

내게 주신 은혜로 말미암아, 너희 중 각 사람에게…… 말하노니, 마땅히 생각할 그 이상의 생각을 품지 말고, 지혜롭게 생각하라. 오직 하나님께서 각 사람에게 나누어 주신 믿음의 분량대로, 우리가 한몸에 많은 지체를 가졌으나, 모든 지체가 같은 직분을 가진 것이 아니니 이와 같이 우리 많은 사람이 그리스도 안에서 한몸이 되어, 그리고 서로 지체가 되었느니라.

우리에게 주신 은혜대로 받은 은사가 각각 다르니 혹 예언이면 믿음의 분수대로, 혹 섬기는 일이면 섬기는 일로, 혹 가르치는 자면 가르치는 일로, 혹 위로하는 자면 위로하는 일로, 구제하는 자는 성실함으로, 다스리는 자는 부지런함으로, 긍휼을 베푸는 자는 즐거움으로 할 것이니라.

이제 우리는 분석적 방법 중 제2단계인 '개요 작성'으로 들어갈 차례가 되었다. 이제 빈 종이 한 장을 꺼내어 이제 방금 작성한 문장 구조 분석표 옆에 놓아라. 첫 번째 단락의 제목을 "사도 바울의 권면"이라고 하는 것이 좋겠다. 첫 번째 주절이 있는 줄의 윗부분 첫 구는 이 권면의 근거, 즉 하나님의 자비하심을 보여 주고 있다. 3개의 주절들은 그 권면의 내용을 말해 준다. 두 번째 문단에서는 그 권면이 명령으로 변하고 있다.

첫 번째 문단에서는 영적 과정의 문제를 다루었으며, 간청하는 듯한 어법이 사용되었다. 반면 두 번째 문단에서는 크리스천 공동체에서의 질서와 계율의 문제를 다루었다. 이때 바울은 그 문제를 해결하기 위해 '사도적 명령'으로 호소한다. 첫 번째 문단에서처럼 삽입구적인 표현(주절 위에 있는)은 명령의 근거로써 사용되고 있으며 그 문단의 나머지 부분은 명령의 내용이 되고 있다. 보통 하위 포인트의 위치로 여겨지는 네 개의 독립적인 진술문에 대하여 내가 보기에는 첫 번째 것은 타이름, 두 번째 것은 일깨움, 세 번째와 네 번째 것은 다 같이 실례를 보여 준다고 생각한다. 만약 이상의 제언을 따른다면 우리는 다음과 같은 개요를 만들어 볼 수 있을 것이다.

개 요

Ⅰ. 사도 바울의 권면
- A. 근거 - 하나님의 자비로움
- B. 내용
  1. 몸을 드리는 일
     - a. 방법 - 산 제물
     - b. 이유 - 영적(합당한) 예배
     - c. 이 세대를 본받지 않음(Non - conformity)
     - d. 마음을 새롭게 함으로써 변화됨 - 결과로는 도덕적, 영적인 문제를 판단하는 데 있어 진실하고 온전한 지성을 갖게 된다.

Ⅱ. 사도의 명령
- A. 근거 - 그에게 주어진 은혜(권위)
- B. 내용
  1. 타이름 : 자기 자신을 너무 높게 생각하지 말라.
  2. 일깨움 : 크리스천 공동체에서 너의 위치가 하나님이 주신 믿음에 근거하여야 한다는 것을 생각하라.
  3. 실례 : 몸의 지체를 들어 설명
     - a. 인간적인 몸 - 다양한 기능을 가진 복합체
     - b. 영적인 몸 - 다음과 같은 활동을 가능케 하는 갖가지 은사를 소유하고 그리스도 안에서 살아가는 사람들
       (1) 예언, (2) 섬기는 일, (3) 가르치는 일, (4) 권유하는 일, (5) 구제하는 일, (6) 긍휼을 베푸는 일

이제 텍스트의 분석과 개요가 완성되었으므로 자연히 그 다음 단계는 이 텍스트를 관찰하는 일이다. 그러나 이 일은 가능할 것 같지 않다. 왜냐하면 우리가 작업해 온 이 구절은 폭넓은 연구를 진전시키기에는 너무나 짧기 때문이다. 독자들 각자가 한 권 전체나 많은 부분을 분석해 본다면 더욱더 유익한 결실을 얻게 될 것이다. 아무튼 이 분석적 방법은 어떤 고정된 절차나 완성이 있는 것이 아니고 자신의 지적, 영적 관심과 능력, 의지력에 따라서 연구를 계속할 수 있기 때문에 학생들은 별 어려움 없이 이 방법을 사용할 수 있으리라고 생각한다.

05

비평적 방법

'비평'이라는 단어는 언제나 그것이 성경에 대한 극단적인 진보주의자들의 태도와 연관이 되어 왔기 때문에 일부 보수적 진영에서는 별로 달가운 단어가 되지 못함이 사실이었다. 그러나 원래 비평 자체는 성경연구에서 정당하고 가치 있는 것이기에 이 유용한 단어를 활용하지 않을 수 없는 것이다. '비평'이라는 단어는 단순히 어떤 판단이나 평가의 형태 내지는 그 표현들을 의미한다. "이사야 54장에서 그는 말하기를……"이라고 말하는 사람은 예언자 이사야가 40~66장을 쓰지 않았다고 말하는 사람과 꼭 마찬가지로 이미 비평에 관여하고 있는 것이다.

비평에는 두 가지 타입, 즉 하등비평과 고등비평이 있다. 전자는 본문비평이라고 하는데, 성경 텍스트의 참된 원본의 형태를 확인할 목적으로 성경의 텍스트를 취급한다. 이 분야의 학자들은 히브리어나 희랍어 사본, 번역판, 초기 교부들의 성경에 대한 인용이나 언급, 혹은 그 밖의 텍스트에 관계가 있는 문헌들을 이용한다. 여기에서의 목적은 정확한 텍스트를 결정하는 일이지, 그 텍스트의 기원이나 가치 같은 문제에 대해서 판단하려는 것이 아니기 때문에 하등비평가의 연구는 비교적 언제나 객관적이다. 고등비평은 하등비평이 끝나는 곳에서 시작된다. 정확한 텍스트가 이미 발견되었다고 믿은 이 고등 비평가(혹은 역사적, 문학적 비평가)들은 그 텍스트에 의한, 혹은 그것에 대한 주장들이 정확한 것인지를 찾으려고 한다. "이 텍스트의 저자나 날짜는 정확한 것인가?", "이 텍스트의 메시지는 기술적으로 믿을 만한 것인가?"와 같은, 혹은 더욱 많은 질문들을 그 비평가는 제기할 것이다. 이상의 두 가지 접근법이 올바르게 적용될 때에는 어느 방법이든 이용하는 데 있어 두려움을 가질 필요가 없다는 것은 명백한 사실이 되겠다. 사실, 어떤 성경이 주장하고 나타내는 그 자체가 정확한 것이라면 우리는 그것을 위해 조사하고 검증하는 일을 두려워할 필요가 없는 것이다. 왜냐하면 이런 조사과정은 말씀의 진리를 증명해 줄 것이며, 하나의 힘 있는 변증이 되어 줄 것이기 때문이다.

본서는 거의 정규적인 성경교육을 받지 못한 사람들이나 성경원서 강독과정을 받지 않은 학생 모두에게까지 성경연구 방법에 관한 지식을 제공하는 것이 목적이기 때문에 하등비평에 관한 자세한 논의는 생략한다. 그러나 상급과정에 있는 학생들은 세미나 훈련을 통해서 더 자세하게 그 문제에 대해서 깊이 파고 들어갈 수 있는 기회가 있으리라고 본다. 여기에서는 고등비평에 대해서만 함께 생각해 보자.

전 장에서처럼 "정직한 하인들"을 한 번 더 이용해 보기로 한다.

정직한 하인들

누가?

어떤 책에 등장하는 인물 하나하나에 관해서 밝히려는 것이 아니라 오히려 관심을 가져야 할 일은 누가 그 책을 썼으며 그 수신인이, 혹은 대상이 누구냐 하는 것이다. 최근 분석에서는 저작자를 입증하려면 가끔 내재적 증거와 외재적 증거에 의지하곤 한다. 어떤 경우에는 외재적 증거가 더 결정적이지만 또 어떤 때는 그것만으로는 불충분하다. 학생들은 스스로 내재적 증거는 발견할 수가 있지만 외재적 증거를 발견하기 위해서는 성경입문 분야에서 저자들에 관한 역사적, 정전적(正典的) 연구에 의존해야만 한다. 내재적 증거의 발견을 위해서 특별히 다음의 3가지 질문, 혹은 관찰이라고 하는 측면에서 연구할 수가 있다.

1. 이 책은 어떤 확실한 개인에 의해서 쓰여진 것으로 나타나고 있는가?
2. 그렇다면 혹 이런 주장이 자의적(독단적)인 삽입이나 위조로 인한 결과는 아닌가? 이 책은 개인적인 어조, 즉 1인칭 대명사를 사용하고 있는가? 혹 이 자서전적인 요인과 텍스트의 다른 요인들과의 긴밀한 상호관계를 살펴볼 때에 그 책이 만들어지고 전해져 오는 어느 기간에 삽입되었다고 볼 수는 없겠는가?
3. 저자의 이름이 책 속에 나타나지 않을 때 독자들은 저자를 알 수 있게 해 주는 참고문헌을 찾아볼 수밖에 없다. 만약 합당한 저작 후보가 나타나지 않을 때 독자들은 그 저작 시기에 대해서 공부를 한 다음, 어떤 중요 인물들이 그 시대에 살았으며, 따라서 누가 저자일 가능성이 가장 큰가 하는 문제를 자문해 보아야 한다. 성경 저작자 문제를 해결하고자 할 때에 가끔 전통에 의존하는 일이 필요한 경우가 있다.

이제 어떤 책의 저자를 알아보았으면 우리들은 '누구에게로'(즉, 독자)라는 문제로 넘어갈 수가 있다. 가끔 이 문제는 아주 분명한 경우가 있는데 그것은 고린도전서 1 : 2에서처럼 "고린도에 있는 하나님의 교회에게로"라는 인사말로써 시작하고 있기 때문이다. 그러나 어떤 경우에는 이 문제가 그렇게 명확하지 못할 때도 있다. 가령 베드로전서에서처럼 그 책이 전하고 있는 장소는 발견할 수 있지만, 독자들이 유대인인지 이방인인지를 결정하기에는 아주 힘이 드는 경우도 있다. 갈라디아서에 대해서는 그 교회가 북쪽 갈라디아인지 남쪽 갈라디아에 있는 교회인지에 대하여 논란이 있다. 에베소서에 관해서는 'Ephesians'라는 단어에 대해서 문헌상의 어려움도 있다. 즉, 그 'Ephesians'는 가장 훌륭한 사본에서조차도 나타나지 않기 때문이다. 많은 사람들은 그 책이 서방 소아시아 지방의 여러 교회들에게로 쓰여졌다고 생각한다.

한편 야고보서의 독자들은 "흩어져 있는 열두 지파"가 무엇을 암시하고 있는지를 알아보아야 한다. 어떤 책에서는 어느 곳에도 직접적으로 주소를 밝히지 않는 경우가 종종 있는데, 그때 학생들은 그 책에 대한 전반적인 접근에 의하여 그 대상지를 알아볼 필요가 있음을 알게 될 것이다. 이 문제는 특히 마태복음에 의해서 잘 예증될 수 있는데, 어떤 사람은 그것이 유대인들을 대상으로 하고 있다고 결론을 내리게 된다. 그 이유는 그 책에 이스라엘 왕의 혈통과 구약의 인용, 그리고 확실한 유대적 냄새를 풍기는 조항들이 다분히 있다는 것이다.

어디서?

여기서 저작의 장소가 문제된다. 그 책이 에베소(고전 16 : 8)라는 장소에서 쓰여졌다고 지적되어 있는 고린도전서처럼 명백하게 이 문제에 대해서 입장을 밝히고 있는 책은 거의 드물다. 어떤 경우에는 저작 장소에 관한 확실한 언급이 있는 것 같지만 그것이 절대적으로 결정적 단서가 되지 못하는 경우도 있다. 이 점에 대해서는 베드로전서 5 : 13에 나오는 바벨론이 유프라테스에 있는 바벨론을 의미하는지, 그렇지 않으면 로마에 대한 상징적인 말인지에 관한 많은 논쟁이 있음을 볼 수 있다. 학생들이 어떤 책을 공부할 때에 저작 장소를 증명해 줄 수 있는 증거는 충분히 찾아낼 수 있다. 그렇지만 대부분 그것은 지나치게 기술적인 문제에 지나지 않는 경우도 있고, 그 문제에 관한 모든 성경적 근거들을 파헤쳐 보는 데 필요한 시간만큼 그 가치를 주지 못할 때가 많이 있다. 그러므로 이 문제를 해결하는 데 여러 가지 믿을 만한 참고문헌들을 이용하라고 충고하고 싶다.

언제?

이제 저작 시기의 문제로 넘어가자. 독자적인 성경연구 방법으로 이 문제를 해결하기는 어렵다. 왜냐하면 연대적 언급들은 항상 일반 역사와 성경 역사에 관한 전반적 지식과 관련해서 이해되어야 하기 때문이다. 바울서신의 날짜를 정하는 일은 대부분 그 서신들이 사도행전의 역사적 전개와 어떻게 관련되는가에 의존한다. 누가복음서는 사도행전 이전에 쓰여졌고(행 1 : 1), 사도행전은 바울이 로마 감금상태에서 해방되기 바로 직전에 쓰여졌다(행 28 : 30). 이러한 사실이나 그 외에 다른 많은 연대적 언급들은 책의 저작 시기를 결정하는 데에 있어서 독단적으로 이용될 수 없고, 그것들은 전체 성경의 연대기의 부분으로써만 이용되어야 한다. 성경 각 권의 저작 시기에 관한 문제의 해결책으로서는 일반 학생들은 믿을 만한 자료들에 의존하는 것이 가장 좋을 것이다.

왜?

우리는 이제 책의 저작 이유나 저작 필요에 대해서 알아보아야 한다. 가끔 이것은 인사말 다음에 간략하게 서두에서 서술되기도 한다. 이러한 절차는 갈라디아서에서 발견할 수 있는데, 거기서 독자들은 그들이 율법적 규범으로 되돌아갔기 때문에 질책을 받게 되는 것이라는 것을 알 수 있다. 그리고 디모데전서에서 디모데는 그의 행위에 대해서 확실한 권면과 교훈을 받는다. 가끔 저작 이유가 그 책의 후반부에서 이야기되기도 하며, 혹은 고린도전서의 경우처럼 그 책 전체의 여기저기에 얽혀서 쓰이는 수도 있는데, 이 고린도전서의 경우는 여러 가지의 문제와 질문들이 다루어진다(7 : 1, 25 ; 8 : 1, 4 ; 12 : 1 ; 16 : 1, 12). 때로는 그 저작 이유가 단순히 '암시'로 나타나기도 하고, 또는 역사적 배경을 완전히 연구한 후에 발견할 수 있는 것들도 있다.

어떻게?

"여기서 문제되는 것은 그 텍스트가 얼마나 믿을 만한 것인가?", "편집상의 재배열을 했다는 어떤 증거나 근거는 없는가?", "어떤 파괴주의적 비판이 이 책을 겨냥했던 이유가 있는가?", "이 책은 책 전체가 하나로 통합을 이루고 있을 만큼 잘 정돈이 되었나?". 다른 질문에 대해서도 마찬가지겠지만 특별히 "어떻게?"라는 질문에 대답을 얻기 위해서는 사실, 연구상의 많은 조력이 필요할 것이다.

예 시

빌립보서가 이 방법에 관한 예문으로 이용될 것이다. 그 책을 주의 깊게 읽으면서 저자에 관해서 무엇을 말하고 있는지 살펴보라. 바로 1 : 1은 바울과 디모데에 대해서 언급하고 있다. 그 책에 나타나는 인칭 대명사에 대해 더 알아보면, 그것이 가리키는 대상이 저자가 될 때는 모두 1인칭 단수라는 것을 알게 될 것이다.[1] 그래서 디모데가 이 책의 저자라는 어떤 주장도 찾아볼 수 없다.

---

1) 빌립보서 1 : 3-4, 7-9, 12-14, 16-23, 25-27, 30 ; 2 : 2, 12, 16-20, 22-25, 27-28, 30 ; 3 : 1, 3-4, 7-18, 20 ; 4 : 1-4, 9-19, 21.

거의 모든 절에서 하나 이상의 1인칭 대명사 형식을 가지고 있기 때문에 저자에 관한 증거를 임의적으로 첨가시켰다고 볼 수는 없을 것이다. 더욱이 자서전적 자료가 텍스트의 나머지 부분에 여기저기 얽혀 있다.

그리고 수신인에 관하여 빌립보서 1 : 1에서 "빌립보 교회의 성도들에게"라고 뚜렷이 밝히고 있는데, 이 점에 관하여서는 어떤 이의가 없으리라고 본다.

다음으로 둘째 질문, 즉 저작 '장소'에 관련된 문제를 해결해 보자. 여기에 대해서는 편지 자체가 잘 말해 주고 있다. 빌립보서 1 : 13은 궁전(AV ; 흠정역), 즉 그 시위대인 시저의 개인 경호원(ASV ; 미국 표준판 성경)에 대하여 언급하고 있다. 그리고 4 : 22은 시저의 집안 식구에 대해서 언급한다. 이것은 명백히 바울이 로마에서 썼으며 또한 "매인 바 됨"에 대한 언급은 곧 그가 감금상태에 있다는 것을 가리킨다.

저작 시기에 관한 결정에는 연구상 많은 도움이 필요하다. 학자들은 제1차 로마 감금 시기를 정확히 지적하는 데 약간 다른 견해를 가지고 있다. 즉, 그 시기를 A. D. 59~60, 60~62, 61~63, 62~64년 등으로 보는 견해차를 보이고 있다. 현재 이 작업은 비평적일 필요가 없으므로 편의상 그 시기를 60~64년으로 정하기로 하자. 비록 64년은 너무 늦은 것 같지만 말이다.

이 방법을 정의할 때 소개되었던 또다른 질문은 "왜 그 책이 쓰여졌는가?" 하는 것이었다. 이 문제는 "종합적 방법"에 관한 장에서 상세히 논의되었기 때문에 여기서는 더 깊이 들어갈 필요가 없겠다. 그러나 우리는 간략하게 말할 수는 있다. 즉, 그것은 하나의 감사장으로 보여 주기 위해서, 에바브로디도의 병과 빌립보 교인들에게 되돌아가는 데 지체하고 있다는 것을 설명하기 위해서, 그리고 그들의 분열에 관한 문제를 다루기 위해서 쓰였다.

마지막 질문은 "그 텍스트가 얼마나 믿을 만한 것인가?" 하는 점이다. 내재적 증거라는 관점에서 그 책의 메시지는 처음부터 끝까지 논리적이고 질서정연하게 진행되고 있다고 볼 수 있다. 거기에는 원문의 변조나 편집상의 재배열에 관해서 아무런 근거도 없다.

이상의 진술을 통해서 볼 때 빌립보서에 관한 비평적 질문에의 답은 그 텍스트 자체에서 용이하게 찾아낼 수 있는 것으로 나타났다. 그러나 대부분 성경의 각 책을 위해서는 이러한 문제에 대한 해결책으로써 성경입문 분야의 참고문헌들에 거의 전적으로 의존할 필요가 있을 때가 있다. 이것은 가끔 그 질문이 난해하기 때문에 필요하기도 하고 보통 때는 내재적인 증거나 기초로 한 우리의 성경적 지식으로는 쉽게 대답을 찾을 수 없는 것일 수도 있다.

그래서 우리는 이러한 문제를 특별히 잘 알고 있는 전문가에게 의존하게 된다. 이 방법에 관해 더 깊은 도움을 제공하기 위해 예문을 통해서 사사기의 저자와 저작 시기라는 비평적인 질문을 연구 조력을 받아 논의해 보기로 하자.

이 책에는 저자에 대한 언급이 전혀 없다. 우리는 여러 가지 측면에서 내재적 고찰을 해 보아야 한다. 먼저 사사기 1 : 21은 여부스 사람들(The Jebusites)이 그 저작 당시에 아직도 예루살렘을 통치하고 있었다고 기록하고 있다. 유대인들은 다윗 왕 7년(삼하 5 : 6-8)에야 비로소 그 도시를 점령할 수가 있었다.

만약 우리가 티엘레(E. R. Thiele)가 말하고 있는 이스라엘 왕들의 연대기를 적용한다면 다윗 왕의 통치 기간은 B. C. 1010~970년이 된다. 그러면 다윗 왕 7년은 B. C. 1003년이 될 것이다. 그런데 이것은 사사기가 저작될 수 있는 시기 중 가장 최후의 시기가 된다. 둘째로, 우리는 "그 당시 이스라엘에는 왕이 없었다."라는 사실을 고려해야 한다. 이것은 사사기 17 : 6 ; 18 : 1 ; 19 : 1 ; 21 : 25에 나타나고 있다. 17 : 6과 21 : 25에는 "사람마다 자기 소견에 옳은 대로 행하였더라"라는 말을 추가적으로 삽입하고 있다.

이 의미는 사사기의 시대가 이제는 끝났음을 말한다('그 당시'를 그 저작자 자신의 시대로 볼 수는 없다). 그리고 사람들은 더 이상 그들 자신의 소견에 옳은 것을 하지 않는다. 만약 사사기의 시대가 B. C. 1050년경에 끝났다면, 그리고 예루살렘이 B. C. 1003년에 다윗 왕에 의해서 점령되었다면, 그 책은 47년간의 어느 시기, 아마도 사울의 시대에 쓰였음에 틀림없다.

사사 시대와 군주정치 시대를 연결해 주는 이 특정한 시기의 유대사에 가장 중요한 인물은 아무래도 사무엘이었다. 그리고 그는 내재적 고찰을 기초로 해서 볼 때 저자로서 가장 적절한 인물이다. 또한 유대적인 전통은 사무엘을 그 저작자로서 인정하고 있다.

연구노트

성경의 많은 책들이 이 비평적 방법에 의해서 유익하게 연구될 수 있다. 어떤 책들은 다른 문헌들의 별 도움이 없어도 연구될 수 있다. 이런 책으로서는 고린도전서, 갈라디아서, 빌레몬서, 골로새서 등 4권이 있다. 또다른 책들은 많은 연구 보조자료를 이용한다면 매우 가치 있는 연구가 될 것이다. 이런 책들의 목록은 여호수아, 전도서, 잠언, 사무엘상 · 하, 이사야, 야고보서, 그리고 히브리서 등이다.

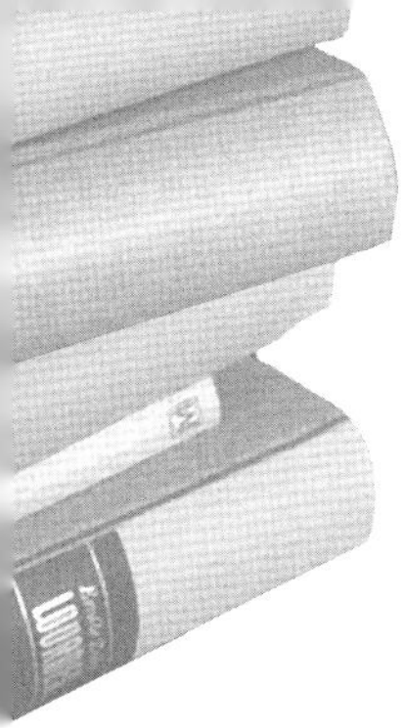

06 전기적 방법

"엘리야는 우리와 성정이 같은 사람이로되……"(약 5 : 17). 바로 이러한 이유 때문에 우리는 크리스천으로서의 삶을 살아가면서 처세 원리를 찾고자 성경의 인물들의 생애를 즐겁게 연구하곤 한다. 엘리야는 성정이 인간과 같았던 유일한 성경적 인물은 아니었다. 의식적이든 아니든 성경의 인물들을 초인으로 생각하는 그런 태도를 가져서는 안 된다. 반대로 그들 역시 우리와 똑같은 소망을 가지고 있으며, 두려움과 죄가 있고, 하나님의 능력을 힘입을 가능성을 지닌 지극히 정상적인 인간들이었다. 이것이 하나님께서 각 시대를 통하여 그들의 이름과 전기가 기록되고 보존되도록 허락하셨던 이유이다. 그러므로 우리는 마땅히 성경 인물들에게 많은 관심을 기울일 필요가 있는 것이다.

성경의 전기는 신자에게 유익한 영적 교훈을 줄 뿐 아니라, 기독교 진리를 전하는 매우 가치 있는 방법을 제시해 주고 있다. 사람들은 누구나 어떤 인물이나 생애, 그리고 생활 방식 등에 많은 흥미를 가지고 있기 때문에 교육자들은 역사나 문학, 혹은 다른 교과목 등을 가르치는 데 있어서도 효과적으로 이용할 수 있다.

전기적 방법은 사실적으로 묘사하고자 할 때는 전기적 설화로, 설교적으로 연구하고자 할 때는 전기적 해설로써, 논증적으로나 변증론적으로 연구하고자 할 때는 전기적 논증으로써 취급되게 된다. 이 장에서는 이 세 분야를 모두 간단하게 취급하고자 한다.

전기적 설화

전기적 설화의 목적은 단순히 성경의 전체나 어떤 한 권에 나타나 있는 성경적 인물에 관한 전기적인 사실을 배워 보자는 데 있다. 학생들이 그와 같은 책을 연구하려 할 때는 그 인물의 생애와 텍스트가 주는 메시지의 상호 관련성을 이해하려는 목적을 가지고, 어떤 특수한 책에 나타나 있는 한 인물에만 조사 범위를 한정시키는 것이 바람직할 것이다. 이때 보통은 어떤 인물에 대한 모든 사실들(facts)을 끄집어내는 일이 필요하다. 아래 간단하게 표시한 아우트라인은 이 방법의 전개를 위한 편리한 지침으로써 활용될 수 있을 것이다. 단, 모든 성경의 진가를 연구할 때에 아래와 같은 점들이 모두 분명하게 나타나는 것은 아니다.

개 요 1

Ⅰ. 탄생과 초기 시절
A. 혈통
B. 출생 장소와 환경
C. 초기의 훈련이나 경험
Ⅱ. 개심의 경험과 특수 과업에 대한 소명
Ⅲ. 주를 위한 사역
A. 사역의 본질
B. 타인들의 그 사역에 대한 반응

Ⅳ. 인성평가

A. 선

B. 악

Ⅴ. 타인과의 관계

Ⅵ. 죽음과 그 죽음에 대한 논평

Ⅶ. 텍스트 속에 이와 같은 사실들을 삽입한 이유

예 시

이제 예문을 통해서 고린도후서의 바울에 관한 연구와 성경 전체에 나타나고 있는 디모데에 대한 고찰을 시도해 보자. 이것은 전기적 설화의 양면에 대한 전개를 각기 보여 줄 것이다. 먼저 고린도후서를 가지고 시작해 보자. 이 책을 주의 깊게 읽으면서 모든 전기적 사실에 대해서 언급된 부분을 간단히 적어 보라. 각 항목별로 독서카드 같은 것을 이용한다면 후에 계통을 세우고 개요를 작성하는 데 용이하게 쓰일 수 있을 것이다. 개요를 만들려고 할 때, 이제는 이 카드를 효과적으로 잘 배열하기만 하면 된다. 그리고는 개요의 요점들을 적절하게 할당하여 아래와 같이 작성표를 만들어 볼 수 있다.

개요 2

1 : 1 – 바울, 사도

1 : 4~5 – 그리스도를 위한 고난

1 : 8ff – 아시아에 있어서의 거의 죽음에 가까운 환난과 하나님께서 다시 살려 주셨다.

1 : 11 – 그들에게서 은사를 받았다(기도로).

1 : 12 – 훌륭한 증언을 자랑했다.

1 : 15~22 – 그들을 방문하려 했던 그 계획의 변경은 변덕 때문이 아니었다.

1 : 22~23 – 회심에 대한 증거

2 : 1ff－책망과 온화한 동정의 태도
3 : 5－하나님으로부터 나온 민족
3 : 6－새 언약에 대한 봉사
4 : 2－올바른 행실
4 : 5－우리는 우리 자신을 전파하는 것이 아니라 그리스도만을 전파한다.
4 : 6－우리 마음에 비추는 빛, 회심의 경험
4 : 10－예수와 더불어 매일 십자가에 못 박히는 경험을 했다.
4 : 16－육체적 쇠약을 의식한다.
5 : 2ff－미래의 삶을 기대한다.
5 : 5－회심의 증거
5 : 9~10－주님께 열납되기를 바라며 다가올 심판을 의식한다.
5 : 11－주님에 대한 두려움이 사람들에 대한 전도를 촉진시킨다.
5 : 14－그리스도의 사랑이 강권하다.
5 : 18－회심 ; 우리에게 주신 화해의 사역
5 : 20－그리스도의 사신
6 : 3－그가 장애물이 되지 않으려고 염려하다.
6 : 4~11－고린도 교인에 대한 아버지다운 걱정과 근심
7 : 2－자신의 사역에 대한 깨끗하고 정직한 기록
7 : 9－타인들의 근심을 기뻐하며 지켜보지 않는다.
7 : 6 ; 8 : 6, 23－바울의 마게도냐 지방에서의 활동을 디도가 도왔다.
8 : 7, 10ff－확실한 교회 헌금(collection)의 용도와 교제
10 : 1, 10－몸의 쇠약과 모욕을 받았다.
10 : 8－하나님으로부터 받은 권위를 소유한다.
10 : 16－선교적 열성
11 : 2~4－고린도 신자들에 대한 관심, 교회 설립에 대한 책임
11 : 6－연설의 단순함과 졸함
11 : 8~9 ; 12 : 13－그가 거기서 봉사하고 있는 동안, 고린도 사람들은 그를 지지하지 않았다.
11 : 22－히브리적 혈통
11 : 23~28, 32~33－사역으로 인한 고난
12 : 1~8－하늘에 이끌려 갔다.
12 : 12－사도의 표적

12 : 14 ; 13 : 1 – 그들을 세 번째 방문하려 하다.
12 : 21 – 고린도 신자들에 대한 관심
13 : 2, 10 – 사도의 권위

대체로 사도 바울에 관한 전기적 사실과 암시의 완벽한 목록을 작성했으므로, 이 방법을 위해서 만들어 놓은 개요에 따라서 그것들을 체계화시키는 일이 남아 있다. 아래와 같이 완성할 수 있을 것이다.

개요 3

Ⅰ. 혈통 – 히브리 족속(11 : 22)
Ⅱ. 회심의 경험 – 1 : 22~23 ; 4 : 6 ; 5 : 5, 18에 의한 증거
Ⅲ. 특수한 사역에의 소명
  A. 사도(1 : 1)
    1. 주님을 보았다(12 : 1ff).
    2. 사도의 표적(12 : 12)
    3. 권위를 소유했다(10 : 18 ; 13 : 10).
  B. 사신(5 : 20)
  C. 새 언약에 대한 사역(3 : 10)
Ⅳ. 인격적 혹은 인간적 특성
  A. 올바른 행실(4 : 2)
  B. 단순한 연설(11 : 6)
  C. 겸손한 정신(12 : 6)
  D. 변덕스럽지 않았다(1 : 15 – 22).
  E. 사람의 성품(5 : 14)
  F. 다가올 심판에서 하나님 앞에 용납되기를 바라다(5 : 9–10).
  G. 타인들의 어려움을 보고 기뻐하지 않는다(7 : 9).
  H. 신체의 허약(10 : 10)
Ⅴ. 타인과의 관계

A. 사도직으로 인한 영향–고린도 교회와의 교통에 대한 확고성 (8 : 7, 10 ; 13 : 2)

B. 고린도 교회에 대한 사역에서 디모데와 실루아노가 동반하다 (1 : 19).

C. 디모데와 함께 그들에게 인사를 보내다(1 : 1).

D. 디도가 빌립보 교회의 선물을 가져오다(7 : 6).

Ⅵ. 사역

A. 선교적 열성(10 : 16)

B. 육체의 가시(12 : 7)

C. 그 고통에도 불구하고 계속된 선교활동

1. 아시아에서의 박해(1 : 8)
2. 수많은 육체의 고통(1 : 23-33 ; 1 : 4-5)
3. 영적 환란(4 : 8ff)

D. 자극

1. 하나님에 대한 두려움(5 : 11)
2. 그리스도의 사랑(5 : 14)

E. 고린도 교회와 관련해서

1. 교회를 설립했다(11 : 2-4).
2. 고린도에 있는 동안 지지 받지 못한다(11 : 9 ; 12 : 13).
3. 그곳에서 일하는 동안 디모데와 실루아노가 조력했다(1 : 19).
4. 바울이 떠난 후 그들에게서 도움 입기를 원했다(1 : 11).
5. 그들을 걱정했다(12 : 21 ; 6 : 4-11).
6. 그들에 대한 세 번째 방문을 계획했다(12 : 14 ; 13 : 1).

F. 자신의 사역에 대한 깨끗하고 올바른 회고를 남겼다(1 : 12 ; 7 : 2).

Ⅶ. 이러한 전기적 자료를 삽입했던 이유

A. 사도직의 정당함을 입증하기 위해서

B. 그 교회의 과오를 시정하기 위해서

C. 그와 관련된 잘못된 생각을 일소시키기 위해서

D. 하나님에 대한 더 큰 사역을 강권하기 위해서

E. 어떻게 고통을 이기면서 살 수 있는가를 보여 주기 위해서

F. 정신적, 육체적 힘의 근원을 보여 주기 위해서

어떤 성경 속의 인물을 완벽하게 연구하려면 성경용어 사전이 꼭 필요할 것이다. 선택된 인물(디모데)에 대해 언급된 모든 구절을 발견해서 그것의 중요한 공헌에 대해서 간략하게 적어 두라. 이 장에서 앞서 전개했던 것과 유사한 목록이 작성될 것이다. 그런 다음, 이미 주어진(혹은 당신 자신이 선택하는) 개요에 따라서 그 자료들을 조직화시켜라. 우리가 고린도후서의 바울에 관한 연구에서 했던 것과 같이, 여기서 디모데라는 인물에 관한 연구과정을 상세하게 모두 기록할 필요까지는 없으리라고 본다. 다만 완성된 개요만을 작성해 보자.

완성된 개요

Ⅰ. 출생과 초기 시절
  A. 혈통(딤후 1 : 5, 행 16 : 1)
    1. 어머니 – 유니게, 유대 여자
    2. 아버지 – 헬라인
    3. 외할머니 – 로이스
    4. 어머니와 외할머니 – 신앙의 여인들
  B. 출생지 – 소아시아라는 추측(Lystra나 Iconium)
  C. 초기의 훈련과 경험
    1. 어려서부터 성경을 알았다(딤후 3 : 15).
    2. 아주 어렸을 적에 성직자가 되겠다는 서약을 했었던 것 같다(사도행전 16 : 1에서 제자로 나타남).
    3. 바울에 의해서 할례를 받았다(행 16 : 3).
Ⅱ. 회심의 경험이나 특수한 과제를 위한 소명
  A. 신자
    1. 영생을 취하라는 부르심을 받았다(딤전 6 : 12).
    2. 꾸밈없는 믿음의 소유(딤후 1 : 15)
    3. "우리의 형제"라고 불렸다(몬 1 ; 골 1 : 1).

4. "제자"라고 불렸다(행 16 : 1).
5. "예수 그리스도의 종"이라고 불렸다(빌 1 : 1).

B. 목사에로의 부르심 – 바울과 장로들에 의해 목사직으로 임명되었다(딤전 4 : 1).

Ⅲ. 주를 위한 사역

A. 바울이 그를 선택하기 전부터 사도로서 좋은 평판을 받고 있었다(행 16 : 1).

B. 두 번째 전도여행 중 루스드라에서 바울에 의해서 발견되었다(행 16 : 1).

C. 두 번째 전도여행의 나머지 기간을 바울과 함께 일했다(행 16, 17장).

D. 세 번째 전도여행을 바울과 함께하였다(행 19 : 22 ; 20 : 4).

E. 여러 편지가 쓰이고 있을 당시 바울을 수행하고 있었다(몬 1 ; 빌 1 : 1 ; 골 1 : 1 ; 살전 1 : 1 ; 살후 1 : 1 ; 롬 16 : 21 ; 고후 1 : 1).

F. 디모데전서와 후서가 쓰였을 당시, 에베소에 있는 교회의 목사였다 – 그 당시에는 매우 젊었다는 것이 명백하다(딤전 1 : 3 ; 4 : 12 ; 딤후 3 : 22).

Ⅳ. 성격

A. 믿음직함 – 바울은 그를 완전히 신뢰했다(고전 15 : 10-11).

B. 믿음으로 충만(딤후 1 : 5)

C. 하나님의 사람(딤전 6 : 1)

D. 나무랄 데 없이 정직했다.
1. 전반적으로 선한 증거를 했다(딤전 6 : 12).
2. 루스드라와 이고니온에 있는 교우에게서 좋은 평판을 받았다(행 16 : 2).

Ⅴ. 타인과의 관계

A. 고향의 크리스천과의 관계 – 좋은 평판(행 16 : 2)

B. 바울과의 관계
1. 믿음의 아들(딤전 1 : 18 ; 2 : 2)
2. 책임을 이행하는 충실함

C. 전도여행 중 타인들과의 관계 – 불화의 흔적이 없다.

Ⅵ. 삽입된 이유

A. 바울은 여러 책들을 쓰고 있을 때 우연히 그와 함께 있었다.

B. 디모데서는 에베소 교회의 잘못된 가르침을 시정해서 교화시키려는 교훈이다. 그 편지들은 다가올 시대에 대한 목회의 모델을 제시하였다.

C. 훌륭한 크리스천 목사의 한 예를 보여 주기 위해서이다.

전기적 해설

지금까지 전개한 '전기적 설화'는 우리에게 성경 인물에 관한 사실들을 제공해 준다. 반면 전기적 해설은 같은 설교가 가능하도록 자료를 재구성하는 방법이다. 물론 이 방법은 목사에게 유용한 방법이긴 하지만 결코 강단 설교를 위해서만 국한되는 것은 아니다. 더구나 이 성경연구 방법은 아주 경건한 것이기 때문에 전기적 설화보다는 훨씬 호소력이 있는 것이다. 대부분의 설교학 교수들은 성경 인물의 생애에 관한 모든 설교를 '전기적 해설'이라는 제목 아래 묶어서 말하고 있지만, 나는 이 분야를 '설화 해설'과 '인물 해설'로 나누어 설명하고자 한다.

전기적 설화 해설에서는 어떤 어떤 인물의 전 생애를 고려하게 되는데, 특히 하나님께서 여러 사건과 그의 생애의 성장 속에서 어떻게 관여하셨는가 하는 사실을 강조한다. 그런데 그러한 관여를 개인적으로 혹은 어떤 집단이나 민족의 역사에 연관시켜서 설명한다. 이 방법의 주제는 어떤 개인의 영적인 생활 그 자체에 있는 것이 아닌, 하나님의 전 자녀들에 대한 관심이나 하나님이 선택한 선민에 대한 보호에 있는 것이다.

전기적 인물 해설은 어떤 인물의 특성에 국한하여 다루게 되는데, 이 점에서 이 방법은 성경적 인물에 관계된 단 하나의 이야기만을 취급하게 되는 것이다. 성경은 어떤 인물에 관해서는 이 두 가지 연구 방법을 다 가능하게 할 만큼 충분한 자료를 제공해 주고 있지만, 대부분의 인물은 한 가지 연구방법에 한정시킬 수밖에 없을 것이다.

전기적 설화 해설

이 입장을 취할 경우, 어떤 인물의 생애에 관해서 개요를 정하는 가장 좋은 방법은 그의 생애를 구분할 수 있는 전환점(절정점)을 찾는 길이다. 요셉의 이야기는 어떻게 이 방법을 진행하느냐 하는 것에 대해 좋은 예증이 될 것이다. 그의 생애에 관한 이야기는 대단히 편리하게도 3기로 구분된다. 즉, 어린 시절(형제들로부터 배척을 받음.), 종의 신분과 감옥 생활 시절, 환희와 형들과의 화해 시절이 그것이다. 같은 구분을 따라 생애가 3기로 구분되는 또다른 인물은 모세다. 나는 그를 이 방법의 예로 삼을까 한다.

우리는 이집트 궁전에서 모세가 40년을 보냈다는 사실을 쉽게 발견할 수 있다. 그는 방랑생활의 40년, 민족의 지도자 생활의 40년을 보냈다. 전기적 해설의 첫머리에서 암시했듯이 이 방법을 위한 기초 작업은 전기적 설화의 방법과 똑같은 것이다. 즉, 성경사전과 성경을 주의 깊게 읽어서 어떤 인물에 관련된 모든 사실을 찾아보라.

그 다음 단계는 이 자료를 가지고 이미 확립된 시대 구분과 관련해서 아우트라인을 작성하는 일이다. 우리의 작업이 끝나면 아래와 같이 나타나게 될 것이다.

개 요 – "모세, 하나님이 보내신 위대한 해방자"

Ⅰ. 탄생에서 추방까지

A. 출생

1. 어버이의 보살핌

2. 어버이의 신앙

3. 신의 개입

B. 훈련(행 7 : 22)

C. 그의 민족과의 공동체의식 – 애굽 사람에게 살해된 히브리 사람의 원수를 갚다.

D. 추방(행 7 : 23)

Ⅱ. 추방에서 불타는 떨기나무까지

A. 애굽에서의 탈출 – 하나님의 보호

B. 목자의 경험 – 참고로 그가 두 번째 40년을 보냈던 이 경험이 앞으로 이스라엘 민족을 이끌고 나갈 준비를 시켜 주었다는 점에서 가치 있는 것이라고 생각한다.

C. 하나님의 부르심 – 노예상태에 있는 민족을 구하라. 참고로 하나님의 뜻을 행하려는 결심이 가정을 소홀히 하게 함으로 야기되는 문제가 있을지도 모를 것이다(출 4 : 25 ; 18 : 1ff).

Ⅲ. 불타는 떨기나무에서 장례까지

A. 바로 왕과의 대결

B. 시내 산으로의 여행 – 기적이 일어나다.

1. 갈라진 홍해
2. 쓴 물이 단물로 변하다.
3. 만나와 메추라기 공급
4. 반석에서 솟아 나온 물
5. 아말렉의 패배

C. 시내 산에서의 장막생활 – 하나님의 계시

1. 율법이 주어지다.
2. 심판 받은 사람들
3. 모세가 탄원하다.
4. 성막(Tabernacle)이 세워지다.

D. 시내에서 네보(Nebo)로의 여행 – 하나님의 심판과 승리

1. 한복판에서의 불꽃
2. 메추라기의 재앙
3. 미리암의 한센병
4. 믿음의 부족으로 인한 심판 – 유랑생활을 선고 받다.

5. 모세의 죄와 심판
6. 불뱀의 재앙
7. 아랏(Arad) 왕에 대한 승리
8. 시혼(Sihon)과 옥(Og)에 대한 승리

E. 하나님의 손으로 매장[1)]

전기적 인물 해설

인물 설화의 첫 단계는 이 장의 다른 방법들에서와 꼭 같다. 반면 이 방법은 조직화의 과정에서는 많은 다양성을 보여 주고 있어 적어도 다섯 가지 형태의 절차가 제시될 수 있다.

첫 번째로는 다음의 세 가지 질문을 하는 것이다. "그는 어떤 사람이었는가?", "왜 그 길을 택했는가?", "그가 그 길을 마친 결과는 어떠했는가?".

두 번째로는 대략 두 가지 방법으로 나눌 수 있는데, 첫째는 그 인물에게 미친 환경과 그 영향이고, 둘째는 그것들의 결과에 대한 연구이다.

세 번째 접근에 있어서는, 먼저 어떤 인물의 지배적인 개인적 특성을 찾기 위한 노력을 해야 한다. 그 다음에는 특별히 찬양할 만한 인격적 특성을 선택해서 청중 앞에 내어 놓을 만한 그 인물의 삶이나 업적에 그 특성을 관련시킨다. 마지막으로 이러한 특성들이 어떻게 그 인물의 결단에 영향을 끼쳤으며, 그 특성 때문에 어떻게 타인들을 감동시켰으며, 그 특성으로 인하여 어떻게 장애를 극복하게 할 수 있는가 하는 점을 보여 주어야 한다.

네 번째의 연구방법은 그 인물의 뛰어난 업적 몇 개를 선택하여

---

1) 이 아우트라인을 살펴보면 이것이 한 번의 설교 분량으로써는 너무 많다는 것을 알게 될 것이다. 따라서 어떤 점만을 강조하든지, 혹은 연속적인 세 가지 메시지를 그 제목에 따라서 설교할 수도 있다.

업적들의 영향과 그 중요성을 입증하고, 마지막으로 그것을 가능하게 했던 요인들을 분석하는 것이다.

다섯 번째는 그 인물이 그를 따르는 사람들의 생활이나 어떤 사건의 과정에서 영향력을 찾으려고 노력하라. 그리고 이 이야기를 듣는 청중들이 받은 영향을 사회나 그 개인 삶 속에서 어떻게 개발시켜 나가야 하는가를 보여 주어야 한다.

'인물 해설'을 공부하는 학생들에게는 다른 많은 방법들을 권할 수 있겠지만 스미스(Wilbur M. Smith)의 저서에서 나타난 15가지 방법을 제시하고자 한다.

1. 연구하려는 한 인물에 관해서 성경이 담고 있는 모든 자료를 수집하라. 그러는 중에 혹시 당신은 동명이인(同名異人)의 자료를 함께 모으고 있지는 않는지 검토해 보라. 예를 들면, 구약에는 '스가랴'라는 이름으로 나오는 인물이 30명이나 있으며, '요나단'이라는 이름도 15명, '나단'이란 이름도 20명의 인물이 있다.
2. 각 인물의 조상들을 주의 깊게 연구하라. 특히 잘 알려진 조상이 있으면 그들의 특성을 함께 연구하라.
3. 주인공의 어린 시절과 청년 시절에 있어서 교육 훈련상 강점에 대한 평가를 시도해 보라.
4. 주인공이 성취했던 업적을 주의 깊게 알아보라.
5. 이 인물의 생애에서 최대의 위기는 무엇이었는가? 그리고 그것에 어떻게 대처해 나갔는가?
6. 이 인물이 그의 전 생애를 통해서 발휘하였던 성격 경향은 무엇인가?
7. 이 인물은 어떤 친구관계가 있었나? 그들은 고상한 사람인가, 아니면 미천한 사람인가? 그리고 그들은 그의 일을 도왔는가, 방해했는가?
8. 가능하다면 이 인물이 타인, 민족, 그리고 종교사에 끼치는 영향력에 대해서 생각해 보라.
9. 이 인물의 특성이 어떻게 성장해 가는가?
10. 당신이 연구하고 있는 인물의 종교적인 경험을 주의 깊게 알아보라(그의 기도생활, 하나님에 대한 믿음, 하나님에 대한 봉사, 성경에 대한

지식, 증거에의 용기, 예배에 있어서의 그의 태도 등).

11. 어떤 결점이나 과오가 나타나고 있는가?
12. 만일에 있다면 어떤 인물의 생애에서 가장 큰 죄는 무엇이라고 생각하는가? 그 죄의 성질은 무엇인가? 죄로 이끌려 가는 어떤 단계가 있었나? 이 죄는 이 인물의 미래에 어떤 영향을 끼쳤는가?
13. 이 인물의 자녀들의 특성이나 그가 미친 영향력에 대하여 무엇을 발견할 수 있는가?
14. 당신이 연구하고 있는 이 인물이 그리스도형인가, 아니면 반그리스도형인가? 당신은 어떻게 생각하는가?
15. 이 인물의 생애에서 당신을 위한 가장 큰 교훈은 무엇인가?[2]

아래에서는 인물 해설의 하나의 예만을 제시해 보자. 이것은 이미 언급한 다섯 가지 형의 연구방법 중 첫 번째 것을 따르고 있다. 연구 대상 인물은 압살롬이다. 압살롬에 관한 모든 성경적인 정보를 성경 용어 사전의 도움으로 수집한 뒤, 우리는 아래와 같이 그 개요를 간략하게 요약할 수 있을 것이다.

개 요

Ⅰ. 그의 인간성
  A. 매력적인 자질
    1. 매력적인 용모(삼하 14 : 25)
    2. 지도자적 능력(삼하 15 : 13ff)
    3. 혈통－왕자
  B. 비매력적인 특징
    1. 이기적임
    2. 허영적(삼하 15 : 4ff)

2) Wilbur M. Smith, *Profitable Bible Study*(Boston : W. A. Wilde Company, 1953), pp. 44–46.

3. 불충실함(삼하 15 : 1ff)
4. 증오심(삼하 13 : 22)

Ⅱ. 가정의 배경

A. 신앙심 없는 어머니 – 그술 왕의 딸 마아가(Maacah the Geshurite)(삼하 3 : 3)

B. 많은 전쟁과 국가의 책임에만 몰두하는 아버지

C. 타락한 환경(삼하 16 : 21)

D. 하나님과의 개인적 관계를 무시

E. 다윗 왕 쪽에서의 불완전한 용서 – 압살롬으로 하여금 왕을 접견하지 않고 2년 동안 예루살렘에서 살도록 허락했다.

Ⅲ. 그의 성격의 결과

A. 암몬을 살인 – 그 결과 3년간 추방되었고, 아버지 다윗 왕과 2년 동안 교제가 끊어졌다.

B. 국가에 대한 내란을 일으켰다(삼하 15장ff).

C. 너무 일찍 죽었다(삼하 18 : 15).

D. 아버지의 마음에 상처를 주었다(삼하 15 : 30 ; 18 : 33).

E. 여러 사람들에게 슬픔을 주었다. 예를 들면, 요압의 밭에 불을 질렀다(삼하 14 : 30).

F. 대대로 악명이 전해졌다(삼하 18 : 18).

G. 아마도 그의 영혼은 영원한 형벌을 받을 것이다.

전기적 논증

또 한 가지의 전기적 연구방법으로 전기적 논증이 있다. 이것은 자신이 선포하는 메시지의 타당성을 입증하기 위해서, 혹은 자신이 선포하려고 하는 진리의 어떤 단면에 그 중요성을 부가하기 위해서 전기적 사실들을 이용하는 것이라고 정의할 수 있다. 이 방법의 연구를 위해 확정된 절차를 제시하기는 어려운 일이다. 왜냐하면 이 방법은 사용되는 상황에 따라서 다양하게 접근할 수 있기 때문이다. 학생들은 교리상의 진리를 옹호하거나 예증하기 위해서 그 저자가 자기 자신의 경험이나 다른 사람의 전기를 이용하고 있는 구절을 찾아보아야 한다.

그런 다음, 그 저자가 논증해 가는 단계를 따라 자기의 아우트라인을 조직해야 한다. 예를 들면, 테니(Tenney) 박사는 갈라디아서의 첫 번째 2개의 장에서 전기적 논증의 5단계를 발견했다. 갈라디아서에서 바울은 자기의 메시지의 기원이 하나님으로부터 나온 것이라는 것과 다른 사람들과의 교리상의 논쟁, 그리고 자신의 사도직에 대해서 변호하고 있다.

"먼저, 이 자서전적 이야기는 바울 자신이 처음에 복음에 대한 확고한 선입관 때문에 이 복음의 본질을 믿지 않았다고 밝히고 있다……. 둘째로, 그의 급진적 신앙의 변화는 하나님의 개입의 직접적인 결과였다……. 셋째로, 그의 메시지는 새로운 교제나 어떤 새로운 환경으로부터 받은 것이 아니었다……. 바울은 다른 사도들의 가르침의 핵심에서 벗어난 이설(異說)로써나 급진적인 탈선으로 해석되는 독단적 주장을 원치 않았다……. 바울과 사도들간의 명백한 견해 차이는 신학상의 이유이기보다는 행위상의 일관성에 관한 문제였다."[3]

연구노트

'전기적 논증'은 이 장에서 상술한 전기적 방법 중 아마 가장 적게 이용되는 것 같다. 그러나 이것은 성경의 여러 책들 속에서 두각을 나타내고 있다. 바울은 이 방법을 빌립보서와 고린도후서에서 어느 정도 이용하고 있고, 예수는 복음서에서 이 방법을 가끔 사용하고 있다.

3) Merrill C. Tenney, *Galatians : The Charter of Christian Liberty*, pp. 84-85.

'전기적 인물 해설'을 이용하여 연구할 분야는 충분히 있을 것이다. 아마 이스라엘과 유대 왕들에 관한 연구는 이 방법이 많은 유익을 줄 것이다. 왕들의 연구에서는 대부분 하나님께서 그들의 행실을 칭찬하거나 아니면 책망하고 있기 때문에 쓸데없이 상상을 할 필요가 없을 것이다.

많은 유익을 가져다줄 연구대상의 인물은 르호보암, 여로보암, 아합, 여호사밧, 여호람, 예수아, 요시아, 히스기야 등이다.[4] 예언자들, 족장들, 사도들, 그리고 사사 중에서 많은 인물들이 이 목록에 첨가될 수 있을 것이다.

'전기적 설화 해설'은 연구 범위에 있어서 약간 더 제한을 받게 되는데 그것은 성경에 묘사된 인물의 수가 훨씬 적기 때문이다. 이 방법으로 예를 들었던 사람 외에도 우리는 룻, 아브라함, 이삭, 야곱, 사무엘, 다윗, 다니엘, 바울을 언급할 수 있을 것이다. 간략한 전기적 설화는 거의 모든 성경적 인물에 적용될 수 있는데, 이것은 어떤 인물이든지 이 방법에서 찾고자 하는 모든 것을 성경이 잘 말해 주고 있기 때문이다.

4) 구약에 나오는 왕들에 관한 연구에 도움이 되는 참고서는 William D. Crockett, *A Hormony of Samuel, Kings and Chronicles*(Grand Rapids ; Baker Book House)가 있다.

07

역사적 방법

미국의 많은 학교에서는 단순히 작품을 감상하기 위해서만 문학을 공부하는 것이 관습이 되었다. 대부분 학생들의 관심은 작품의 미, 표현양식, 일반적인 내용에 있다. 작가의 경험을 이루고 있는 문학작품의 전후 상황을 평가하거나, 어떤 역사적 조건이 이런 작품을 낳게 되었는지를 알아본다든가, 그 책이 그 당시나 후대 사람들에게 미친 영향이 무엇인가를 알아보기 위해서는 거의 힘을 기울이지 않는다. 순수하게 심미적인 접근이 가치가 있는 것이 사실이지만, 이런 역사적 질문들이 고려된다면 학생들이 훨씬 더 문학을 잘 이해하리라는 것이 나의 의견이다.

성경도 이런 견해에 결코 예외적일 수 없다. 말씀의 내용에 대해서 경건하게 대하는 것이 중대한 가치가 있는 것도 사실이다. 그러나 만약 성경구절의 역사적인 맥락과 중요성을 이해하려고 하지 않는다면 신자들에게 많은 구절들이 거의, 혹은 전혀 의미가 없게 될 것이다.

역사적 방법은 첫째, 어떤 책의 연구와 둘째, 사건의 연구에서 사실적으로 연구될 수 있으며 셋째, 설화 해설로써 연구될 때 이것은 설교적으로 진행될 수 있을 것이다. 다음의 고찰에서 위의 세 가지 영역을 모두 다 이해할 수 있게 될 것이다.

책에 관한 연구

역사적 방법의 이 세 가지 형에는 각기 약간씩 다른 접근법을 적용하게 된다. 당신이 어떤 책의 전부를 고려하고 있다면, 당신은 아래의 네 가지 원칙을 따르는 것이 좋다.

그 책의 위치(setting)

이것은 어떤 민족의 역사나 그 저자의 생애 속에서의 위치(place)를 말한다. 만약 이 책이 바울 서신 중 어느 하나라면, 이것이 바울의 생애와 사역의 어느 시기에 적합한가를 물어야 한다.

그것은 어느 전도여행 중에 쓰였는가? 그는 그 교회를 방문한 적이 있는가? 만일 있다면 몇 번인가? 지금 알고자 하는 이 책이 다른 저자에 의해서 쓰였다면, 이것이 그의 생애와 사역의 어느 장소에 적합한가? 만약 이 저자의 이름이 알려지지 않았을 경우에는 이 책이 이스라엘 민족사와 그 주변 국가들의 역사의 어떤 부분에 적합할 것인가?

그 책에 나타난 역사적 설화

만일 지금 연구되고 있는 이 책이 어느 특정한 교회를 다루고 있는 바울서신 중 하나라고 했을 때 여러 가지 조항들이 연구될 필요가 있을 것이다. 즉, 교회 설립 동기, 교회의 구성원이 유대인인가 이방인인가 하는 점, 모임 장소, 교회가 직면한 특별한 문제점, 그리고 이런 독특한 편지를 쓰게 만들었던 역사적 사건들, 다른 책에서도 그 책의 역사적, 연대기적 내용이나 계획이 이러한 관점에서 상술될 수 있는지에 관한 것이다.

그 책의 역사적 중요성

이제 이 책의 역사적 중요성에 관심을 갖게 된다. 이 책은 히브리 크리스천 전통을 형성하는 데 있어서 어떤 특별한 교리상의 공헌을 하고 있는가? 만약 이 책이 어떤 신약성경의 하나라면 그리스도 교회의 기원에 얼마나 근접하여 쓰였는가? 교회에서 그 책의 역사는 어떠했는가? 그리고 그 정전성(正典性)을 인정받기까지 어떤 투쟁이 있었는가?

그 시대와 그 지역에서의 생활양식에 대한 텍스트상의 증거와 추론

이 책에서 언급되고 있는 사람들의 생활과 관련하여 이 텍스트가 암시하고 있는 바가 무엇인가? 다른 출처로부터 이 점에 관하여 무엇을 얻을 수 있는가? 만약 당신이 바울의 서신을 생각하고 있다면 지금은 그 서신 속의 교회를 그 서신이 이루어진 역사적 맥락에서 찾아야 한다.

A. D. 1세기 당시의 로마사회의 특성을 살펴보자. 도시의 산업, 종교, 그리고 지리적 영향 속에서 교회가 위치하고 있는 도시의 생활은 어떠했는가를 발견해 보라. 도시의 간략한 역사를 정리할 수도 있을 것이다.

성경의 다른 책들도 이런 방법으로 공부를 해 보면 히브리, 바벨론, 앗시리아, 이집트, 가나안 지방, 페르시아 역사와 사회에 관한 상당한 지식을 얻을 수 있을 것이다.

역사적인 사건 연구

역사적 사건을 연구하는 데 있어서는 지금까지 설명한 방법과는 다른 점이 많이 있다.

첫째, 먼저 그 사건을 개관하라. 그 사건의 전체적인 흐름을 파악하라. 대상 인물의 특성을 연구하라. 소요된 시간을 합계해 보라.

둘째, 책 속에 나타난 사건을 총괄해서 배열하라. 왜 이 사건이 그곳에 적혀 있나? 이 사건이 전체로서의 그 책 진전에 어떤 공헌을 했는가?

셋째, 어떤 개인의 생애나 민족의 역사 속에 그 사건을 연대기적으로 배열하라.

넷째, 그 사건의 원인이 무엇이며, 어떻게 해서 그 사건이 거기까지 이르게 되었나?

다섯째, 등장인물들에게 이 사건이 미친 영향은 무엇이며, 효과는 무엇인가? 혹은 자손들에게, 혹은 민족사에, 그리고 히브리 크리스천 전통의 교리적, 이데올로기적 발전에는 어떤 영향을 끼쳤는가?

설화 해설 연구

설화 해설은 전체 책을 취급하기보다는 자주 어떤 특정한 사건을 다루게 된다. 분명히 이 방법에는 분량이 적은 책들이 효과적일 것이다. 설화 해설은 단순히 어떤 스토리만을 제시하는 것이 아니라 어떤 사건에 관한 메시지들을 소개함으로써 설득력 있게 저자가 자기 의도대로 성경적 자료를 조직화하는 것이다. 여기에는 여러 가지 접근방법이 있을 수 있다.

첫째로 우리는 드라마에서 하듯이 그 스토리를 여러 장면으로 구분하고 각 장면의 주요 요점을 강조해 나간다. 둘째로는 이야기 속의 인물, 개인이나 인물 그룹에 관해서 관찰할 수 있을 것이다. 셋째로, 이야기 속에 나오는 인물이 처하게 된 다양한 환경에 대한 연구를 하게 되는데 이것은 조직화의 기초가 되어 줄 것이다. 그러나 비교적 덜 중요한 인물들은 배경 속에서 남게 된다. 마지막 넷째로 듣는 사람들이 이야기를 받아들일 수 있도록 쉽게 말을 하고, 이야기에서 끄집어낼 수 있는 교훈을 지적해 주며, 결론으로써 교훈을 청중의 감정에 호소하는 방법은 좋은 효과를 가져다줄 것이다. 이러한 일반적 계획은 약간씩 가감하기도 하고 조합해 보기도 하면서 이 연구 형태에 많은 도움을 줄 것이다.

예 시

책에 관한 연구

고린도전서에 관한 연구가 책 전체에 적용할 수 있는 역사적인 방법의 한 예로써 선택되었다. 바울은 아테네에서 마스(Mars) 언덕의 경험을 한 후에 고린도를 최초로 방문했다(행 18 : 1). 그리고 거기서 1년 반 동안 봉사한 것으로 나타난다(행 18 : 11). 그리고 난 후 팔레스타인과 시리아로 되돌아오는 여행길에 올랐다. 세 번째 여행 도중 에베소에서의 3년간 체류가 거의 끝나 갈 무렵, 바울은 마게도냐 교회들을 재차 방문할 필요를 느끼고 도중에 그곳에서 3개월을 보냈다(행 20 : 1－6). 그가 이번 여행 중에 고린도를 방문했다는 것은 고린도후서 2 : 1, 12 : 14, 21, 13 : 1~2 등에서 보여 주듯이 명백한 사실이다.

또한 바울이 세 번째 여행 중에 있을 때 고린도전서가 에베소에서 쓰였다는 것은 명백한 일이다(고전 16 : 8-9, 19). 아마도 이 문서의 기원이 그곳에서의 3년간 체류 중의 후반기까지 거슬러 올라가는 것 같다. 왜냐하면 에베소 체류의 전반기 동안에는 아볼로(Apollos)가 고린도에서 봉사하고 있었으며, 대체로 이 편지를 쓸 용기를 가진 것도 그동안 아볼로가 봉사를 잘해 주었기 때문이었으리라고 보기 때문이다.

이제 우리의 연구를 그 교회 설립의 역사적인 근거와 기타 상황에 집중시켜 보자. 고린도 교회의 설립 동기에 대해서는 사도행전 18 : 1~18에 잘 수록되었다. 고린도에 도착하자 바울은 그의 관습대로 회당에서 봉사를 시작했다. 그러나 유대인들이 그를 거부하자 이방인들에게 갔다. 그런데 그 당시 회당장 그리스보(Crispus)를 포함해서 많은 사람들이 주를 믿게 되었다. 이 점에 대해서 유대인들은 어떤 소동을 일으켰는데 그들은 그 도시의 로마 총독 갈리오 앞으로 바울을 데리고 갔다. 이 소인에서 무죄 방면된 후로, 바울은 거기서 당분간 봉사를 계속하다가 팔레스타인으로 떠났다. 그 교회의 구성원에 대한 문제를 살펴볼 때 그 회중 속에는 유대인이 몇 명 있었지만(그리스보를 기억하라.) 신자의 대부분이 이방인이었다는 것은 분명한 사실이다.

거기에서의 바울의 주요 사역은 이방인에 관계된 문제였으며, 고린도 교회에서 일어났던 몇 가지 문제들의 성격 역시 이방인들에게 한정된 문제였다. 예를 들면, 우상에게 바쳤던 고기를 먹었다는 문제는 근본적으로 이방인의 문제였던 것이다. 이 책을 저술하게 된 역사적인 이유는 첫째로 당파적인 분규가 있었기 때문이며, 또한 글로에(Chloe, 고전 1 : 11), 아볼로(고전 16 : 12), 스데바나(Stephanas), 브드나도(Fortunatus), 그리고 아가이고(Achaicus, 고전 16 : 17) 등과 같은 동지들을 통해서 바울에게 보고된 바와 같이 고린도 교회 내의 또다른 문제점과 그 교회에서 보내온 편지 한 장 때문이었다(고전 7 : 1).

무엇보다도 이 책은 히브리 크리스천 전통에 교리상의 공헌을 하고 있다는 점에서 그 역사적 중요성이 있다. 이것은 세례에 대한 가르침과 성령의 내재에 대한 가르침, 그리고 성찬식에 참여하기 전에 사람들이 갖추어야 할 조건, 영적인 은사를 사용하는 데 있어서의 절제, 성도끼리의 고소 문제, 정욕, 그리고 결혼에 대한 가르침 등에 있어서 아주 독특한 책이다. 여기에는 또한 사랑과 부활에 관한 고전적인 인용구절들이 담겨져 있다.

그리스도 교회에서 이 책의 역사성에 관해 언급하자면 그 책의 실재와 인정에 대한 증거가 끊임없고, 무수하다는 사실이다. 그러나 또 한 가지는 일찍이 A. D. 95년에 로마의 클레멘트(Clement)가 그의 "고린도 사람에게 보내는 서한"에서 이 책을 참고했으며, 마르키온(Marcion)은 그의 이설적인 법전에다 이 책을 포함시켰고(A. D. 140년 경), 무라토리 법전(Muratori Canon)에서도 이 책이 보이며(A. D. 160년 경), 2세기 말까지 무더기로 유포되고 있었던 바울서신록 중에도 들어 있다.

마지막으로 그 당시의 역사적, 사회적 맥락과 관계되는 이 책의 여러 가지 항목들을 찾아보도록 노력하자. 이것은 매우 방대한 과제가 되어 이 책의 모든 세세한 부분까지 다 언급하자면 한 권의 책을 만들 수도 있겠다. 그러므로 여기서는 몇 가지 예만을 드는 것으로 만족하기로 하자.

이 책은 이교사회 속에서 1세기 교회의 생활상과 문제점을 잘 묘사하고 있다. 거기에는 우상에게 바치는 고기(meat)에 대한 문제와 신성한 성교(sex)에 대한 이해의 부족, 그리고 일반 민중들의 전반적인 부도덕의 문제가 있었다. 고린도의 아크로폴리스에 위치한 사원에서 아프로디테(Aphrodite, 로마 신화의 Venus 신) 여신에게 수백 명의 여자 사제들이 제사를 드리며 벌이고 있는 종교적인 매춘행위와 고린도의 커다란 무역센터와 기업체에 속하여 일시적으로 머물고 있는 사람들의 절제력 없는 성격들 속에서, 그곳에 있는 크리스천의 입장으로 어떤 높은 도덕적 수준으로 인도할 수 있는 상황을 만들어 주는 일이 결코 쉽지는 않았을 것이다.

또 하나의 역사적 맥락으로 지적할 수 있는 점은 당시 고린도 교회를 어지럽히는 당파적 분규 속에서 책임 있게 일을 해 나갈 수 있었던 아볼로의 웅변 실력이었다. 대부분의 헬라 사람들은 자기들의 웅변 실력을 자랑하고 있었다. 또한 고린도는 그 도시 근처에서 2년마다 열리고 있는 "대고린도 지협 경기"(the great Isthmian games)[1]로 유명했다는 사실도 주목해야 한다. 열광적인 응원으로 인하여 이 경기들은 희랍의 외부로부터 오는 운동선수와 방문객들을 매혹시켰다. 이 점에 대해서 바울은 고린도전서 9 : 24~27에서 언급하고 있다.

사건에 관한 연구

예루살렘을 탈취하려는 앗수르 왕 산헤립(Sennacherib)의 노력에 관한 연구는 역사적 방법 중 그 사건에 관한 연구의 예가 될 수 있다. 이 이야기는 열왕기하 18 : 13~19 : 37, 역대하 32 : 1~21, 그리고 이사야 36 : 1~37 : 38에 기록되어 있다. 이 설화를 간략히 요약하면 이와 같다.

먼저, 산헤립이 군대를 이끌고 유대로 들어왔다. 깜짝 놀란 히스기야(Hezekiah)는 돈을 주고 쫓아 버리기 위해서 공물을 주겠다고 제안했다. 히스기야는 요구된 만큼의 양을 모으게 하고, 산헤립은 그 수도를 정복하기 위해서 세 명의 군대 장관과 많은 군대를 예루살렘으로 보냈다. 앗수르 군대의 책임 장교인 듯한 랍사리스(Rabsaris)는 성벽 방어자들에 대한 선전공세를 취함으로 유대인의 저항을 약화시키려고 했다.

그 보고가 히스기야 왕에게 전해졌을 때 그는 경악한 나머지 성전에 매달리게 되었고, 조언을 듣기 위해 이사야에게 대표단을 파견했다. 그때 이사야는 재앙이 산헤립에게 닥칠 것이며, 그는 자기 고국

1) 역자주 : Olympian games, Pythian games, Nemean games와 함께 고대 그리스의 사대제전(四大祭典) 중의 하나이다.

으로 돌아가 거기서 살해당할 것이라고 예언했다.

랍사리스는 이 메시지를 산헤립에게 전달한 다음 립나(Libnah) 근처에서 야영을 했다. 그때 왕은 자신의 힘을 과시하는 편지를 히스기야 왕에게 보내게 된다. 그러나 히스기야 왕은 무서워 떨고 있는 것이 아니라 주님 앞에 도움을 구했다. 이때 하나님께서 이사야에게 히스기야를 위로하라는 메시지를 보내게 되고, 이 예언자는 예루살렘을 하나님이 구출하리라는 것을 예언했다. 그날 밤 185,000명의 앗수르 군대는 전염병으로 사망했고, 산헤립은 자기 고국으로 되돌아가긴 했으나 예배 도중 졸지에 그의 아들에 의하여 살해되고 만다.

이 사건들은 히스기야의 14년 통치 중 며칠 혹은 몇 주일을 소비했음에 틀림없다. 그의 통치 기간이 B. C. 716~687이라면, 14년 후는 B. C. 702년이 될 것이다. 이것은 사마리아가 앗수르에게 멸망한 후 20년 정도 후의 일이다. 산헤립이 유대를 침략하게 된 것은 저 사악한 아하스(Ahas) 왕(히스기야의 아버지)의 간청에 의한 것임을 쉽게 알 수 있다. 즉, 그는 유대 왕국을 보존하기 위해서 팔레스타인 문제를 해결하는 데 앗수르의 개입을 요청했던 것이다. 그는 하나님의 도움을 구하지 않았다.

이 연구의 지침으로써 주어진 질문 중 마지막 것은 이 사건의 영향이 무엇인가 하는 것이었다. 그 사건은 세계 정복을 꿈꾸는 산헤립의 계획의 좌절과 그의 개인적 인생에 대한 하나님의 저주를 의미했다는 점에서 이 사건이 관계 인물들에게 주는 교훈이 있다.[2)] 또한 이 사건은 히스기야에게는 믿음의 승리와 왕좌의 영구한 보전을 의미했

2) 독자들은 산헤립이 니느웨에 돌아오자마자 즉시 살해되었을 것이라는 생각을 가지기 쉽지만, 그 저주는 그 사건 20년 후인 B. C. 681년에야 비로소 일어나게 된다. 성경의 목적은 산헤립의 생애 이후 사건에 대해서 전부 기록하는 데 있는 것이 아니고, 예언의 성취를 증명하는 데 있기 때문이다.

으며, 예루살렘에게는 포위공격에서 해방되어 죽음이나 노예상태 대신에 자유를 누릴 수 있음을 의미했다. 그리고 그 민족에게 이 사건은 불멸의 지속을 의미했다. 종교적으로 볼 때, 이 사건은 하나님께서는 신의를 지킨다는 것과 믿음의 기도에 대한 하나님의 응답을 보여 준 것이다.

설화 해설

우리는 설화 해설의 예문을 다루게 된다. 이 방법의 예시로써 마가복음 6 : 45~52을 골라 보았다. 처음에 제시했던 계획, 즉 장면별로 나뉜 것에 따라 이 이야기의 간략한 개요를 먼저 만들 수 있겠다.

개 요

Ⅰ. 후유증
- A. 혼자 있고 싶어하는 구세주
- B. 제자들의 복종

Ⅱ. 바다에서의 상황
- A. 제자들의 곤경
- B. 스승의 관심
- C. 제자들의 부족한 지각
- D. 스승의 전능

아래에는 이 과목을 공부한 학생들이 작성한 2개의 개요가 실려 있다. 첫째 것은 주 인물과 관련된 행동을 상술했으며, 둘째 것은 이 장의 앞에서 제시했던 네 번째 계획에 따라서 이 이야기(설화)를 분석한 것이다.

세부 개요 1 – "예수와 그리고"

Ⅰ. 무리(사람들의)

A. 만족함 B. 보내졌다.

Ⅱ. 산(기도의)

A. 열정 B. 기도

Ⅲ. 불안(제자들에 대한)

A. 바람(風) B. 걸어오셨다.

Ⅳ. 기적(예수의)

A. 평화 B. 나타나셨다.

Ⅴ. 오해(제자들의)

A. 놀람 B. 부족한 지각

세부 개요 2 – "신앙과 공포"

Ⅰ. 줄거리 : 풍랑 이는 바다를 건너가며 공포에 질린 제자들

A. 앞서 일어난 사건 – 5,000명을 먹이셨다.

B. 간절히 기도하기를 원하시는 그리스도

1. 예수는 자기 앞에 있는 배에 제자들을 태워 보낸다.
2. 예수는 그 무리를 멀리 보낸다.
3. 예수는 기도하기 위해서 산으로 출발한다.

C. 궁지에 빠진 제자들

1. 예수 없는 바다에서의 폭풍이 이는 밤
2. 그 바람과 싸우며 배를 저었다.
3. 유령으로 오해 받은 예수

D. 진정시키는 구세주

1. 예수는 제자들을 진정시킨다.
2. 예수는 폭풍을 진정시킨다.

E. 영적으로 소견이 좁은 제자들

1. 제자들은 앞서 일어난 기적을 잊어버렸다.

2. 그들의 마음이 무뎌졌다.

Ⅱ. 이 이야기의 교훈

A. 영적인 것에 대한 예수의 강조

1. 성공적인 기적의 체험 후 기도하기를 간절히 사모하다.

2. 공포에 떠는 제자들에 대한 위로의 말씀

B. 제자들의 믿음과 영적인 이해심의 부족

1. 폭풍 속에서의 작업

a. 그들은 기적을 이루는 그리스도께서 그들을 보내고 있다는 사실을 잊어버렸다.

b. 그들은 예수가 그들에게 다가왔을 때 그를 알아보지 못했다.

2. 그들은 5,000명을 먹이신 사건에서 그 교훈을 받아들이지 못했고, 또한 다른 상황에다 그 사건의 가르침을 응용하지 못했다.

Ⅲ. 이 이야기의 상징적 의미

A. 우리는 우리 자신의 일과 곤궁한 조건 때문에 하나님의 소명과 그리스도의 현존을 거부해서는 안 된다.

B. 그리스도는 인간의 내적인 공포와 갈등을 진정시킬 수 있다.

C. 영적 진리들은 매일매일의 삶의 경험과 상황 속에서 적용될 수 있고, 또한 적용되어야 한다.

이 마가복음 연구에서 제시되고 있는 마지막 요약은 이미 "설화 해설"에 제시된 바 있는 절차의 두 번째와 네 번째 방법을 변형한 것이다.

세부 개요 3 – "그리스도, 인생의 모든 폭풍을 겪을 때 나타나시는 그분"

Ⅰ. 장면

A. 모여 있던 무리를 해산시키다.

1. 떠나간 제자들 2. 떠나간 무리

3. 예수는 산으로 가시다.

B. 바다에서의 상황

1. 노를 저으면서 당한 어려움
2. 그리스도는 그것을 알고 있었다.

C. 제자에게 예수가 나타나다.

1. 나타나신 그리스도
2. 제자들의 반응
3. 조용해진 폭풍
4. 여행을 끝마치다.

Ⅱ. 제자들

A. 그들이 주님께 순종하고 있었다.

B. 그들이 주님께 순종하고 있는 동안 곤궁에 빠졌다.

C. 그들이 곤궁에서 구원되었다.

Ⅲ. 예수

A. 영적 교제를 바라고 계셨다.

1. 무리를 떠났다.
2. 제자들에게 지시하셨다.

B. 바다에서의 상황을 알고 계셨다.

1. 곤궁에 빠진 제자들
2. 그리스도의 비전
3. 그리스도의 행동－그들에게 오셨다.

C. 그의 제자들에게 나타나셨다.

1. 가치는 예수를 인정하느냐에 달려 있다.
2. 그들에게 나타나신 것은 공포에 대한 하나님의 보증이며, 평화로움에 대한 증거였다.

설화 해설의 네 번째 타입에 대한 또 하나의 예증이 아래와 같이 요한복음 5 : 1~9에 대한 아우트라인에 나타난다.

세부 개요 4－"인간의 무력과 하나님의 능력"

Ⅰ. 이야기의 윤곽 : 못에서의 장면

A. 치료하는 물

B. 사람들

C. 먼저 들어가는 자가 선택되었다.

D. 질문과 대답

E. 명령과 반응

Ⅱ. 이 이야기의 상징적인 의미

A. 그 사람(인간들)의 육체적, 정신적 조건

B. 그리스도(구원하는 힘)에 의하여 치료되다.

Ⅲ. 이 이야기의 주제

A. 인간의 조건

1. 죄의 결과 2. 무력함의 인정

B. 치료하기를 원하는 인간의 간절한 소망

C. 인간의 치료-하나님의 행동에 의해서

연구노트

바울의 서신들 중 대부분은 어떤 책을 선택하든지 이 역사적 방법에 대한 유익한 연구를 제공해 준다. 그러나 목회서신인 디모데전·후서, 디도서는 본질적으로 개인적인 문제를 담고 있기 때문에 처음 발생된 교회에 보낸 이 서신들처럼 그렇게 큰 도움을 주지는 못할 것이다.

물론 사도행전은 바울의 서신들과 관련해서 고찰해 보아야 한다. 여호수아, 룻기, 에스라, 느헤미야와 같은 몇 권의 구약성경들도 이 방법으로 연구될 수 있을 것이다. 사사기, 열왕기상·하, 역대상·하와 더불어 복음서들, 그리고 창세기와 출애굽기의 일부는 짧은 설화들이 모여서 이루어진 것이기 때문에 이 장의 앞부분에서 개관했던 것과 같은 '역사적 사건'의 방법이라는 관점에서 그것들을 전개해 보는 것이 현명할 듯하다.

'설화 해설'은 적당한 길이를 갖고 있는 대부분의 성경이야기에 효과적으로 적용될 수 있다. 그러나 예수의 기적, 이스라엘과 유대 왕들의 탈선 행위, 이스라엘 백성들의 광야생활에서 일어났던 사건들, 그리고 엘리사 같은 예언자의 기적과 다채로운 경험 등을 다루어 보는 것도 독특한 재미가 있을 것이다.

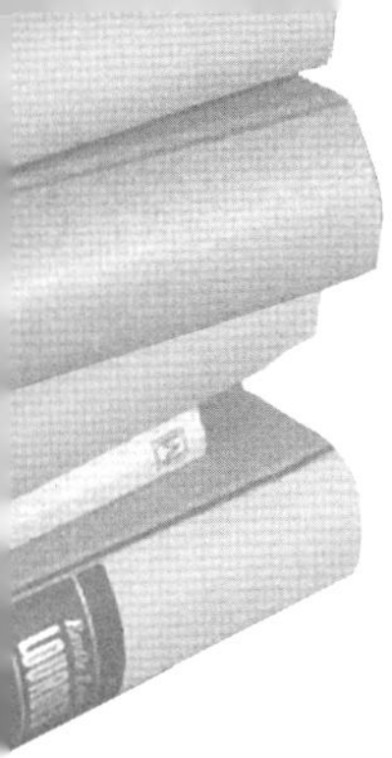

08 신학적 방법

'신학'은 신에 관한 과학이라고 간단히 정의할 수 있다. 과학적으로 정리한 종교적 진리에 관한 학문 또는 개요가 될 것이다. 만약 이것이 하나의 과학이라면 그것은 사실에 관한 단순한 지식 이상의 것이다. 이것은 하나의 통합된 조직 속에서 서로서로에 대한 사실들의 중요한 관계를 설명할 수 있어야 한다. 자연(물질) 과학의 발달이 경험적인 지식에 바탕을 두고 있는 반면, 신학은 궁극적으로 계시에 바탕을 두고 있으므로 신학은 신앙에 의해서 받아들여져야 할 것이다. 비록 그것의 사실성에 관한 효과적 검증이 성경적 증거들에 대한 연구와 변증론에 의해서 이루어졌지만 말이다.

성경은 조직적인 신학은 아니다. 성경이 신학의 일개 체제가 아니라는 것은 자연이 화학의 일개 체제가 아님과 같다. 성경은 모든 신학적 지식의 원천이 되고 있는 반면, 인간은 거기에서 발견한 진리를 체계화시킬 책임과 특권을 가지고 있다. 그와 같은 체계화에 참여하는 것이 이 방법의 목적이다. 그러나 이것은 신학상의 업적들을 담고 있는 방대한 책들이 시도하고 있는 것처럼 모든 발견된 의미들에 대한 철학적인 토론을 하면서 완벽하게 체계화된 신학을 하자는 것이 아니라, 신자들에게 그들의 말씀에 대한 교리적인 탐구를 하게 하고, 나아가서는 그들의 일상생활에 도움을 주게 되는 성경 지식의 어떤 일면에 대한 조직적 연구방법을 제공하는 데 있는 것이다. 이 신학적 방법은 교리적인 진술과 가정을 모으고, 비교하고, 조직화하기 위해서 성경 전부나 어떤 단일서를 탐구해 가는 과정이라고 정의될 수 있을 것이다.

신학적 연구의 형태

기하학 분야는 어떤 공리와 가정이 수학적 연구의 기초로써 받아들여질 때만 효과적으로 수행된다. 이와 같이 성경연구의 기초를 이룬다고 인정할 수 있는 수많은 신학적 가정들이 있다. 우리가 하고 있는 신학적 연구의 첫 번째 형은 성경의 어떤 책이나 일부의 메시지 밑에 깔려 있는 신학적 가정들에 대한 고찰이 된다. 성경에서 당연하게 여겨지고 있는 일반적인 사실 중에는 하나님의 현존, 하나님은 인간들에게 관심을 가지고 계신다는 생각, 하나님의 능력과 인격, 말씀의 영감 등이 있다.

이런 것들을 조사하려면 첫째, 당신이 연구대상으로 고른 그 구절에 대한 기본적인 가정들을 도표로 만들어 보는 일이 필요하다. 둘째, 왜 이러한 가정들이 신학적 메시지에서 없어서는 안 되는가를 증명하기 위해서 어떤 노력이 이루어져야 한다. 셋째, 우리가 고찰하고 있는 이 텍스트의 주요한 교리적 메시지에 대해서 그들이 암시하거나, 혹은 특별히 주장하고 있는 바를 발견하기 위해서 이러한 가정들에 주의 깊은 관심을 기울여야 한다.

신학적 연구의 두 번째 형은 신학적 방법을 찾는 일 중에서 가장 평범한 방법인데, 어떤 책 속에 뚜렷이 나타난 교리적 가르침을 고찰하는 것이다. 여기서 목적하는 바는 성경 부분부분에 숨어 있는 모든 말씀, 즉 지극히 작은 교리상의 내용 하나까지라도 그것을 쪼개고 분석하자는 것이 아니라 그 부분의 중요한 신학적 메시지를 확인하려고 한다는 뜻이다. 이런 식의 탐구는 데살로니가전서나 데살로니가후서와 같은 책 전체를 연구하는 데 적용될 수 있을 것이다.

이 책에는 그리스도가 다시 오신다는 테마가 서신 전체에 고루 펴져 있다. 혹은 이 방법은 로마서 1 : 11, 에베소서 1 : 3, 빌립보서 1장과 같은 어떤 책의 교리적 부분에 대한 연구에 이용될 수 있는 것이다. 이미 암시했듯이 우리는 이곳에서 신학적 함축에는 관심이 없고, 다만 어떤 주어진 주제에 관한 분명하고 확실한 가르침에만 관심이 있다. 아마도 어떤 부분 — 만약 이것이 긴 부분이라면 — 의 교리적 메시지를 찾아내는 가장 좋은 방법은 종합적 방법에서 제시했던 절차에 따라서 그 단락에 이름을 붙이거나 개요를 만드는 방법일 것이다.

만약 짧은 구절이라면 분석적 방법에서와 같이 좀더 작은 사상 단위를 잡아서 개요를 만들 수 있게 되고, 이 개요가 작성되면 학생들은 그 텍스트의 교리적 내용에 대한 중요한 윤곽을 파악하게 되므로 그 논의에 있어서 사상의 전환을 추적할 수 있을 것이다.

성경의 신학적 연구에 대한 또다른 방법으로 주제, 혹은 제목 연구를 들 수 있다. 이 방법은 직접적 혹은 간접적 방법에 의해서 시도될 수 있다. 전자는 하나의 단어나 신학적 요소를 취급하게 된다. 단어들의 예로는 '은총', '율법', '사랑', '삶', '죄', '세상' 등을 들 수 있으며, 신학적 요소들로는 사도행전에 나타난 성령, 바울서신에 나타난 인간으로서의 그리스도, 하나님에 대한 이름들과 그것의 중요성 등을 들 수 있겠다.

연구의 간접적 타입이란 하나의 테마나 관념, 혹은 개념에 대한 연구를 말한다. 이 경우는 어떤 교리와 관련된 모든 말들을 조사함으로써 간접적으로 그 교리의 전체에 도달할 수 있도록 하는 것이다. 예를 들면 — 뒤에 제시된 예증에서 — 시험에 관한 온전한 교리는 괴롭힘, 시련, 고난, 유혹 등과 같은 관련 있는 용어들에 대한 연구에 의해서 도달될 수 있다. 전자와 후자 어느 경우나 그 절차는 같다. 용어들이나 주어진 테마에 방향을 제시해 주는 자료들의 산출은 어떤 성구(성경)사전을 찾아보거나 주의 깊게 성경을 읽으면서 표기함으로써 이루어질 수 있다.

둘째로, 용어들은 문맥과 관련된 그것들의 용례를 세밀히 검사함으로써 그 뜻을 명확히 할 수 있다. 그런 다음 이 방법의 개요를 준비한다. 이 개요는 성경 학도들의 연구에 도움을 줄 뿐만 아니라 주제 해설(일부 사람들이 사용하는 술어에 의하면 '주제 설교')을 하는 목사들에게 커다란 도움을 줄 수 있을 것이다.

신학적 구조

성경에 대한 신학적 연구를 용이하게 하기 위해서 성경신학에 관한 하나의 간략한 개요를 여기에 수록했다. 개요상의 항목들은 필요하다고 느껴지면 언제든지 설명되리라고 본다. 이것은 신학적 테마들의 귀납적 연구나 연역적 연구에 있어서 모두 다 학생들에게 도움을 주게 될 것이다.

귀납적 연구에서는 일반적 개념들을 공식화하기 위해서 산만하게 흩어진 어떤 주제에 관련된 결론들이 모아지고, 정리되고, 개요화된다. 이와 같은 개요는 어떻게 하면 이미 얻은 결론들을 더 잘 조직화시킬 수 있을까를 이해하는 데 도움을 준다. 연역적 연구의 목적은 일반적인 테마나 주제들을 이 개요에서 선택하여 자기의 주장들을 확대, 확증해 나가는 것이다.

개 요

Ⅰ. 성경학[1)]

A. 성경의 초자연적 기원 B. 계시

C. 영감 D. 조명

E. 정전성(正典性)과 권위 F. 해석

Ⅱ. 진정한 신학 : 하나님의 삼위일체적 인격

A. 하나님의 속성

1. 인격 2. 전지

3. 분별력(a. 거룩함, b. 정의, c. 사랑, d. 덕, e. 진리)

4. 의지(a. 자유, b. 전능) 5. 통일성

6. 무한성 7. 영원성

8. 불변성 9. 편재성

10. 주권

B. 신의 사역 - 주권성과 신의 선택이라는 주제에 관한 논의

1. 창조 2. 섭리

3. 보호

C. 신의 명칭들

D. 삼위일체론

1. 교리의 증거 2. 성부

3. 성자(a. 선재〈先在〉, b. 명칭들, c. 신성, d. 성육신, e. 인성, f. 속성, g. 신성과 인성의 합일〈한 인격의 두 본성〉)

4. 성령(a. 인격, b. 신성, c. 명칭〈임무〉, d. 상호관계)

Ⅲ. 천사론

A. 천사에 대한 일반적인 사실들 B. 사탄의 성질

---

1) Lewis Sperry Chafer의 *Systematic Theology*(Dallas Seminary Press, 1947)를 인용하여 개작하였다.

C. 사탄의 경력 D. 마귀론

Ⅳ. 인간학 : 인간의 기원과 본성에 대한 연구

A. 인간의 기원 B. 타락

C. 죄와 죄의 본성 D. 죄의 용서

Ⅴ. 구원론 : 구원에 대한 교리

A. 구세주

1. 그의 인격(person)(a. 명칭들, b. 신성, c. 인성, d. 신성과 인성의 합일, e. 속성, f. 직책〈예언자, 제사장, 왕〉)
2. 수난(생애에서, 죽음에서)
3. 수난과 죽음으로 말미암아 그리스도에 의하여 이루어진 일들

B. 구제하는 일

1. 그리스도의 완성된 사역 2. 성령의 회개시키는 사역
3. 구원에 대한 용어들 4. 영원한 안식

Ⅵ. 교회학 : 교회의 교리에 대한 연구

A. 유기체로서의 교회 – 그리스도의 몸

B. 이스라엘과 교회와의 대비

C. 조직체로서의 교회 – 지역교회

1. 교리 2. 예배
3. 의식 4. 질서

Ⅶ. 종말론 : 종말에 관한 연구

A. 교회에 관한 예언 B. 이스라엘에 관한 예언

C. 메시야에 관한 예언 D. 심판

E. 환난 F. 천년 왕국

G. 영원한 나라

Ⅷ. 그리스도론 : 그리스도의 인격에 관한 연구

A. 성육 이전의 그리스도

B. 성육된 그리스도

1. 탄생과 어린 시절 2. 세례
3. 유혹 4. 변모
5. 가르침 6. 기적

7. 고난과 죽음　　　　　　　　8. 부활

9. 승천

C. 그리스도의 재림

D. 메시야의 왕국

Ⅸ. 성령론 : 성령에 관한 교리 연구

A. 명칭들

B. 신성

1. 신적 속성(하나님의 속성 참조)　2. 신적 사역

C. 유형과 상징들　　　　　　　　D. 구약의 성령

E. 신약시대의 사역

F. 오늘날의 사역

1. 구원 받지 못한 사람과의 관계(a. 속박, b. 회개)

2. 구원 받지 못한 사람과의 관계(a. 중생, b. 내재하심, c. 세례, d. 확증의 징표, e. 충만케 하심, f. 권능을 주심.)

예 시

신학적 방법 중 제2형과 제3형의 예문만을 여기에 수록했는데, 이는 제1형보다는 일반 학생들에게 더 많은 도움을 주게 되리라고 믿기 때문이다. 에베소서 1~3장에 관한 연구는 제2형의 예문으로써 설명되고 있는데, 여기에는 다른 책 속에서 분명하게 나타나고 있는 교리적 가르침이 함께 고찰되곤 한다. 에베소서의 주요 메시지는 그리스도의 몸으로서의 교회와 관계된 가르침이다.

이것은 교회의 머리, 즉 그리스도를 다루고 있는 골로새서와 대조를 이룬다. 에베소서의 전반부는 교리적인 것이고, 후반부는 실제적인 것이며 교회 구성원들의 행실을 강조하고 있다. 이제 위에서 말했듯이 우리는 문단(paragraph)에 명칭을 붙임으로써 착수해 보기로 하자.

문단과 명칭

문 단	구절(ASV)	명 칭
1	1 : 1~2	몸(교회)에 대한 인사말
2	1 : 3~4	몸의 지체들에 대한 축복
3	1 : 15~23	직책상 이미 하늘나라에 앉아 있는 그 몸의 지체들이 지혜의 빛을 갖게 해 주십사 기도하다.
4	2 : 1~10	어떻게 우리는 그 몸의 지체가 되었는가?
5	2 : 11~22	유대인과 이방인이 한몸을 이룬다.
6	3 : 1~13	바울은 은총 속에서 유대인과 한몸이 되고, 동료 상속자가 된 이방인들에 대한 목사이다.
7	3 : 14~19	그 몸이 강건하게 되기를 기도하다.
8	3 : 20~21	축복기도

이제 이 책의 메시지를 요약하는 일이 남아 있다.

요 약

Ⅰ. 인사말 : 사람에 대한 인사(1 : 1–2)

Ⅱ. 교리적인 메시지 : 그리스도의 몸(1 : 3 – 3 : 21)

A. 몸의 지체들에 대한 축복(1 : 3 – 14)

B. 몸의 지체들이 지혜의 빛을 갖게 해 달라고 기도하다(1 : 15 – 23).

C. 몸의 지체가 되는 방법(2 : 1 – 10)

D. 몸에 속해 있는 지체들, 유대인과 이방인(2 : 11 – 3 : 13)

E. 몸의 지체들이 강건하게 되기를 기도하다(3 : 14 – 19).

F. 축복 기도(3 : 20–21)

간단히 말해서 이 메시지는 그리스도의 몸인 교회는 새로운 공동체라는 것이다. 그 속에는 유대인과 이방인이 하나의 유기체를 형성하면서 결합되어 있다. 이 몸의 일부가 되는 것은 그리스도의 사업에 기초를 두고 있으며, 그것은 믿음으로만이 가능하다. 이 새로운 몸은 전 시대에서는 알려지지 않았다는 사실에서 하나의 신비이다. 이 진리는 특별한 방식으로 바울에게 위임되었다. 이 그리스도의 몸의 지체들은 이미 직책상 하늘나라에서 자리를 차지하고 있는 것이며, 이 세상에서도 다른 많은 영적 축복들이 그들의 일상적인 삶을 돕고 있다.

신학적 방법의 제3형을 보여 주기 위하여 두 가지 예시가 제시된다. 먼저 골로새서의 그리스도론이 언급되며, 둘째로 유혹에 대한 온전한 교리가 성경 전체를 추적해서 밝혀질 것이다.

우리는 골로새서에서 나타난 예수에 관한 연구부터 시작하자. 이 책을 정독하면서 예수의 인격에 관한 모든 언급들을 메모해 두라. 그 후 이 장에서 이미 말한 그 개요에 따라서 제시된 제목들을 체계화시켜라.

개요를 전개할 때는 '삼위일체론', '구원론', '그리스도론' 등의 항목을 마음에 두고 작정하는 것이 필요할 것이다. 여기에 골로새서에서 수집한 신학적 진술들이 있다.

구절과 진술

구 절	진 술
1:1	예수 그리스도
1:2	우리 주 예수 그리스도로부터의 평화
1:3	우리 주 예수 그리스도의 아버지

1 : 4	예수 그리스도 안에서의 신앙
1 : 13	그의 사랑의 아들의 왕국
1 : 14	그 안에 우리가 구속, 곧 죄 사함을 얻었다.
1 : 15	보이지 아니하시는 하나님의 형상이요, 모든 창조물보다 먼저 나신 자
1 : 16	만물이 그를 통해 창조되었다.
1 : 17	그는 만물 이전에 존재하시며 그의 속에서 모든 것들은 결합한다.
1 : 18	몸, 즉 교회의 머리, 죽은 자들 가운데서 먼저 나신 자
1 : 19	그의 속에서는 모두 충만하다.
1 : 20	십자가의 피로 화평을 이루셨다.
1 : 22	화해를 성취했다.
1 : 24	교회는 그의 몸
1 : 27	너희 안에 계신 그리스도, 영광의 소망
2 : 3	그리스도 안에 있는 지혜와 지식의 보화들
2 : 5	믿음의 목적인 그리스도
2 : 6	그 안에서 행하다.
2 : 7	그 안에서 성장해 가다.
2 : 9	그 안에는 신성의 모든 충만이 육체로 거하신다.
2 : 10	정사와 권세의 머리
2 : 13	그는 우리를 용서해 주셨다.
2 : 14	율법을 성취하셨다.
2 : 15	정사와 권세를 심판하신다.
3 : 1	우리는 그리스도와 더불어 다시 살아난다.
3 : 1	그는 하나님의 우편에 앉아 계신다.
3 : 4	그리스도는 우리의 생명
3 : 4	예수는 모든 것이시며, 우리는 그와 함께 영광 중에 있게 될 것이다.
3 : 11	그리스도는 모든 것이시며, 모든 것 안에 계신다.
3 : 15	그리스도의 평화
3 : 17	그의 이름으로 모든 것을 행하라.
3 : 17	그의 이름으로 기도하라.

3 : 24　　　너희들은 주 그리스도를 섬기라.
4 : 3　　　그리스도의 비밀

이상의 항목에 따라서 개요를 만들어 보면 다음과 같을 것이다.

개 요 1

Ⅰ. 명칭
- A. 그리스도 예수(1 : 1) - 임무와 인성을 의미한다.
- B. 주 예수 그리스도(1 : 3) - 주 되심(Lordship)과 임무와 인성을 의미한다.
- C. 주 그리스도(3 : 24)
- D. 그의 사랑의 아들(1 : 13)
- E. 몸의 머리(1 : 18, 24)

Ⅱ. 속성
- A. 인격
  1. 창조주(1 : 16)
  2. 아들(1 : 13)
  3. 죽음에서 부활(1 : 18)
  4. 용서자(2 : 13)
  5. 섬김의 대상(3 : 24)
- B. 전지 - 지혜와 지식의 모든 보화들(2 : 3)
- C. 거룩함
  1. 보이지 않는 하나님의 형상(1 : 15)
  2. 신앙의 대상(2 : 5)
  3. 그는 완전하시다(1 : 29).
- D. 사랑 - 그의 십자가의 피로 화평을 이루셨다(1 : 20).
- E. 전능
  1. 그에 의하여 만물이 창조되었다(1 : 16).
  2. 그에 의하여 만물이 함께 결합되었다(1 : 17).
  3. 모든 정사와 권세가 그에게 복종한다(2 : 10).
- F. 무한성 - 그리스도는 모든 것이라(3 : 11).
- G. 편재성 - 그리스도는 모든 것 안에 계신다(3 : 11).

H. 영원성 - 모든 것 이전에 계셨다(1 : 17) ; 모든 창조물보다 먼저 나셨다(1 : 15).

Ⅲ. 신성

A. 삼위일체의 관계에서 나타나셨다.

1. 하나님의 아들(1 : 3, 13)
2. 보이지 않는 하나님의 형상(1 : 15)
3. 신성의 충만(2 : 9)

B. 그의 사역에서 나타나셨다.

1. 창조주(1 : 16)
2. 만물을 지속하시는 분(1 : 17)
3. 구세주(1 : 14, 1 : 20, 22, 2 : 13-14)

C. 타자와의 관계에서 나타나셨다.

1. 권세와 정사의 머리(2 : 10)
2. 믿는 자의 신앙의 대상(1 : 4, 2 : 5)
3. 기도의 대리자(3 : 17)
4. 신자의 행동규칙(3 : 17)
5. 신자들의 섬김을 받으시는 분(3 : 24)

Ⅳ. 인성

A. 피를 흘리셨다(1 : 20). B. 죽음(2 : 15)

C. 부활(2 : 15, 1 : 18)

Ⅴ. 수난과 죽음

A. 율법을 성취하셨다(2 : 14).

B. 정사와 권세를 심판하셨다(2 : 15).

C. 평화와의 화해를 이루셨다(1 : 20, 22).

D. 죄를 사해 주셨다(2 : 13).

Ⅵ. 부활

A. 죽은 자들 가운데서 제일 먼저 나신 자(1 : 18)

B. 우리 부활의 보증인 - 우리도 그리스도와 함께 부활한다(3 : 1).

Ⅶ. 심판 : 하나님 우편에 앉아 계신다(3 : 1).

Ⅷ. 재림 : 나타나실 것이며, 우리는 그와 함께 (영광 중에) 있게 된다 (3 : 4).

이제 신학적 방법의 마지막 예시로써 성경에 나타나 있는 시험에 관한 교리를 살펴보도록 하자. 이 주제를 완전히 이해하기 위해서는 '괴롭히다', '고난', '유혹', '시험', '시련', 그리고 성구사전에서 이와 관련된 다른 단어를 반드시 연구해야 할 것이다. 완전한 목록을 작성하자면 수없이 많아질 것이기 때문에 여기서는 생략하기로 한다. 이 주제와 관련된 목록들에 대한 작성이 끝나면 그들이 사용하고 있는 맥락 속에서 그 다양한 단어들의 의미를 발견하려고 노력해야 한다. 그리고 마지막 단계는 그것을 주제별로 구분하고 개요를 작성할 수 있도록 주요한 범주를 만드는 일이다.

이 '시험'이라는 용어는 아주 광범한 주제로 세분될 수 있겠지만, 여기서는 이에 대한 완전한 개요를 제시하려는 것이 아니라 아래와 같이 가장 중요하다고 생각되는 요소들만 다루어 보고자 한다.

개 요 2

Ⅰ. 사람들은 하나님을 시험한다.

A. 의미 – 괴롭힌다(try).

B. 범위 – 삼위 하나님 모두에 대한 시험

1. 하나님(출 17 : 2, 신 6 : 16, 말 3 : 15)
2. 그리스도(고전 10 : 9, 마 16 : 1, 19 : 3)
3. 성령(행 5 : 9)

C. 결과

1. 국가적 축복이 끊어짐 – 많은 이스라엘 백성들이 약속의 땅에 들어가지 못했다(민 14 : 23, 시 95 : 11).
2. 육체의 죽음이 원인이 되다(행 5 : 9ff, 고전 10 : 9, 시 78 : 31).
3. 영적 궁핍의 결과를 낳다(시 106 : 15).

Ⅱ. 하나님께서는 사람들을 시험하신다.

A. 목적 – 확인하기 위해서이지, 죄로 인도하기 위해서가 아니다(약

1 : 13 참고).

B. 예 – 아브라함(창 22 : 1)

Ⅲ. 사탄은 시험한다.

A. 그리스도(마 4 : 1ff, 막 1 : 13, 눅 4 : 2)

1. 목적(a. 그를 악으로 이끌기 위하여, b. 그를 시험해 보기 위하여, c. 완전한 대제사장의 권능을 보기 위하여〈히 2 : 18〉)

2. 시험의 영역(전능, 의지, 기타〈히 4 : 15〉)

B. 인간들

1. 유혹의 사실(고전 7 : 5, 살전 3 : 5)

2. 유혹의 영향(a. 죄인이나 신앙인을 막론하고 구원을 얻지 못하게 한다〈눅 8 : 13〉, b. 성도들을 완전으로 이끌어 준다〈약 1 : 3–4〉.)

3. 사탄의 유혹에 대한 승리(고전 10 : 13, 벧후 2 : 9)(a. 하나님께서는 우리가 이기지 못할 시험은 허락하시지 않는다, 그는 피할 길을 우리에게 주신다, b. 그는 시험을 참고 견디는 자에게 큰 상으로 갚아 주신다〈약 1 : 1, 벧전 1 : 6–7〉, c. 그는 우리로 하여금 그리스도의 사랑에서 끊어지게 할 시험을 허락하시지 않는다〈롬 8 : 35〉.)

Ⅳ. 시험에 관련된 하나님의 주된 명령

A. 크리스천들은 시련당하는 일을 온전히 기뻐하라(약 1 : 2, 벧전 4 : 12–14, 롬 5 : 3, 고후 7 : 4).

B. 영적인 사람은 시험에 빠진 사람들을 바로잡아 주어야 한다(갈 6 : 1).

C. 또 영적인 사람은 자신이 시험에 빠지지 않도록 조심해야 한다(갈 6 : 1).

D. 신자들은 환난 중에 참아야 한다(롬 12 : 12).

E. 크리스천들은 동료 크리스천들이 시험에 빠지지 않도록 항상 권고해야 한다(롬 14 : 13, 고전 8 : 9).

F. 우리는 항상 사탄의 궤계에 속지 않도록 주의해야 한다(고후 2 : 11).

Ⅴ. 대환난 날에 대한 하나님의 경고

A. 온 세상이 시험과 환난을 당하는 그날이 올 것이다(계 3 : 10, 마 24 : 21).

B. 세상 끝날 시련을 당하게 되는 이 대환난을 능히 피할 자가 없다 (마 24 : 21).

연구노트

이 장에서는 더 많은 연구를 위해서 이미 여러 가지 제언들이 되었지만, 이제 몇 가지만 더 부언하기로 한다. 신학적인 가정을 연구하는 데 특별히 관심을 가진 학생들은 주요한 신학적 메시지를 가지고 있지 못한 책들이 있음을 알게 될 것이다. 룻기, 전도서, 예레미야애가 등이 이 범주에 속할 수 있지만 특히 에스더서에 주목해 보자.

이 책 속에는 하나님에 관한 이름이 한 번도 언급되지 않고 있다. 누구든지 신학적 메시지를 찾고자 성경 한 권, 한 권을 연구해 가노라면, 구약은 일반적으로 설화적, 아니면 예언적으로 쓰였기 때문에 신약성경이 더 좋은 연구자료를 준다는 사실을 쉽게 알 수 있을 것이다. 바울서신은 어느 것이든지 이 신학적 메시지를 위해서 특별히 좋은 연구가 되어 줄 것이다(빌레몬서를 제외한다면). 그리고 히브리서와 베드로서신도 마찬가지로 이 목록에 더해질 것이다.

주제 연구에 관한 더 많은 연구를 위해 제언을 하자면 끝이 없다. 특히 '구원'과 관계된 주제들은 많은 흥미를 줄 것이다. '의인', '화목', '구속', '화해', '회개', '속죄', '보상', '신앙과 은총' 등이 그것이다. 또한 '매일 크리스천'에 대한 문제들도 좋은 연구가 될 수 있다. '고백', '동행', '죽음', '십자가에 못 박힘', '십자가', '정욕', '성화', '안전과 고통' 등 말이다. 좀더 깊이 연구하고자 한다면, '보상', '부활', '영원', '하늘나라', '적그리스도', '죄와 인간', '천년 왕국', '심판과 환난' 등의 주제를 연구할 수 있다.

신학적 구조를 연구하고자 할 때도 깊은 관찰을 할 수 있는 아이디어들이 얼마든지 있다고 본다. 에베소서에 나타난 하나님의 주권성이나 성령에 관한 교리, 마태복음에 계시된 그리스도의 왕 되심, 누가복음에서 말하는 그리스도의 인성, 로마서에서 전개하고 있는 죄의 결과, 그리스도의 승천과 현재 사역의 중요 의미, 사탄의 현재 활동, 사도행전에서 보여 주고 있는 초대교회의 조직과 실제, 이외에도 더 많은 주제들이 성경이 자신들에게 말하고 있는 바를 깊이 연구하고자 하는 학생들에게 많은 유익과 크나큰 축복을 가져다주리라고 믿는다.

09
성경의 문학적 연구

성경은 히브리어나 헬라어판 혹은 어떤 번역판일지라도 그것 자체로 위대한 문학이다. 히브리 사람들에게 성경은 신성한 민족 문학이었다. 헬라어 구약성경은 그리스, 로마 세계에 심오한 영향을 끼쳤으며, 그 이후 그들은 신약을 낳게 되고, 신약성경의 영향 또한 마찬가지였다. 2세기 중엽 이후 로마 제국의 문학은 주로 기독교적이며 성경적인 주제에 관련된 것이었다. 로마서를 연구하는 어떤 학자들은(로마 제국의 문학작품에 대해서 이야기할 때) A. D. 150년경부터 시작하는 그 시기를 기독교 문학의 시대라고 부른다.

교회의 힘이 극치에 달했던 중세기에 있어서는 성경을 복사하는 일과 신학적 이슈(issue)에 관한 토론이 그 당시 문학작품의 대부분을 차지하고 있었다. 16세기의 근대 세계가 밝아 옴에 따라 구태여 많은 언어들을 언급하지 않더라도 히브리어, 헬라어, 라틴어, 그리고 여러 가지 영어판들이 나오면서 성경은 또다시 그 시대 문학의 중심적인 역할을 맡게 되었던 것이다.[1]

최근 몇 세기 동안 성경은 세속적인 작품들과의 치열한 경쟁에도 불구하고 베스트셀러의 자리를 지키고 있다. 수백만 권에 달하는 성경이 미국 표준판 성경(ASV)과 현대어판 성경(RSV)으로 출간된 바로 그 첫해에 절판되는 붐이 일게 된 것이다.

요즘에는 성경의 영감이라는 말의 진정한 의미가 잊혀져 가는 공립학교나 대학에서까지도 문학으로서의 성경에 관한 연구가 정식 커리큘럼 속에 들어 있다. 비록 성경은 위대한 문학 이상의 것이긴 하지만, 이와 같은 문학적 관점에서도 분명히 유익한 연구가 될 수 있을 것이다. 그러나 이런 작업은 성경에 묘사되어 있는 문학적 형태들에 관한 간략한 고찰이 없이는 완벽해질 수가 없을 것이다.[2)]

성경적 시

욥기, 시편, 잠언, 전도서, 아가, 예레미야애가, 이와 같은 것들을 보통 시라고 배우고 있지만 교회학교 학생들

---

1) Daniel Bomberg는 1516~1517년에 히브리 성경을 출판했고, Cardinal Ximines는 1515년에 신약성경을 인쇄하기에 이르렀으나, Erasmus가 1516년에 자기 것을 출판하기 전까지는 일반 시중에 내어 놓을 수가 없었다. 또한 1592년에는 크레멘틴판 라틴어 번역 성경이 나왔다. 루터의 독일어판 성경은 1520년대와 1530년대에 독일을 휩쓸었다. Coverdale은 1535년에 완벽한 영어판 성경을 출판했다. Matthew의 성경, *The Great Bible*, *the Geneva Bible*, *the Bishop's Bible*, the Rheims-Douai 판, The king James 판이 모두 다 그 이후 쏟아진 영어판들이다. 성경 번역들은 계속해서 속속 출판되기 시작했다. 이와 같은 목록들이 완벽한 것이라고는 생각하지 않으며, 단순히 이것은 16세기 성경의 문학적 중요성에 대한 단지 하나의 지침에 불과할 것이다.

2) 이 장은 성경에 묘사된 문학적 타입들에 대한 정의를 내리는 일에 주로 관심을 가지고 있기 때문에 다른 장들과는 성격이 다르다. 또한 예문을 든다거나 더 많은 연구를 위한 제언도 하지 않았다. 나는 이 주제에 대한 강의로는 한두 시간이면 족하며, 또한 학생들에게 부과하는 연구 과제를 생략해도 좋다고 생각한다. 성경의 문학적 연구는 완벽하게 한 학기가 주어졌을 때에 가장 좋은 효과가 있다. 이 분야의 고전적인 저서로는 Richard G. Moulton이 쓴 *The Literary Study of the Bible*(Boston : D. C. Heath, 1899)이 있다. 이 장은 그 책을 부분적으로 인용하고 있다.

은 매우 의아하게 생각하고 있을 것이다.[3] 왜냐하면 이와 같은 책들은 그들이 널리 알고 있는 시 형식을 취하고 있는 것처럼 보이지 않기 때문이다. 흠정역(KJV)은 매우 효과적인 성경의 문학적 형식을 감추고 있기 때문에 이와 같은 반응은 정당한 것이다.

훨씬 이후에 나온 몇 개의 성경판들은 성경의 시적인 부분에다가 시행을 갖춤으로써 이와 같은 난점들을 고치려고 하고 있다. 그런 판들 중에는 모울턴(Moulton)의 *The Modern Reader's Bible*, American Standard Version, 스미스(Smith)와 굿스피드(Goodspeed)가 공동 편집한 *The Complete Bible*, 그리고 Revised Standard Version 등이 있다.[4]

구약성경상의 시들의 기본 원칙 중 하나는 사고의 병행이다. 아마 가장 흔한 병행귀의 형식은 둘째 행이 본질적으로 첫 행의 생각을 반복하는 '동의' 형식으로써 시편에서 인용한 두 개의 절이 이 형식을 잘 예증해 줄 것이다.

> 여호와여! 나를 괴롭히는 자 왜 이리 많사옵니까?
> 나를 넘어뜨리려는 자 왜 이리 많사옵니까?(3 : 1, 공동번역)
>
> 하늘에 계신 이가 웃으심이여
> 주께서 그들을 비웃으시리로다(2 : 4, 개역개정).

대조적 병행귀

대조적 병행귀는 반면에 첫 행과 반대되는 생각을 둘째 행에 제시

---

3) 거의 모든 신학의 시적 표현들은 구약에서 인용한 것이기 때문에 이 장에서는 신약의 시에 대해서는 다루지 않겠다.

4) 이 판들이 진보적이냐 아니면 보수적이냐 하는 찬반양론을 논의하는 것은 나의 의도가 아니다. 단지 여기서 그것들이 성경의 시를 시적 형성에 맞게 배열하고 있음을 독자들은 주의하면 되겠다.

한다. 시편 1 : 6이 좋은 예가 된다.

> 무릇 의인들의 길은 여호와께서 인정하시나
> 악인들의 길은 망하리로다(개역개정).

종합적 병행귀

종합적 병행귀는 둘째 행이나 그 이하 행들이 첫째 행의 생각을 부가하거나 발전시킨다. 이와 같은 것은 시편 1장의 첫 번째 두 개의 절에서 잘 나타나고 있다.

> 복 있는 사람은 악인들의 꾀를 따르지 아니하며
> 죄인들의 길에 서지 아니하며
> 오만한 자들의 자리에 앉지 아니하고
> 오직 여호와의 율법을 즐거워하여
> 그의 율법을 주야로 묵상하는도다(개역개정).

상징적 병행귀

상징적 병행귀는 시편 42 : 1처럼 둘째 행이나 그 이하의 행들이 첫째 행을 비유적으로 설명하는 방법이다.

> 하나님이여 사슴이 시냇물을 찾기에 갈급함같이
> 내 영혼이 주를 찾기에 갈급하니이다(개역개정).

병행의 여러 가지 다른 형식들을 열거할 수도 있겠지만, 그것들은 일반적인 것이 되지 못하기 때문에 여기에 실을 필요는 없을 것 같다. 그러나 간단히 부언한다면 히브리 시는 이행연귀(Couplets)에만 한하는 것이 아니고 삼행연귀(triplets), 사행시(quatrains), 육행시(sextets), 그리고 팔행연귀(octets)로까지 발전해 간다. 더 나아가 병행은 '행'이라는 형식에 한정되는 것이 아니고, '절'(strophe)이나 '연'(stanza)이라는 형식을 취하기도 한다. 이와 같은 히브리 사람들의 특징 중 하나는 응답송가를 부르거나 읊는 데 있기 때문이다. 다시 말하면, 리더가 시 한 구절을 읊거나 노래하면 나머지 사람들이 응답하는 그러한 형식이다. 가끔 두 팀의 합창단이 이러한 순서를 진행하는 수도 있다.

히브리 시의 두 번째 원리는 리듬이다. 그러나 이것은 강약의 음절 수가 조화를 이루는 '하드-앤-패스트'(hard-and-fast) 규칙을 엄격히 지킨다는 의미는 아니다. 물론, 이와 같은 특징을 가진 히브리 원문시를 번역한 번역문에서 그 특징을 충분히 살펴보려는 일은 한층 더 어려운 일일 것이다.

그렇지만 그 번역문 속에서 성경시의 비유적인 특징을 알 수 있으리라고 본다. 수많은 수사적 방법들을 이용함으로써 많은 효과를 가져오기도 한다. 그런 것들 중에는 직유법, 은유법, 과장법, 그리고 환유법 등이 있다. 이것들은 다음 장에서 예를 들어 가며 논의하려 한다.

히브리 시의 또 하나의 특징은 각 행의 첫 글자(또는 첫 글자와 끝 글자)를 모으면 말이 되는 시의 형식이다. 이것은 일련의 글자들, 즉 행이나 단어의 머리 글자, 가운데 글자, 끝 글자와 같은 것을 가로나 세로로 맞추어 보면 어떤 단어나 말이 되는 일종의 게임과 같은 것이라고 할 수 있다.

예를 들면, 각 행의 첫 글자를 모아서 말이 되는 시에서 히브리어 알파벳의 각 글자들을 세로로 읽어 보면 이 알파벳들이 하나의 시귀를 만들며, 가로로 읽어 보면 그 글자들이 그 시귀의 첫 낱말의 일부분이 되는 식으로 쓰인다.

forsaking[5]
all
i
take
him

(가로로 읽으면, '모든 것 버리고서 그를 영접한 자'라는 문장이 되며, 세로로 읽으면 'faith'〈믿음〉라는 단어가 된다.)

이런 원칙은 예레미야애가에 아름답게 묘사되어 있다. 1, 2, 4장은 하나하나가 완벽하게 각 행의 첫 글자를 모아서 말이 되는 시를 이루고 있는데, 각각 22개의 절로 이루어져 있다. 각각은 히브리어 알파벳의 각각 다른 자모를 알파벳순으로 나열하면서 시작되고 있다. 3장은 22개의 3배수인 66개의 절로 되었으며, 3개의 절이 알파벳의 각 자모로 시작된다. 5장은 22개의 절 형식을 취하고 있지만, 그 배열방법이 아크로스틱(acrostic)은 아니다.

시편 119편에서 또 하나의 아주 훌륭한 아크로스틱을 발견하게 된다. 8개의 절들이 히브리어 알파벳의 자모로 각각 시작하고 있다. 번역판에서 약간 이상하게 보이는 낱말이나 기호들은 모두 히브리어 알파벳의 자모이거나 그것들의 이름들에 불과한 것들이다. 그래서 그런 이름 밑에 있는 부분의 각 절은 그 부분의 머리에 실려 있는 자모를 가지고 시작된다. 다른 시편들은 본질적으로는 완벽한 아크로스틱을 이루지 못한다.

구약성경의 시 원칙들을 살펴보았으니 이제 시의 몇 가지 형식을 정의해 보기로 하자. 서사시(epic)는 영웅의 행동을 취급하여 품위 있는 문체로 쓰여진 일종의 설화체 시이다. 극시(drama)는 희곡체 시이며, 서정시(lyric)는 노래하는 시요, 그 본질에 있어서는 사고(思

---

5) 답관체(踏冠體； 各行의 머릿자를 모으면 말이 되는 시； 일종의 글자 수수께끼)

考)하는 시라고 할 수 있다. 성경 속에는 실제로 설화체 시(서사시)는 없지만 히브리 시와 산문체계가 겹쳐져 있는 형식으로 되어 있다. 이런 점을 고려해 보면, 우리는 영웅적인 사건들이 역사서 속에 여기저기 산재해 있다는 것을 곧 알게 된다. 발람의 사건(민 22－24장)과 같은 잡다한 서사시도 들어 있음을 볼 수 있다.

구약의 드라마 중 가장 훌륭한 표본은 욥기서가 될 것이다. 여기서 우리는 상당량의 드라마적 대화를 보게 된다. 도입 장면에서 우리는 장면 배경을 볼 수 있고, 또한 욥이 경험하는 고통의 원인이 사탄의 유혹에 의한 것임을 알게 된다. 그 악인역(사탄)이 급히 지나가는 것을 이 드라마의 전개 부분에서 쉽게 살필 수 있다. 그 다음 장면에서는 사자들이 불현듯이 욥에게 닥쳐올 그 불행을 알려 줌으로써 이야기는 점점 가경(佳境)에 접어든다. 그러자 즉시 그의 아내는 그를 저주하게 되며, 그는 육체적 고통으로 괴로워한다. 마지막 장면은 한때는 부유한 족장이었으나 지금은 그 도시의 변두리에 있는 잿더미 옆에 처량하게 앉아 있는 욥을 그리고 있다. 이 드라마의 부분부분에서 그는 왜 이렇게 고통을 당하게 되었는가에 대한 문제 때문에 자신과의 투쟁 속에 말려든다. 그러는 동안 소위 친구라는 자들이 여러 가지 제안을 하게 된다. 독자들이 욥은 자신을 극복할 수 있을까 하는 점에 대해서 생각하면 할수록 그 상황의 긴장감은 계속 올라가게 된다. 클라이막스는 그가 하나님에 대한 믿음을 거듭 언명(言明)할 때이며, 이 드라마는 하나님에 대한 믿음의 회복을 선언함으로써 끝을 맺게 된다.

서정시는 여러 가지 형식의 시를 포괄하는 분류법이다. '목가적 서정시'(lyric idyl)라는 형식이 있는데, 이것은 묘사적이거나 설화적인 시이며, 본질적으로는 전원생활을 묘사하는 것이다. 아가서는 솔로몬이 술람미 처녀가 보낸 일꾼과 싸워 이기기 위해서 자기 자신을 목동으로 변장시켰다고 생각하는 사람이 있다면, 위와 같은 범주 속에 분류될 수 있다. 그러나 솔로몬이 그 처녀를 달래서 목동인 그녀 애인으로부터 떠나게 하려고 애썼다는 해석을 고집하는 자들은 아가서는 드라마의 형식이라고 주장한다. 왜냐하면 이것은 완전한 플롯(plot)이 될 수 있기 때문이다.

서정시의 또다른 형식은 '송시'(ode)이다. 이것은 정의하기가 어렵다. 그러나 다른 형식의 서정시와 구별할 수 있는데, 이것은 더 정교하게 만들어졌고 더 의식적인 구조를 가지고 있기 때문이다. 그리고 이것은 고상한 감정과 위엄 있는 문체가 그 특징이다. 송시에 대한 아주 훌륭한 두 개의 예를 우리는 사사기 5장에 나오는 드보라의 노래와 출애굽기 15장에 나오는 미리암과 모세의 노래 속에서 발견할 수 있다. 물론 이 둘은 응답송가로서 낭송된다.

서정시의 세 번째 형식은 '엘레지'(elegy)인데, 주로 지식계급에 대한 애도를 표시할 때 사용된다. 모올톤은 그 형태에 대해서 다음과 같이 논평했다. "히브리의 엘레지적 리듬은 평범한 이행연귀이며, 두 번째 항이 짧아지든지 아니면 병행이나 대응귀가 없어짐으로써 약해져 버린다. 그래서 이 두 행은 보통은 행간 휴지(休止) 부호를 가지는 하나의 행으로 남게 된다."[6] 예레미야애가, 시편 137, 74, 80편, 그리고 사무엘하 1 : 19~27에는 이 엘레지의 좋은 예문들이 있다. 단, 이러한 구절들의 문학적인 형식은 번역의 한계성으로 인하여 불명료한 감이 없지 않다. 단가도 또한 서정시의 범주에 속하는데 이것들은 '구속', '섭리', '자연', '심판', '믿음', '신성화'와 같은 테마를 다루고 있는 시편에 많이 있다. 마찬가지로, 명상과 기도문은 히브리 시에는 자주 나타나는 주제이며, 시편 속에서 잘 묘사되어 있다.

---

6) Moulton, op. cit. p. 168.

성경의 산문

성경의 산문은 셋으로 분류해 볼 수 있다. '역사'는 지나간 사건들을 기록하고 설명하는 학문의 한 분야, '수사학'은 표현 기술, '철학'은 체계적인 사고를 말한다.

그 첫 분류에 속하는 성경상의 역사를 모올톤은 다섯 가지로 나누었다.[7]

첫째, 원시적 역사는 히브리인들이 하나의 민족으로서 나타나기 이전의 시대에 관계된다.

둘째, 법령적인 역사는 출애굽기, 레위기, 민수기에서 볼 수 있다. 그와 같은 명칭이 나온 것은 이러한 책들이 하나님의 정부에 대한 계시의 기록과 거기에 속하는 사건들을 보여 주기 때문이다.

셋째, 사건적 역사는 성경의 어떤 책들은 주로 개요와 다른 여러 가지 연결물로써 결합된 영웅적 사건으로 구성되어 있기 때문에 이러한 명칭을 사용하게 될 것이다. 여호수아, 사사기, 사무엘상이 여기에 속하며, 룻기는 가끔 목가적 서사시로 간주되기도 하는데, 그 이유는 룻기의 전원적인 분위기 때문이다. 다른 사람들은 이것을 짧은 이야기라고 부르기도 한다.

넷째, 사무엘하, 열왕기상·하, 역대기의 많은 부분, 에스더와 같은 책에서 발견되는 정규적 역사는 역사적으로 이야기되는 사건들과 계속적인 통치를 체계적으로 설명하고 있다.

다섯 번째 분류로써 교회사를 든다. 이 범주에 드는 것으로는 유대의 종교와 추방 후 유대종교의 회복을 다루고 있는 역대기의 일부분, 에스라, 느헤미야 같은 구약서들과 그리스도교의 창설을 말해주는 사도행전, 복음서와 같은 신약서들이 있다.

---

7) Ibid., pp. 251-259.

산문의 두 번째 중요한 분야인 수사학은 이야기 표현 기술이나 문학적인 작문 기술을 말한다. 이것은 구체적으로 구어적 수사학과 문어적 수사학을 말한다. 전자는 모세가 이스라엘 백성에게 전한 연설을 요약해 놓은 신명기에 잘 나타나고 있다. 열왕기하와 역대기에 나오는 랍사게의 전도 연설과 같은 짤막한 부분도 여기에 포함시킬 수 있다. 문어적 수사학은 신약의 모든 서한문을 포함한다. 목회서신이나 순수한 서한문은 편지 왕래 형식을 완전히 갖춘 것들인데, 사도의 인사말로부터 시작해서 어떤 특정 교회나 교우들에 대한 인사와 더 필요한 안부를 묻고, 끝으로 종종 자필 메시지로서 끝을 맺는다. 여기에는 고린도전·후서, 갈라디아서, 빌립보서, 데살로니가전 · 후서, 디모데전·후서, 디도서, 빌레몬서, 요한1, 3서(모울톤은 야고보서와 요한1서를 지혜의 문학이라 분류한다.)를 들 수 있다.

히브리서와 로마서는 서한 논문이라고 말할 수 있다. 전자는 교리논문이며 서한 형식은 부족한 데 비해, 후자는 비록 개인적인 접촉은 있었지만, 그 사도가 전에 방문한 적이 없는 교회로 보내는 교리적 편지이다.

서한문의 세 번째 형식은 모울톤이 서한 성명서라고 불렀던 것이다.[8] 여기에는 골로새서, 에베소서, 베드로전·후서와 유다서가 포함된다. 골로새서는 서간체 형식을 갖추고 있으나, 초기 그노스틱파(Gnosticism) 이단설 때문에 이것을 쓰게 되었다. 에베소서는 형식에 있어서 회칙처럼 보인다('에베소서'라는 말은 가장 전통적인 사본에서도 찾을 수 없다). 베드로전서는 박해와 그에 수반되는 고통에 의해서 불가피하게 쓰여졌다. 그리고 베드로후서와 유다서는 교회 내에서 일어나는 사악한 일들로 인하여 쓰게 된 성명서들이다.

문학의 또 한 형식에 대한 논의가 남아 있는데,[9] 그것은 철학 혹은

8) Ibid., p, 226.

성경의 지혜 문학이라고 하는 것이다. 성경에 나온 철학은 인생의 수수께끼와 관계되는데, 그것은 항상 어떤 사람의 인생에 있어서 행위의 본질과 연관이 깊다. 즉, 이것은 근본적 의미에서 도덕 철학이다. 가끔 인생에 대한 반성은 극단적인 경귀적 말이 되며, 하나의 격언적인 이행연귀로 나타나게 된다. 때로는 좀더 길어질 수도 있는데, 그때에는 인생의 어떤 면에 관한 에세이(평론)로서 분류될 수 있다. 이 양자는 잠언에서 발견할 수 있다. 전도서에서의 철학적 소견은 인생 전체에 적용되고 있으며, 존재의 의미에 대한 일반적인 문제에 대해서는 개별적으로 소견을 말하고 있다.

진실로, 이 문학적 관점에 의한 성경 고찰로 인하여 경건한 성경 학도들에게 새로운 통찰력이 생기기를 바란다. 여러분은 이미 성경의 메시지를 귀중하게 생각하리라 믿는다. 계속해서 메시지가 표현되어 있는 매개물(vehicle)에 대한 미학적인 평가 능력을 계발해 나가도록 하자. 또한 크리스천들은 성경이 오늘날의 많은 학문들로부터 경시를 받아 박물관에나 처박혀 있어야 하는 낡은 것으로서 시대에 뒤떨어진 것이 아니라, 오히려 고도로 세련된 문화권 속에서도 자기의 고유한 영역을 가지는 하나님의 고상한 문학작품이라는 사실에 자부심을 가질 수 있기를 바라 마지않는다.

---

9) 아마 독자들은 하나의 문학적 형식으로써의 성경적 예언(biblical prophecy)에 대해서 알고 싶어할 것이다. 예언적 문학은 문학의 여러 형태로 구현되고 있다. 예언적 이야기(prophetic discourse)는 가끔 구어적 수사학이라고 분류되기도 한다. 이것은 또한 이미 쓰인 어떤 역사의 형태를 가정하거나 예레미야의 경우처럼 상징적인 행동을 묘사하는 수도 있다. 혹은 그 예언자가 자기의 메시지를 전달할 때 시적 형식 속에 빠질 수도 있다. 그뿐만 아니라, 어떤 개인들이나 민족들에게 그들의 죄의 대가로써 자주 선언되는 예언적 저주나 심판이 있다.

10
수사학적 방법

'수사학'이란 문학작품이나 표현의 기술을 말한다. 이런 기술적 문제는 비유적 표현을 자주 사용하고 있는 데서 얻어지는 성과이다. 앞장에서 지적했듯이 비유적인 언어는 히브리 시를 히브리 시답게 만드는 데 도움을 주는 하나의 요소가 된다. 또한 이것은 성경의 산문을 묘사하는 하나의 특징이기도 하다. 어떤 의미에서 성경연구의 수사학적 방법은 문학적 방법의 한 분야에 불과하다. 그러나 여기에는 이 방법이 하나의 독립장을 이루기에 충분한 특징과 또 차이점이 있다고 생각된다.

첫째로, 수사학적 방법은 단순한 문학적 연구가 아니다. 이것은 진리를 표현하는 기술에 관한 하나의 고찰이다. 하나님의 진리는 때때로 추상적이어서 유한한 인간이 이해하기에 어려운 것이 많다. 그런데 여기에서는 우리가 무한한 하나님의 인격을 유한한 인간의 사고와 관련시켜야 할 때 제기되는 문제와 마찬가지로, 하나님을 대신하여 교리를 인간의 마음에 전달하려고 할 때 심각한 고려와 많은 노력을 했음이 틀림없다.

전자는 하나님에게 눈, 팔, 손과 같은 인간의 속성을 마련해 줌으로써 성취될 수 있다. 한편 후자는 비유적 표현을 통해서 달성되는데, 여기서는 세상에 알려지지 않은 것을 말할 때 평범한 인간에게 친숙한 용어를 사용할 수밖에 없다. 물론 수사적 표현은 성경의 진리를 강조하는 데도 또한 유용한 방법이 된다.

둘째로, 성경의 문학적 형식에 관한 연구는 그 자체로서 완전한 분야를 이루고 있지만, 비유적 표현에 관한 연구는 성경연구의 다른 방법들의 한 작은 분야로써 수행될 수 있다.

셋째로, 성경에 나오는 비유적 언어를 주의해서 공부해 보면 우리들의 화술과 서술상 기술을 효과적으로 향상시켜 줄 것이다. 이는 연구과정 속에서 자신도 모르는 사이에 자기들의 표현술이 급격히 발전되게 할 것이다. 이 장에서는 비유적 표현에 대하여 정의를 내리며 예증하려고 한다. 그리고 더 공부할 사람을 위해 몇 가지 제언도 수록했다. 그러나 모든 책을 수사적 방법에 따라 전개해야 할 필요는 없다고 본다.

비유적 표현

직유법

직유는 한두 가지의 유사성을 들어 본질적으로 이질적인 두 가지 사물을 직접 비유하는 방법이다. 그 유사성은 '~같이', '~처럼' 등으로 항상 연관된다. "갑의 문체는 을의 것과 같다."라고 말하는 것은 두 개의 비슷한 사물을 비유하고 있으므로 직유가 아니다. 좀더 적절한 예문을 들자면, "비행기는 새처럼 날아간다." 혹은 베이컨의 문장 중에 "덕이란 아주 잘 다듬어진 값진 보석과 같다."라는 말 등에서 볼 수 있다.

성경은 직유를 많이 사용하고 있다. 여기서 몇 개의 구절을 찾아보면 이와 같다.

원수가 내 영혼을…… 죽은 지 오랜 자같이 나를 암흑 속에 두었나이다(시 143 : 3 하).

부한 자는 자기의 낮아짐을 자랑할지니 이는 그가 풀의 꽃과 같이 지나감이라 해가 돋고 뜨거운 바람이 불어 풀을 말리면 꽃이 떨어져 그 모양의 아름다움이 없어지나니 부한 자도 그 행하는 일에 이와 같이 쇠잔하리라(약 1 : 10-11).

여호와께서 말씀하시되 오라 우리가 서로 변론하자 너희의 죄가 주홍 같을지라도 눈과 같이 희어질 것이요 진홍같이 붉을지라도 양털같이 희게 되리라(사 1 : 18).

은유법

은유는 두 사물의 동일성을 입증함으로써 간접적으로 비유하는 방법인데, 한쪽이 다른 쪽과 일치되든지 혹은 한쪽이 다른 쪽의 기능을 모두 행할 수 없을 때에도 마치 그들이 동일한 것처럼 간주되는 비유법의 일종이다. 작가들은 보통 "이것은 저것이다."라고 단정적으로 말할 때가 있다. 즉, 다른 편의 명칭을 한쪽 편의 명칭으로 대치한다. 이렇게 되면 유사성은 명백하게 진술되기보다는 암시되고 있는 것이다. 예를 들면, 한때 익사할 뻔했다가 간신히 살아났던 셸리(Shelley)는 다음과 같이 썼다.

죽음은 살아 있는 자들이 삶이라고 부르는 베일(veil)이다. 그러나 잠들면 죽음은 사라진다.

여기서 죽음을 '베일'이라고 썼지만 사실은 베일과 같은 것일 뿐이다. 이 암시된 비유에서 전자(죽음)의 명칭은 후자(베일)에 의해 대치되고 있다. 비슷한 예를 아래의 두 인용문에서 볼 수 있는데, 첫 번째 것은 리이드(Herbert Read)가 인용했던 문장이며, 두 번째 것은 마루룰스(Marullus)가 셰익스피어의 「줄리어스 시저」에서 한 말이다.

> 그러나 의미는 살깃에 최소한의 저항을 받으며, 그 목표물에 적중하는 화살이다. 너희들은 벽돌이다. 돌이다. 여기저기 뒹구는 우수마발(소의 오줌과 말의 똥)만도 못한 놈들이다!

두 번째 인용문에서 로마 병정이 돌(stones)에 비유되고 있다. 즉, 생명이 없는 물체, 심장이 없는 돌에 비유된다. 만약 그 문장을 "너희는 돌과 같다."라고 읽으면, 그런 비유는 비교가 더 이상 암시되지 않고 비유를 가리키는 단어('~같다')가 쓰이기 때문에 직유가 되어 버린다는 것에 주의해야 한다. 우리는 갈라디아서 2 : 9에서 은유의 훌륭한 예문을 찾아볼 수 있다.

> ……또 기둥같이 여기는 야고보와 게바와 요한……(우리 번역들은 직유법으로 나타내고 있음〈역자주〉).

이와 관련해서 잠언 23 : 27에 주목해 보라.

> 대저 음녀는 깊은 구덩이요 이방 여인은 좁은 함정이라

갈라디아서의 말에서 이 사도들은 기둥에 비유되는데, 이것은 그들이 그 교회의 중요한 후원자이기 때문이다. 또한 잠언에서 매춘부는 깊은 도랑으로 비유되는데, 이것은 그녀들이 남자들을 타락시키는 함정이 되기 때문이다.

풍유법

풍유는 사실적 혹은 가공적인 어떤 이야기로 확장되는 은유법인데, 여기서는 일련의 행동들이 다른 행동들의 상징이 된다. 그리고 제시된 사건의 글자 그대로의 의미와는 다른 어떤 뜻을 전달하기 위해서 상세한 이야기를 꾸민다.

번연(Bunyan)의 「천로역정」(*Pilgrim's Progress*)과 루이스(C. S. Lewis)의 「스크루테이프의 편지」(*The Screwtape Letters*)는 우리가 잘 아는 우화(풍유)들이다. 풍유는 성경에 매우 드물게 사용되는데, 그 이유는 성경은 대부분 문자 그대로 해석을 해도 나이가 어린 사람들이나 학문적인 수련을 많이 쌓지 못한 사람이 이해할 수 있도록 어떤 메시지를 사실적으로 취급하고 제시하는 것이기 때문이다. 풍유에 대한 좋은 예문이 갈라디아서에 있다. 그러나 여기서조차 아브라함의 두 아들에 대한 평가가 사실이 아니라고 받아들여서는 안 된다. 오히려 바울은 우화를 적용함으로써 창세기 문장에 숨겨져 있는 어떤 점을 단지 분명히 밝히려 하고 있다. 그리고 바울이 창세기 이야기에서 역사적 사실을 더럽히는 어떤 신비스러운 메시지를 찾아냄으로써 죄를 범하는 것은 아니다.

> 율법으로 살기 원하는 여러분, 한 가지 물어보겠습니다. 여러분은 율법을 들어 보지 못했습니까? 율법서에 이런 기록이 있습니다. 아브라함이 아들 둘을 두었는데, 하나는 여종의 몸에서 낳고 하나는 종이 아닌 본부인의 몸에서 낳습니다. 여종에게서 난 아들은 인간적인 육정의 소생이었고, 본부인에게서 난 아들은 하나님의 약속으로 얻은 아들이었습니다. 이것은 비유로 한 말인데, 그 두 여자는 두 계약을 가리킵니다.
>
> 하나는 시내 산에서 나와서 노예가 될 자식들을 낳았습니다. 그것이 하갈입니다. 하갈은 아라비아에 있는 시내산을 가리키는데, 그것은 지금의 예루살렘에 해당합니다. 현재 예루살렘은 그 시민들과 함께 종노릇을 하고 있으니 말입니다. 그러나 하늘의 예루살렘은 자유인이며 우리 어머니입니

다. 성경에 이런 말씀이 기록되어 있습니다.

"즐거워하여라. 아기 못 낳는 여인이여, 소리 높여 외쳐라. 해산의 고통을 모르는 여인이여, 홀로 사는 여인의 자녀가 남편 있는 여인의 자녀보다 더 많으니라."

형제 여러분, 여러분은 이삭과 같은 약속의 자녀들입니다. 그러나 그때 육정으로 난 자식이 성령으로 난 자식을 박해하였는데 지금도 꼭 마찬가지입니다. 그런데 성경에 무엇이라고 하였습니까? "여종과 그의 자식을 쫓아내어라. 종의 자식은 결코 본자식과 같은 상속자가 될 수 없다" 하지 않았습니까? 그러므로 형제 여러분, 우리는 여종의 몸에서 난 자녀가 아니라 자유인의 몸에서 난 자녀입니다(4 : 27 - 31).

유추법

유추란 같지 않은 사물들에서 여러 가지 유사점을 나타내 보이거나 암시하는 것으로써, 일반적 의미에서는 완전한 비유법이다. 이것은 구태여 어떤 이야기를 만들려고 하지 않는다는 점에서 풍유와 다르다. 성경에 나오는 가장 훌륭한 유추의 하나는 요한복음 15 : 1~9에서 발견된다.

나는 참포도나무요 내 아버지는 농부라 무릇 내게 붙어 있어 열매를 맺지 아니하는 가지는 아버지께서 그것을 제거해 버리시고 무릇 열매를 맺는 가지는 더 열매를 맺게 하려 하여 그것을 깨끗하게 하시느니라 너희는 내가 일러 준 말로 이미 깨끗하여졌으니 내 안에 거하라 나도 너희 안에 거하리라 가지가 포도나무에 붙어 있지 아니하면 스스로 열매를 맺을 수 없음같이 너희도 내 안에 있지 아니하면 그러하리라 나는 포도나무요 너희는 가지라 그가 내 안에, 내가 그 안에 거하면 사람이 열매를 많이 맺나니 나를 떠나서는 너희가 아무것도 할 수 없음이라 사람이 내 안에 거하지 아니하면 가지처럼 밖에 버려져 마르나니 사람들이 그것을 모아다가 불에 던져 사르느니라 너희가 내 안에 거하고 내 말이 너희 안에 거하면 무엇이든지 원하는 대로 구하라 그리하면 이루리라 너희가 열매를 많이 맺으면 내 아버지께서 영광을 받으실 것이요 너희는 내 제자가 되리라 아버지께서 나를 사랑하신 것같이 나도 너희를 사랑하였으니 나의 사랑 안에 거하라

역설법

역설이란 유머나 풍자(sarcasm)를 위해 실제로 말하고 있는 것과는 명백히 다른 — 때로는 정반대인 — 어떤 것을 암시하는 방법이다. 갈라디아서 4 : 18에서, 바울은 이 비유를 이용한다. "그들이 좋은 동기로 여러분에게 열성을 보인다면 얼마나 좋겠습니까? 내가 여러분과 함께 있을 때뿐만 아니라 언제나 그랬으면 좋겠습니다." 실제 역사적 상황은 갈라디아 신자들이 바울에게 다른 복음(율법주의)을 믿으며 그를 적대시하고 있을 때의 일이다.

의인법

이것은 생명이 없는 물체나 추상적인 것에 생명이나 인간적 특성을 귀속시키는 방법이다.

색크빌(Thomas Sackville)은 노력에 대한 묘사를 할 때 이 비유적 표현을 사용한다.

그는 곱사였으며, 이빨이 흔들거렸으며, 눈이 잘 안 보였고, 3피트 걸어가다가, 어떤 때는 4피트 기어갔고, 양쪽 다리는 덜거덕거리는 절름발이였으며, 뼈는 낡아 빠지고…… 그의 시들시들한 주먹은 여전히 죽음의 문을 두드리고 있다.

다음은 성경의 의인법에 대한 예문들이다.

욕심이 잉태한즉 죄를 낳고 죄가 장성한즉 사망을 낳느니라(약 1 : 15).

다시 기도하니 하늘이 비를 주고 땅이 열매를 맺었느니라(약 5 : 18).

지혜가 그의 집을 짓고 일곱 기둥을 다듬고 짐승을 잡으며 포도주를 혼합하여 상을 갖추고 자기의 여종을 보내어 성중 높은 곳에서 불러 이르기를(잠 9 : 1-3).

돈호법

돈호법은 의인법과 밀접한 관련이 있다. 이것은 자기가 말하고 있는 청중과는 상관없이 어떤 사람, 사물, 추상적 생각, 혹은 가공의 물체를 의인화시켜서 갑자기 이름을 불러 말을 거는 방향 전환이라고 정의할 수 있다. 이 비유적 표현에 대한 예문을 호세아 13 : 14과 고린도전서 15 : 15에서 찾아볼 수 있다.

사망아, 네 재앙이 어디 있느냐? 음부야, 네 멸망이 어디 있느냐? 사망아, 너의 이기는 것이 어디 있느냐? 사망아, 너의 쏘는 것이 어디 있느냐?

과장법

이 비유는 공상적인 과장을 이용한다. 이것은 의도적으로 거짓말을 하려는 것이 아니라 인상을 강하게 하기 위해서 어떤 상황이나 진술을 강조하려고 하는 것이다. 과장법은 "온몸이 귀가 되어 듣고 있다." 혹은 "너무 오싹하여 내 몸이 갈기갈기 찢겨진다."와 같은 속어적 표현에도 이용된다. 예를 더 들어 보면, 리어 왕이 흥분해서 다음과 같이 말하고 있는 것에서도 과장법이 나타난다.

내게 너 같은 혀와 눈이 있다면 창공을 찢어 놓으련만…….

바울 역시 자기의 서한문에서 과장법을 이용하고 있다.

내가 인간의 여러 언어를 말하고 천사의 말까지 한다 하더라도……(고전 13 : 1, 공동번역).

……내가 너희에게 증언하노니 너희가 할 수만 있었더라면 너희의 눈이라도 빼어 나에게 주었으리라(갈 4 : 15 ; 개역개정).

수사의문

수사의문을 사용할 때, 작가나 연사는 대답을 기대하지 않고서 어떤 질문을 던진다. 이 수사법은 독자나 청중의 주의를 끌기 위해서 이용된다. 이것은 너무 평범한 비유법이기 때문에 여기에 자세하게 다루지 않고 예문 하나면 족할 것이다.

그리스도께서 어찌 나뉘었느냐 바울이 너희를 위하여 십자가에 못 박혔으며 바울의 이름으로 너희가 세례를 받았느냐(고전 1 : 13).

대조법

대조법은 흔히 병행 구조를 통해서 어떤 관념들을 강하게 대조시키는 것이라고 정의할 수 있다. 이 대조법의 예문 중에서 가장 낯익은 것은 시편 1 : 6에 나오는 구절이다.

무릇 의인들의 길은 여호와께서 인정하시나 악인들의 길은 망하리로다

곡언법

곡언법은 과장법과는 반대로 역설의 형식을 취하면서 은근히 표현하는 수사법인데, 부정적인 말로써 어떤 개념을 표현하기도 하며, 또는 반의어를 써서 강한 긍정법을 나타내는 표현법이다. 어떤 사람이 "뎀프시는 성질이 고약한 용사는 아니었지." 혹은 "소크라테스는 형편없는 선생은 아니야."라고 말한다면, 그는 곡언법을 적용하고 있는 것이다. 베울프(Beowulf)는 "나는 많은 맹세를 부당하게 하지 않는다."라고 말함으로써 이 표현법을 이용했다. 즉, 그는 맹세를 할

때 정직했으며, 결코 서약 하나라도 깨뜨리지 않았다는 것을 의미하려고 했다. 바울은 갈라디아서 5 : 10에서 곡언법을 사용했다.

> 나는 너희가 아무 다른 마음을 품지 아니할 줄을 주 안에서 확신하노라……

환유법

환유법은 어떤 용어와 밀접한 관련이 있거나 그것에 의해 암시되는 용어로 표현하는 수사법을 말한다. 예를 들면, 먹을 것을 '접시', 고용자와 노동자를 '자본'과 '노동'으로 대치하는 것과 같다. 신약에서 '할례'라는 용어가 '유태인' 대신에 자주 쓰이는데, 예를 든다면, "할례자도 믿음으로 말미암아…… 의롭다 하실 하나님은 한 분이시니라"(롬 3 : 30) 같은 구절에서 '무할례'라는 용어는 '이방인' 대신에 쓰였다. 바울은 갈라디아서 3 : 19에서 그리스도를 상징하는 말을 '씨'라는 말로 쓴다.

대유법

환유법과 매우 밀접한 관계가 있는 대유법은 어떤 것의 일부를 가지고 전체를 의미할 때('먹여 살려야 하는 입들', '앞바다에 있는 돛', '육십 명의 손들을 고용하고 있는 농장')나 전체를 가지고 부분을 의미할 때(어떤 사람이 "미네소타가 이겼다."라고 말하면, 이것은 미네소타주에서 온 팀이 이겼다는 것을 의미한다. "데이비스컵 시합에서 영국이 미국과 대전한다."라고 말할 때도, 이것은 두 나라에서 온 대표팀이 대전하게 된다는 뜻이다.) 쓰이는 비유법이다. 야고보가 뿔뿔이 흩어져 있는 열두 종족에게 "죄인들아 손을 깨끗이 하라 두 마음을 품은 자들아 마음을 성결하게 하라"(약 4 : 8)라고 말했을 때, 인간을 상징하기 위해서 '손'과 '마음'을 썼다는 것은 너무나 명백한 일이다. 같은 비유법이 갈라디아서 1 : 16에서 사용되는데, 바울은 "내가 곧 살과 피에게 의논하지 아니하고……"라고 썼다(역자주, 여기에서 '살과 피'는 '혈육'을 의미하며, 일상적으로는 '육체'나 '육친', '인간성' 등을 의미한다).

나는 또다른 비유적 표현들이 더 있다는 것을 인정한다. 그러나 그중의 어떤 것들은 웅변술을 배우는 학생들에게는 유용할지 모르지만 성경에는 자주 쓰이는 것이 아니다. 게다가 어떤 수사적 표현들은 용례나 의미에 있어서 앞에서 열거한 것들과 매우 유사해서 따로 그것들을 논의할 필요가 없으리라고 생각한다.

연구노트

이 비유적 표현들 중 일부는 성경의 각 곳에서 찾아볼 수 있고, 또한 우리는 이 수사적 표현법을 다른 성경연구 방법과 더불어 사용할 수 있을 것이다.

그러나 성경의 일부 책들은 비유적 표현 어귀들을 풍부하게 가지고 있어서 이 방법을 그 책 전부에 적용시켜 연구할 수도 있다. 비유적 언어는 히브리 시의 특징이기 때문에 욥기, 시편, 잠언, 전도서, 아가, 예레미야애가와 같은 구약의 시, 문서 중 어느 것을 이 방법으로 연구한다 해도 도움이 될 것이다. 대부분 예언자들의 메시지는 풍부한 비유적 언어가 많은데 이는 하나님의 사람들이 그들 주변에서 하나님을 알지 못하는 사람들과 사악한 백성들에 대한 책망의 언어를 강경하게 하기 때문이다.

복음서의 설교 부분 역시 수사학적 탐구의 좋은 재료가 될 수 있다. 이는 예수께서 완전한 스승으로서 당신의 말씀을 전해 줄 때 많은 예시와 비유적 언어를 사용하고 있기 때문이다.

바울 역시 능력 있는 스승이요, 설교자였다. 대부분 그의 서신들이 비유적 표현들을 풍부하게 구사하고 있지만, 특별히 갈라디아서, 고린도전·후서 등과 같이 어떤 특수 문제를 다루고 있는 서신들은 한층 더 자신의 위대한 수사적 표현을 적용시키고 있다. 마지막으로, 많은 신약서 중에서 유대적 혹은 동양적인 운치가 풍만한 야고보서도 많은 수사적 방법들을 사용하고 있음을 지적해야겠다.

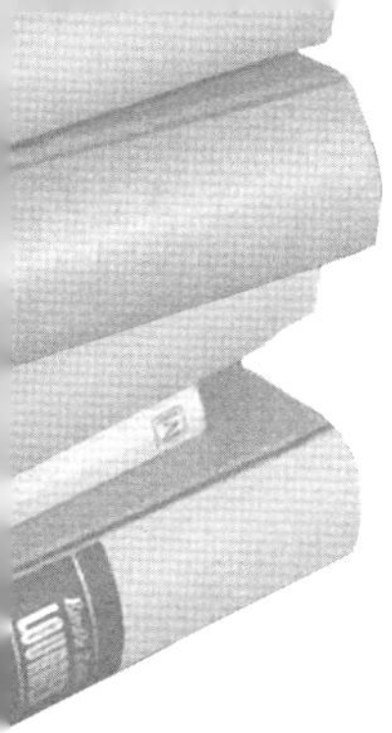

11 지리학적 방법

'지리학'이라는 말은 '땅에 대한 기술'을 의미하는 두 마디의 희랍어에서 나왔다. 이 용어에 대한 기본적인 정의가 지질학의 정의와 너무 비슷하기 때문에 지리학의 범위를 좀더 분명히 해야 할 필요가 있다. 지리학은 지표면의 물리적 특징과 현상들, 그 위에 살고 있는 생물들 — 특히 인간 — 그리고 인류의 정치적 구획에 대한 체계적인 학문이라고 말할 수 있다.

과학자들은 지리학을 다음과 같이 세분하고 있다. 수리 지리학(땅의 면적, 형태, 이동을 다룬다.), 자연 지리학(지각의 지형을 다룬다.), 생물 지리학(지구 표면에 살고 있는 생물들의 분포를 다룬다.), 인문 지리학(지리적 환경조건에 따른 인간의 분포를 다룬다.)으로 말이다. 여기에서 우리는 지리학이 천문학, 응용수학, 물리학, 지질학, 인류학을 혼합한 종합과학이라는 것을 쉽게 알 수 있다. 수리 지리학은 성경과는 거의 관계가 없는 문제를 다루고 있고, 생물 지리학은 성경연구의 "과학적 방법"이라는 장에서 논의할 대상을 다루고 있기 때문에 이 두 분야에 대한 지리학적 방법은 현재 이 장에서는 다루어지지 않을 것이다. 독자들의 이해를 돕기 위해 이 장에서는 비전문 용어를 사용하겠다.

우리가 논의하고 있는 범위에 속하는 지리학의 분야를 간단하게 살펴보면 다음과 같다.

1. 육지 : 위치, 크기, 높이, 천연자원, 강우량, 토질, 정치적, 자연적 경계
2. 도시와 그 위치
3. 수역 : 호수, 강, 바다
4. 육지에 사는 인간들의 존재와 그 인간들에 대한 지리의 영향

성경연구의 지리학적 방법은 성경의 모든 책이나 그 일부와 관련해서 성경상 어떤 인물의 생애에 대한 배경으로서나 성경의 설화에 대한 맥락의 연구로서, 혹은 성경에 언급된 어떤 나라를 고찰하는 데 쓰이고 있다. 이들 중 어느 작업을 시작할지라도 주어진 텍스트가 허락하는 범위 안에서 아래 조항에 대한 체크를 해 보는 것도 유익하리라고 본다.

1. 나라 : 경계선과 위치
2. 관찰하고자 하는 지역의 지형 : 강, 산맥, 호수, 대략적인 높낮이, 그리고 그곳의 설화에 대해서 어떤 중요한 관찰을 할 수 있으며, 성경의 다른 구절에서 이름 붙여진 강과 산들이 있는가?
3. 도시 : 위치가 어디이며, 높이(해발)는 얼마나 되는가? 성경의 다른 곳에서도 언급되었는가? 만약 그렇다면 어떤 관계가 있는가?
4. 이 사건이 다른 곳에서가 아니고 이런 지리적 조건하에서 일어났다는 것이 왜 중요한 의미를 갖는가?
5. 거기에서 발견할 수 있는 동물과 식물의 종류로 인하여 이 지리적 영역에 대해서 무엇을 말할 수 있는가?
6. 지리적 술어 중에서 상징적인 것처럼 보이는 것은 없나? 예를 들면,

예언서 속에서 산은 가끔 통치자나 권위를 상징하고 있다.

7. 지리나 역사나 성경적 설화나 기본적인 경제 문제가 그 지역의 주민이나 생계, 식량, 복장, 인생관, 수송, 건축자재, 필기도구, 국가 및 국제관계, 전쟁의 발생 빈도 등에 미치는 영향은 무엇인가?

예 시

예문으로써 모세의 탄생 사건과 그의 생애 중 앞 부분의 40년간에 대한 지리적 맥락을 살펴보기로 하자. 여기서의 관찰은 출애굽기 1 : 1~2 : 15로 제한한다. 첫 단계는 현재 살피고 있는 구절 중에서 지리학적 연구에 다소 관련이 있는 모든 것들을 표로 만들어 보는 일이다. 이 목록은 다음과 같다.

애굽, 국고성 비돔과 라암셋, 회반죽과 벽돌 굽기, 농사의 여러 가지 일, 강, 지초(파피루스), 점액, 역청, 강가의 갈대, 모래, 이러한 지리학적 목록들을 앞에서 상술했던 개요에 기초하여 설명을 계속하자.

1. 이집트는 아프리카 대륙 북동쪽 구석에 위치한다. 북쪽으로는 지중해, 서쪽으로는 리비아 사막, 남쪽으로는 누비아(수단), 동쪽으로는 홍해와 시내 반도와 경계를 이루고 있다.
2. 이 지역의 지형은 텍스트에 나타난 세 가지 용어, 즉 강, 모래, 그리고 평야에 의해서 암시되고 있다. 이 강은 나일 강이고 모래는 대사막을 말해 주며, 평야라고 말하는 것은 모든 지역이 온통 사막이 아니라 충분한 양의 경작지가 있음을 가리킨다. 어떤 사람은 "이집트는 곧 나일 강이다."라고 할 만큼 나일 강의 위치는 대단한 것이다. 만약 이디오피아 고원에서 흘러나오는 나일 강이 없다면 북아프리카의 이 지역은 황폐한 사막에 불과할 것이다.

   애스완 댐이 완성된 1902년 이전, 나일 강은 해마다 범람해서 기름진 토양을 축적시켰으며 목마른 땅을 축축히 적셔 주었다. 보통 때 이 강은 관개의 가축과 인간의 필요를 위한 물을 공급해 주었다. 더구나 강 하구에는 침적토가 쌓여서 그 유명한 이집트 델타 지역을 만들었다. 가장 기름진 농경지가 여기에서 발견되었다는 것도 당연한 일이다. 이스라엘 사람들의 정착이 허용되었던 곳이 바로 이 고센 땅이라고 알려진 지역인데 델타 지역의 동쪽에 있다. 나일 강을 따라서 이 델타의 서쪽에는 약 9마일에서 30마일까지 폭이 변하는 리본 모양의 녹색지대가 펼쳐 있다. 그리고 이집트의 나머지 지역은 (몇 개의 오아시스를 제외하고) 1년에 1인치에도 못 미치는 강우량을 가진 사막뿐이다. 비록 출애굽기에서 언급하지는 않았지만 애굽에는 산들도 있다. 주로 홍해 해안을 따라서 위치하는데 이 산들은 거의 6,000피트 높이에 달한다.

3. 출애굽기 구절에서는 3개의 도시(비돔과 라암셋)가 언급되고 있다. 이 도시들은 이스라엘 백성들이 그 당시에 살고 있었던 델타 지역에 위치한다. 또한 라암셋을 힉소스(Hyksos)의 수도인 테니스(Tanis)로 동일시하는 것이 가장 타당한 근거를 가지고 있다. 애굽의 주요 도시인 멤피스와 테베는 델타 지역의 남쪽에 위치하고 있는데, 본문 중에는 나타나지 않고 있다. 그러나 그 도시들은 성경의 다른 곳에서도 많이 언급되고 있다.
4. 이 사건들이 아래와 같은 지리적 조건하에서 일어났다는 사실이 중요한데, 그 이유를 다음과 같이 설명할 수 있겠다.
   (1) 근동 지역의 많은 사람들이 굶주리고 있는 데 비해 이스라엘 사람들은 애굽 정부에 대한 어떤 희생이나 비용도 지불하지 않고 풍요로운 이 나라, 그것도 가장 기름진 곳에서 살게끔 허락 받았다는 사실에서 하나님의 섭리가 작용하고 있음을 알 수 있다.
   (2) 만약 히브리인들이 그 당시에 팔레스타인 지역이나 애굽의 다른 어떤 곳에 살고 있었다면, 애굽인들은 그들에 대하여 이토록 심한 통제를 가하지는 않았을 것이다.
   (3) 광야에서 아론이 세웠던 송아지 제단이 증명해 주듯이 애굽인의 소에 대한 숭배가 유대인을 핍박하게 했다.
   (4) 하나님은 근동에 있었던 어떤 약한 나라 중의 하나를 다루지 아니하시고, 그 당시 최강국 애굽에 대하여 당신의 힘을 증명하심으로써 보다 큰 영광을 얻을 수 있었다.
   (5) 모세는 매우 탁월한 교육을 받을 수 있었는데, 이것이 자기 민족의

지도자로서(행 7 : 22), 그리고 모세오경의 저자로서 그의 임무를 수행하는 데 도움이 되었다.

(6) 히브리 사람들이 노예로 있으면서 져야 할 짐에는 다른 어떤 지역에서도 볼 수 없는 특별한 어려움이 따랐다. 진흙 벽돌로 건물을 짓는 일은 강우량이 1년에 평균 25인치 정도인 팔레스타인 같은 곳에서는 쉬운 일이 아니었다. 게다가 그들의 작업 중에 관개용 수로를 파는 일이 있었는데, 이는 히브리인들의 그 비참했던 생활을 확실하게 볼 수 있게 해 준다. 왜냐하면 바람 한 점 불지 않는 도랑 속에서 노동을 할 때, 그 뜨거운 애굽의 햇빛을 그대로 쪼일 수밖에 없었지 않았는가? 그래서 그들이 대부분의 시간 동안 물속에서 있었을 것은 의심할 여지도 없는 일이다. 강제 중노동을 당할 때 참아야 했던 심한 고통은 말할 나위도 없고, 쉬고 있을 때도 어떤 계절에는 이 델타 지역의 습기와 열기를 거의 참을 수 없을 정도였다.

5. 지초(Bulrush)와 같은 갈대는 현재 우리가 살피고 있는 부분에서 언급되는 유일한 애굽 식물이다. 그리고 그것들은 이 지역의 지리에 대해서 약간의 특별한 시사가 된다. '지초'는 히브리 말의 번역 명칭인데, 이것은 습지에서 대개 10~15피트의 높이까지 자라는 일종의 갈대인 파피루스와 같은 것이다. 이것은 모세를 위해서 만들어진 상자 — 출애굽기에 나오는 점액(slime)과 역청(pitch)은 아스팔트를 말하는데, 아마 이것은 사해 지역으로부터 수입된 것 같다 — 와 같이 강가의 거룻배를 만들 때 자주 사용되었다. '갈대'(flag)는 나일 강 습지대에서 자라던 또 하나의 애굽산 갈대이다.

6. 현재 연구하고 있는 구절에 나오는 용어들 중 어느 것도 상징적인 것은 없는 듯하다. 우리는 이제 이 지리적 방법을 설명하기 위해서 제시했던 마지막 질문에 도달하게 되었다. 이 질문이란 지리가 이 지역에 관한 설화나 주민들에게 끼치는 영향이 무엇인가라는 것이다. 이 역사적 설화의 진행은 히브리인들의 지역은 가장 기름진 농경지이며, 이집트가 탐하고 있는 지역에서 살고 있었다는 사실 때문에 지리에 많은 영향을 받는다. 그리고 경작지는 일종의 프리미엄(premium)이 붙어 있기 때문에, 애굽 사람들은 이 지역의 많은 부분이 이방인의 수중에 들어가는 것에 대해서 불안해 하고 있었을 것이다. 더구나

격증해 가는 외국적 요인들은 민족 통치와 원주민의 전통의 영속화에 어떤 위협이 되었던 것이다.

이러한 지리적 조건들이 히브리인들로 하여금 그러한 역경을 당하지 않으면 안 되게 했던 것이다. 이 지역의 천연자원은 많지 않았으며, 나일 강은 경작에 많은 도움을 주었다. 그래서 사람들은 대개 농업에 종사하게 되었다.

또한 강우량이 적었기 때문에 햇빛에 말린 벽돌이 건축자재로써 사용이 가능했다. 점착성이 많은 진흙이 나일 강 연안에 풍부하게 있었으며 애굽의 다른 지역에도 많았다. 석재가 사원, 궁전, 공공건물을 짓는 데 사용되었음에 비해 도시, 성벽, 요새, 사원의 울타리, 작은 건물들은 진흙 벽돌로 만들어졌다. 그리고 이러한 지형은 그들이 사용했던 필기재료들이 형태를 결정할 수밖에 없었으며(나일 강변에서 무한정하게 파피루스를 입수할 수 있었다.), 또한 그들이 입었던 의복의 형태(목화와 아마는 그런 토양의 산물이었다.)와 이 지역의 정치적 통합에도 영향을 끼쳤다. 이 강은 첫 번째 폭포의 북쪽으로는 천연적인 장벽이 거의 없을 만큼 나일 강 유역 전체의 통합을 유리하게 했다.

연구노트

성경연구의 지리학적 방법에는 수많은 접근법을 취할 수 있을 것이다. 이 방법을 위해서 성경 전부나 각 책의 일부분이 하나의 연구 단위로써 선택될 수 있다. 룻기, 요나, 여호수아는 흥미 있는 연구 대상이 된다. 한편, 훨씬 광범위한 지리학적 자료를 싣고 있는 책들은 예레미야 46~51장, 이사야 13~23장과 에스겔 25~32, 35, 38~39장을 들 수 있는데, 후자는 예언자들의 경고나 심판의 선언을 무시하는 민족들에 관해서 이야기하고 있다.

둘째로 우리는 성경에 언급된 많은 나라들의 지리에 대해서 연구할 수 있다. 이런 나라의 목록을 작성해 본다면 페르시아, 바벨론, 로마, 희랍, 앗시리아, 애굽과 같은 대국들과 모압이나 에돔 등과 같은 작은 나라들도 있다.

셋째로 성경 지리를 이 관점에서 연구할 때, 우리는 유익한 정보를 많이 얻을 수 있는데 즉 예수, 아브라함, 이삭, 엘리야, 삼손, 아합, 예후의 생애에 대한 이야기는 그들의 지리적인 거주지가 완전히 탐구된다면 이제까지 알지 못했던 새로운 의미를 가져다줄 것이다.

넷째로 많은 성경 설화들은 그것에 대한 지리적 배경이 밝혀졌을 때 이전보다 훨씬 잘 이해될 수 있으며, 더 생생하게 마음에 그려질 수 있을 것이다. 우리는 다음과 같은 사실들을 이 범주 속에 집어넣을 수 있겠다. 즉, 이스라엘 백성들의 광야에서의 방황, 바울의 세 번에 걸친 전도여행이나 로마로의 항해를 설명하는 것, 히브리인의 팔레스타인 정복, 창세기 14장에 나오는 아브라함의 군대 행진, 사울로부터 도망해 오는 다윗의 방황, 왕이 된 후의 다윗의 정복 사업, 드보라와 바락의 군사적 모험 등이다.

우리는 또한 수많은 특별 연구를 시도해 볼 수 있을 것이다. 학생들은 열왕기상 9 : 10~28에 나오는 영광스러운 솔로몬 통치의 지리적 특성에 관해서 연구해 갈 때 틀림없이 기쁨을 맛볼 것이다. 그리고 느보 산, 시내 산, 아라랏 산, 호르 산, 갈보아 산, 모리아 산, 감람 산과 같은 위대한 산의 의미를 진지하게 탐구해 봄으로써 깊은 영적 축복을 받게 되리라 믿는다. 성경상의 위대한 강들과 그들의 성경 설화와의 관계도 또한 가치 있는 연구 주제가 되어야 한다. 나일 강, 티그리스 강, 유프라테스 강, 요단 강, 아바나(Abana) 강, 바르발(Pharpar) 강 등도 이 목록에 넣어 연구할 수 있을 것이다.

12

사회학적 방법

'사회학'이란 '사회에 대한 과학적 연구'라고 할 수 있는데, 이는 집단행동 및 인간의 모든 상호관계를 취급한다. 사회 그 자체가 방대하고 복잡한 만큼 사회과학은 그 범위가 상당히 방대하다. 그렇지만 사회심리학, 사회학적 사상의 학파들, 사회 사상사와 같은 특수 분야를 이 사회학 범주에서 제외함으로써 일반 사회학의 전 분야는 손쉽게 조직화시킬 수 있으리라고 본다. 모든 사회제도와 관계의 기본은 '가족'이라는 것이다.

그러므로 이 가족에 대한 연구는 생물학적 필요성, 소가족제도와 대가족제도가 사회에 미친 영향, 여성의 지위, 가족의 제 기능과 같은 제목 아래서 고찰해 볼 수 있다. 즉, 가족의 기능으로써 첫째, 성생활의 충족과 생식에 대한 사회적 통제, 둘째, 어린이들의 보호와 사회화(유전과 환경은 여기서 살펴보아야 한다.), 셋째, 경제적 협동, 넷째, 동료의식과 애정 등의 4가지 제목으로 나누어 관찰해 보는 것이다.

다음에 우리는 공동체의 조직 및 그 관계를 다루게 되는데, 왜냐하면 공동체란 단지 많은 가족들의 결합에 불과하기 때문이다. 여기서 우리는 공동체의 연합, 가난한 자, 병든 자, 무능력자, 범죄자를 위한 공동체의 관심, 공동체 조직의 제 형태 등 제반 문제와 관련하여 논의하려고 한다. 공동체는 다음과 같이 분류할 수 있다. 정치적으로는 조직적 혹은 비조직적, 국가적 혹은 민족적 혹은 국제적 등, 경제적으로는 농업, 상업, 공업 사회 등, 종교적으로는 종교적 이유로 집단생활을 하는 사람들, 즉 예를 들면 수도원 등, 교육적으로는 대학이나 전문학교 등이다.

사회학적 연구의 세 번째 범주는 사회제도로써 정부의 제 영역에 관한 것이다. 여기서 다루는 주제는 정부와 국민과의 관계, 정부의 사법 활동에 관한 탐구, 정부의 제 형태에 대한 정의(단일정부, 연방정부, 연합정부) 등이다. 단일정부 형태에서의 중앙정부 관리들은 지방관리에 대해서 법적 통제를 행사할 수 있다. 한편, 연합정부(confederation) 형태에서 주 정부는 어느 정도 자율성을 가지고, 연합정부 관리의 지나친 통제로부터 보호를 받고 있으며, 여기서는 대의정치 체계를 유지하고 있다. 연합정부는 단일정부 조직과는 반대가 되는데, 지방정부는 일정의 협정에 의해서 세워진 비교적 미약한 중앙정부에 대한 통제력을 행사한다.

커뮤니케이션과 분배는 사회학적 탐구의 또다른 한 분야가 된다. 여행의 제 형태와 속도, 상품의 분배나 불공평한 배분과 그것이 사회에 미치는 영향, 커뮤니케이션 속도와 특성, 뉴스나 선전방법에 대한 통제 등은 모두 여기에 포함시켜 연구해 볼 수 있다. 이런 점에서 기본적 선전수단에 대한 목록을 작성해 보는 것도 가치 있는 일이 될 것이다.

1. 험담(namecalling) : 당신의 적에 대한 당신의 뜻을 알리려고 애쓸 필요가 없이, 많은 사람들이 그에게 적의를 품고 있다는 식의 이름을

붙인다.
2. 구실 좋은 일반성(glittering generalities) : 당신의 동의를 얻기 위해서 애매한 용어나 과장된 언어를 쓴다.
3. 위망 : 어떤 생산품을 팔 때나 어떤 취지를 전달할 때 주요 인사의 추천장을 사용한다.
4. 협잡(card stacking) : 어떤 지위를 확보하기 위하여 사실을 왜곡시킨다.
5. 악대차 수법 : 대중들에게 어떤 것의 유행을 호소한다.

사회학적 연구의 다섯 번째 분야는 다음 같은 것을 포함한다. 상품, 즉 소비 및 상품 구매를 가능하게 하는 소득의 배분, 재산, 즉 사유 재산인가, 국가 재산인가, 그리고 동산과 부동산에 대해서 국가는 얼마나 보호해 주고 있는가 하는 점, 생산, 즉 용역, 천연자원, 자본재, 자유 민간기업, 즉 이익과 경쟁의 역할, 기업에 대한 정부의 통제나 제한 등이다.

사회학은 또한 노동과 경영관계에 대해서도 관심을 갖는다. 여기에는 왜 노동자들이 고용되며 해고되는가에 대한 문제, 여러 종류의 근로 노동자가 필요한 이유, 고용주와 피고용인들 사이에 발생하는 알력의 원인, 그리고 이러한 문제를 해결하는 방법 등이 포함된다.

사회학적 연구의 일곱 번째 범주는 인종과 인종적 편견에 관한 문제이다. 여기서의 연구는 주요 인종들 사이에 발생하는 갈등의 영역과 국민적 감정의 충돌 등이 포함된다.

마지막 사회학적 분류에는 종교, 교육, 레크리에이션, 그리고 예술과 같은 풍요로운 삶을 가져오는 사회적 제 관계가 포함된다. 종교가 개인과 사회에 주는 이득과 종교 때문에 생기는 갈등, 사회에 봉사할 수 있는 능력을 키워 주며 사회에 생계를 꾸려 가도록 도와주는 등 하나의 적응수단으로서 교육의 가치, 건전한 성품을 개발시켜 주며 많은 사람들에게 즐거움을 가져다주는 레크리에이션과 예술, 이 분야는 사회학의 연구를 위해서 중요한 위치를 차지하고 있다.

성경에 나타난 이러한 사회학적 언급들의 적용 문제를 길게 논의할 필요는 없다. 아담의 타락 이래 인간은 본질적으로 다를 바가 없다. 성경상의 인물들과 사회집단도 현대 사회가 직면한 것과 같은 갈등과 문제들을 가지고 있었다. 그러나 중요한 차이점은 기술의 발전이 이와 같은 논쟁의 영역을 수량적으로 증가시켜 왔으며, 그 해결방법에 있어서도 발전, 변화되어 왔던 것이다.

그러므로 학생들은 오늘날의 상황과 관점에서 능히 구약과 신약시대에 관한 사회학적 문제들을 평가할 수 있을 것이다. 그리고 자신의 경험과 이 장에서 제시된 주제에 관한 간략한 개요를 이용해서 성경의 주어진 부분에 대한 사회학적 분석을 조직화시킬 수 있어야 할 것이다. 이 방법을 조금 더 명확하게 하기 위해서 하나의 예시로써 룻기의 사회학적 해설을 하고, 학생들이 연구에 이용할 수 있도록 연구계획 리스트를 작성해 보고자 한다. 아마 이러한 제언들을 주의 깊게 읽어 봄으로써 이 방법이 성경연구에 광범위하게 이용될 수 있음을 알게 될 것이다.

예 시

사회과학들의 일반적이며 세속적인 해석에서는 그 연구방법이 수평적이다. 즉, 제 관계는 오직 한 면, 인간에게서만 고찰된다. 기독교적인 해석은 이와는 달리 수직적 혹은 피라미드 모양으로 고찰되어야 한다. 즉, 개인 혹은 집단과 그들의 환경과의 제 관계가 정확하게 평가되어야 할 뿐 아니라, 하나님과의 관계가 고려되어야 한다.

룻기에 대한 사회학적 해석에서도 마찬가지이다. 나오미는 그 이야기의 첫 부분에 나오는 자기 가족의 상황을 하나님의 개입으로 생각하고 있다. 그녀는 "여호와의 손이 나를 치셨으므로"(1 : 13, 20-21), 그 결과 자기 남편과 두 아들이 죽었다고 말했다. 그래서 그녀는 두 며느리에게 권하여 여호와께서 그들을 돌봐 주었던 고향 모압으로 되돌아갈 것을 이른다(1 : 8). 인간들 사이에서 하나님의 활동에 대한 언급이 그 책 전체에 나타나고 있는데, 심지어 4장 뒷부분에서는 '오벳'이라는 룻의 아들이 하나님이 주신 선물이었다고 고백한다.

우리가 룻기에 나오는 '가족'이라는 주제를 공부하게 되면 출산이라는 것이 이스라엘 사람들에게는 으뜸가는 관심사였다는 사실을 이해하게 된다. 즉, 자신의 이름을 영속시키고 유산을 차지할 자녀 갖기를 간절히 소망하고 있었다(4 : 5, 10 - 11). 어떤 사람의 가계를 확실하게 영속시키기 위해서 하나의 교묘한 규정이 율법 속에 만들어져 있다. 즉, 이것은 '수혼'이라고 불렸는데, '시동생'을 의미하는 'levir'라는 라틴어에서 만들어졌다. 신명기 25 : 5~10은 이 신성한 제도를 구체적으로 표현하고 있다.

> 여러 형제가 함께 살다가 그중의 하나가 아들 없이 죽었을 경우에 그 남은 과부는 일가 아닌 남과 결혼하지 못한다. 시동생이 그를 아내로 맞아 같이 살아서 시동생으로서의 의무를 감당해야 한다. 그래서 난 첫아들은 죽은 형의 이름을 이어받아 그의 이름을 이스라엘 가운데서 사라지지 않게 해야 한다. 그런데 만일 그 사람이 형수를 아내로 맞지 않으려 할 경우에는 형수는 성문제로 장로들에게 올라가서 이렇게 호소해야 한다. "나의 시동생이 형의 이름을 이스라엘 가운데서 이어가게 할 생각이 없습니다. 시동생으로서의 의무를 이행하려고 하지 않습니다." 그 성읍의 장로들이 그를 불러다가 타일러도 굽히지 않고 그를 아내로 맞고 싶지 않다고 하거든, 형수가

장로들 면전에서 그에게 다가서서 그의 발에서 신을 벗기고 얼굴에 침을 뱉으며 욕해 주어라. 제 형의 가문을 이어 주지 않는 사람은 이 꼴이 되어라. 그 후로 이스라엘 가운데서 그는 '신 벗긴 집안'이라는 별명으로 통할 것이다(공동번역).

남편의 형제가 이미 가정을 갖게 되었을 때에는 그 다음으로 가까운 친족이 이 결혼의 의무를 이행할 자격을 가지게 되곤 하였다. 룻기 1 : 9과 3 : 1에서 말하는 '안식할 곳'(평안함)이라는 말은 근족 편에서의 이와 같은 약속의 이행과 관련이 있다는 의미가 된다. 이 혈족의 남자는 약속의 이행으로 인해 여자 편의 재산에 대한 법적인 보호를 받을 뿐만 아니라 가족을 지속시켜야 할 책임도 떠맡게 되는 것이다. 이러한 혈족 약속이행에 관한 문제는 룻기 2 : 20, 3 : 3, 9, 12~13, 그리고 4 : 1~10에 나와 있다.

이 문제와 밀접하게 관계가 있는 것은 히브리 사회에서 여성의 능력에 관한 문제이다. 그들이 존경 받았으며 매우 후한 대우를 받았다는 것은 이 책의 전체적인 흐름으로 보아 명백한 사실이다. 과부들은 죽은 남편의 재산을 보유했다(4 : 3). 그러나 그런 재산에 대한 법적 권리는 영구하지 않았다. 그 이유는 과부들이 어떤 혈족 중 약속이행을 할 사람을 찾았을 때, 재산은 그 세대의 남자의 이름으로 남게 되기 때문이다. 그러나 이 책에는 여성들이 어떤 식으로든지 기만을 당했다거나 양식을 벗어난 취급을 받았다는 근거가 없다. 그리고 여러 가지 진술들이 여성은 남자들을 따라 밭에서 일했다는 것을 보여 준다. 2 : 3, 8~9, 21, 23 ; 3장에 묘사된 바에 의하면 남편 선택에 대해서도 어느 정도 발언권이 있었던 것 같다.

이제 논의를 공동사회 조직과 이해관계로 돌릴 때, 우리는 '룻기'라는 드라마의 무대가 베들레헴 근처와 그 안에서 설정된 것을 발견하게 될 것이다. 이 성읍이 협소하다는 것은 룻기 1 : 19에서 알 수 있는데, 그 구절에는 모든 읍민들이 나오미와 룻이 귀향했을 때 그들 둘레에 몰려왔다는 사실이 적혀 있다. 그리고 그 사회가 농경사회였다는 사실은 1 : 22에 나오는 보리 추수에 관한 언급과 룻기의 여러 곳에서의 추수장면으로부터 알 수 있다. 예수의 탄생에 대한 설명 부분은 그 지역에서 양떼를 지키는 목동을 언급하고 있기 때문에 우리는 이 지역이 농목사회였다는 것을 알 수 있을 것이다. 명백한 것은 롯의 시대에 사람들이 소돔으로 간 것처럼(창 19 : 1), 사업과 법적 집행은 성문 앞에서 이루어졌다는 것이다(룻 4 : 1ff). 기근이 공동생활에 끼치는 영향은 룻기 1 : 1에서 확실히 나타나는데, 그와 같은 큰 재해가 나오미와 그의 가족이 10년 전에 베들레헴을 떠나게 되는 원인이 되었던 것 같다. 가난한 자들에 대한 그 공동사회의 대비책은 수확하는 시기에 밭에다 이삭을 남겨 두는 것이다(레 23 : 22). 룻은 그녀 자신과 시어머니를 위한 식량 확보수단으로써 이것을 이용했다(2 : 2).

사회학적 연구의 세 번째 범주는 하나의 사회제도로서의 정부 통치에 관계된다. 이 주제에 대해서는 룻기로부터 많은 것을 알 수 없지만, 룻기 1 : 1은 이 설화가 사사들의 시대에 발생하고 있다는 사실을 언급하고 있다. 아마도 모든 사사들이 팔레스타인 전 지역을 통치하지는 않은 것처럼 보인다. 그들의 통치 사이에는 언제나 배교의 시기가 있었기 때문에 이 기간의 통치에 대해서는 여러 가지로 이야기할 수 있을 것이다. 특별히 힘이 있었던 지역에서의 사사들의 통치는 단일정부적 성격이 강했을 것이다. 반면 사사들의 통치 사이의 성격은 "모든 사람들은 그 자신의 눈에 옳은 것만 행했다."라는 구절에서 알 수 있듯이 무정부적이었다. 그러나 대체로 이스라엘 종족들은 그 당시 불완전한 사회 속에 살고 있었기 때문에 일종의 동맹상태였다고 이름 붙이는 것이 좋을 것 같다.

이제 재산, 생산, 개인기업의 문제로 들어가 보자. 텍스트에 나타난 대로 재산은 사유였으며, 정부 통제의 한도 내에서 각 개인들은 원하는 물건을 자유롭게 사고팔았다는 것은 명백하다. 그곳에서는 경제나 생산에 대한 통제가 전혀 없었으며 자유로운 개인기업, 즉 '자유방임주의'가 존재했다는 사실도 확실하다. 그러나 룻기에서는 언급되지 않았지만 재산 소유권, 노예 소유권, 토지의 사용에 대해서 제한이 있었다. 이에 대해서는 레위기 25장에 자세히 나와 있다. 여기에는 다음과 같은 구절들이 있다. 즉, 7년째 되는 해와 50년째 되는 해에는 토지를 경작치 말고, 이스라엘 노예들을 석방하라는 것이다. 히브리인들은 가나안 사람들을 노예로 만들어도 된다고 하나님으로부터 허락을 얻었지만, 동포 이스라엘 사람에 대해서는 영원히 멍에 상태로 있게 할 수는 없었다.

만약 어떤 히브리 사람이 빚 때문에 노예가 되었다면 그는 희년(50년 제)을 맞는 해에 자유의 몸이 될 수 있었다. 만약 어떤 사람이 어떤 이유로 가까운 친족이 아닌 어떤 사람에게 자기의 토지를 팔지 않을 수 없었을 때에도 그 토지의 소유권은 50년째 되는 해에 전 소유자에게로 되돌아갈 수 있다. 다시 말해서 히브리 사람이 어떤 토지를 샀을 경우, 이 토지는 실질적으로 49년을 넘지 않는 기간 동안만 차용형식으로 구입되는 것이다. 그리고 그가 그 재산을 사고 지불하는 가격은 희년의 시가에 따라서 결정되었다. 마지막으로, 생산수단은 손으로 하는 노동이었다는 것이 룻기에 명백하게 나와 있다.

경영과 노동관계에 대한 문제는 생산과 개인 기업이라는 주제와 매우 밀접한 관계가 있다. 룻기에 나타나는 노동의 종류는 농업이다. 노동자의 종류에는 구별이 있는 것 같은데, 그것으로 룻기 2 : 4에는 수확자(잠시 동안만 고용된 것 같음.)에 대한 언급이 있으며, 2 : 5에는 하인(사환, 상설보조자, 혹은 노예로서 공용된)이 등장하기도 한다. 경영과 노동의 관계는 정중한 것이었는데 다음에서 알 수 있다. 즉, 보아스와 그의 고용인들은 여호와의 이름으로 서로에게 인사했으며(2 : 4), 노동자들은 보아스에게 복종했으며(2 : 15 – 16), 보아스는 그들 곁에서 일했다(3 : 2).

이 장의 앞에 있는 개요에서 논의되었던 사회학의 마지막 분야는 삶을 풍부하게 만드는 여러 가지 사회제도에 관한 것이었다. 룻기에 관계되는 유일한 제도는 종교제도이다. 종교는 유태인의 세계관, 철학관, 인생관 전체에 스며들었다. 사회관계의 모든 국면을 하나님의 존재로 인하여 더욱 풍부하게 했다. 가족생활, 공동 사회생활, 노동과 경영관계 등 제반 인간 상호간의 문제는 하나님과 종교가 중심이라는 관점에서 조정되었다. 그리고 "이스라엘은 왕이 없고 모든 사람들은 자신의 눈에 옳은 일을 했다."라고 상술되는 그 시대의 사회에서 가장 결합력이 있는 요소는 바로 위와 같은 요인인 것을 알 수 있으리라.

연구주제 목록

첫째, 족장정치 사회의 가족제도를 연구하라. 둘째, 히브리 율법상의 사회부조 조항을 연구하라. 셋째, 죄악이 사회 제 관계에 미치는 영향과 특히 구약에서 이혼이 허용되었던 이유에 주목하라. 넷째, 성경에 나타난 각 사회에서의 여성의 지위로써 룻과 나오미, 에스더와 왕후 와스디, 빌립보의 루디아, 사라, 리브가, 미리암, 열 명의 처녀, 세베대의 아들들(요한, 야고보)의 어머니, 베드로의 장모, 삽비라, 빌라도의 아내, 브리스길라(아굴라의 아내), 로이스와 유니게 등을 주목하라. 다섯째, 에베소서 5 : 21~6 : 9과 골로새서 3 : 18~4 : 1에 나타난 사회적 제 관계를 살펴보라. 여섯째, 천년왕국의 날의 사회적 관계와 현재 상태를 비교해 보라. 이사야 35장과 로마서 8 : 22과 같은 구절을 참조하라. 일곱째, 이 장의 목록에 있는 선전수단의 관점에서 본 랍사게(사 36장, 왕하 18-19장, 대하 32장)의 위협에 대해 분석하라. 여덟째, 그들의 백성에 대한 상대적인 통제, 즉 다니엘서에 보이는 바벨론 사람과 페르시아 사람, 이스라엘 사람들과의 관계에서의 사사들과 다윗과 솔로몬, 출애굽기에 묘사된 백성들에 대한 애굽 사람들의 태도를 보라. 아홉째, 성경상의 노예제도, 애굽과 바벨론에서의 히브리 노예들, 에베소서, 골로새서, 빌레몬서 등에서 보이는 노예제도에 대한 바울의 태도 등의 문제에 대해서 고찰해 보라. 열째, 성경에 나오는 가난한 자들, 즉 히브리 사회에서의 빈자들에 대한 부조, 예루살렘 교회의 빈자들, 복음서에 나오는 팔레스타인 거지들, 그리고 가룟 유다의 피의 돈으로 구입한 토기장이의 밭을 살펴보라.

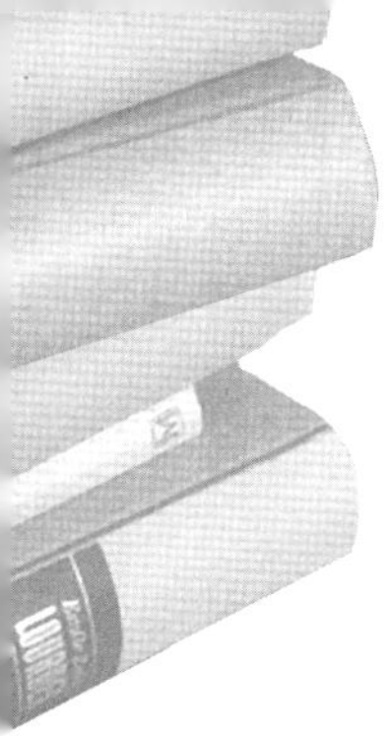

13
정치학적 방법

성경연구의 정치학적 방법은 성경에 언급된 민족들의 정치문제 처리에 관련된 문제들을 알아보려고 하는 방법이다.

근동지역의 정치제도들은 본질적으로 옛날부터 전제적이기 때문에 우리가 익히 알고 있는 현재 미국의 정치제도를 따라 체계화시켜 갈 수는 없는 일이다.

또한 정치학에 관한 우리의 논의가 고도로 전문적일 필요는 없다. 이 분야의 전문적 교육을 받지 않은 사람들에게도 이 성경연구 방법의 내용을 이해하고, 사용할 수 있게 해 주며, 그러면서도 어느 정도 이 책의 수준을 유지하기 위해서 이 연구분야에 관한 매우 간략한 계획을 그려 보겠다.

먼저 절차에 관한 개요를 만들었고, 그런 다음에는 개요의 요점에 대한 논의와 간략한 설명을 했으며, 그리고는 예증과 더 공부할 사람들을 위한 제언 등을 서술하고 있다.

개 요

Ⅰ. 정부의 제 형태
Ⅱ. 정치 철학
Ⅲ. 정치 지리
　A. 통치 구역　　B. 분할 통치
　C. 정치 중심지　　D. 지리가 정치에 미치는 영향
Ⅳ. 정치 지도자들
Ⅴ. 정치의 제 기능
　A. 제 민족론　　B. 국가 재정
　C. 전쟁과 국제관계　　D. 사법 업무
Ⅵ. 여러 종교집단과 정치 지도자들의 활동

개요에 대한 논의

정부의 제 형태

이 세상에는 여러 종류의 정부 조직이 있지만 기본적인 형태를 셋으로 나누어 볼 수 있다. 단일정부, 연방정부, 연합정부가 그것이다. 단일정부 형태에서는 중앙정부의 고급관리들이 하급 공무원들의 과실을 징계할 수 있다는 관점에서, 심지어는 그들을 그 직위로부터 해직시킬 정도로 지방 관청과 관리들에게 절대적인 통제력을 행사한다. 전제 군주정치와 독재정부는 본질적으로 단일정부이다. 대부분 근동의 정부들은 성경시대로부터 현재까지 줄곧 이런 성격이었다. 그래서 민주적 절차와 연방제도가 중동지방에서는 크게 발전하지 못한 것이 사실이다.

한편, 연방정부 형태는 지방정부에 어느 정도 자치권을 보장한다. 지방정부는 헌법이나 법률적 보장에 의해서 연방정부 관리들의 지나친 간섭으로부터 보호된다. 대의정치 제도도 유지되었다. 연합정부는 단일 조직의 반대인데, 지방정부는 중앙정부에 대해서 우월성을 가지게 되며 아주 결합력이 미약한 협정이 따르게 된다. 성경상에 나타난 연합정부의 좋은 예로서는 블레셋의 다섯 폴리스, 아모리 족속의 다섯 개의 도시, 사사 시대의 이스라엘 등을 들 수 있다.

정치 철학

국가의 주권이 누구에게 있으며, 통치의 기원은 무엇인가 하는 문제가 여기서 파악된다. 민주정치에서는 국민이 주권자이며 신정정치에서는 하나님, 어떤 신 혹은 어떤 종교집단이 통제력을 구사하며, 귀족정치나 과두정치에서는 어떤 소수의 부유하고 힘이 있는 개인들이 그 나라를 통치한다. 그리고 독재정치에서는 어떤 한 개인이 시민들에게 완전한 권력을 구사하며 그의 행위에 대해서 국민들에게 책임을 지지 않는다.

느부갓네살은 1인 통치의 좋은 예가 되며, 한편 사무엘의 사역은 본질적으로 신정을 실시했다. 자고로 동방 국가들의 백성들은 그들의 정부에 대해서 발언권을 가져 본 적이 그렇게 많지 않다.

통치나 법의 기원은 인간적인 것이 아니면 신적인 것이다. 공산주의나 파시즘 지도자들의 특징은 그들 자신의 능력에 의해서, 그리고 전지전능한 하나님께 도전해서 높은 정치적 지위를 획득했으며, 국가 정책을 조직화시켰다고 주장하는 점이다. 그리고 성경에 나오는 몇몇의 왕은 이와 똑같은 태도를 취했을 것이다.

그러나 성경시대에 대부분의 통치자들은 그들의 권력이 하나님으로부터 나왔다고 생각하곤 했다. '왕권신수설' — 하나님이나 어떤 작은 신이 자기들을 공식의 지위에 임명했다는 — 은 고대 세계의 지중해 동부지역에서는 공통적인 것이었다. 더구나 왕들은 그들의 법 체제가 자신들의 머리에서 나오지 않았다고 항상 주장했다. 예를 들면 함무라비 왕이 바벨론에서 그 유명한 법전을 만들 때, 그는 돌비석 끝에다가 비문을 새겼는데, 거기에는 사마쉬(shamash) — 신이 그에게 그 법전의 조항들을 전해 주었다는 — 가 새겨져 있다. 모세와 같은 영적 지도자의 경우는 법적 권위와 지도력이 실질적으로 하나님께로부터 나왔다. 그가 명성을 획득한 것은 자력으로나 혹은 자기의 계획 때문이 아니었고, 그것은 여호와께 얻은 것이었다.

정치 지리

정치 지리의 논의에서 우리는 통치의 피지배 지역과 관련해서 이해하려고 한다. 먼저, 현대 국가의 영역과 비교해 보면서, 영토의 경계선을 그려 보고 대략의 크기를 알아보고자 한다.

둘째로, 만약 그 나라가 유력한 국가였다면 그들은 더 능률적으로 통치하기 위해서 분할통치를 했을 것이다. 예를 들어, 바울시대의 로마 제국에서 제국의 소유지는 여러 성으로 나뉘었는데 어떤 곳은 원로원이 통제했으며, 어떤 지역은 황제가 직접 통치하기도 했다.

한편 가울(Gaul), 스페인(Spain), 시리아(Syria)와 같은 영토는 나머지 지역처럼 그렇게 철저하게 로마화되지는 않았다. 그러므로 더 많은 수의 점령 군대가 필요했다. 이러한 지역들은 로마 제국의 군사적 지배력을 유지하기 위해서 황제가 보유했다. 마게도냐, 아프리카, 아시아와 그 밖의 지역들은 평화를 회복했기 때문에 통치권이 원로원에게 배정되었다. 따라서 마게도냐, 아프리카, 아시아 지역은 집정관을 지낸 지방장관이 통치했으며, 그 밖의 지역은 지방총독이 지배했다.

이와 같은 구별은 사도행전 13 : 7과 같은 성경구절에서 확인되는데, 거기에서 원로원 관할 영지인 키프러스(Cyprus)의 통치자가 그리스의 지방총독으로서 묘사되고 있다.

셋째로, 정치 중심지와 그곳의 위치, 크기, 그리고 비교적 중요한 국가 업무 등에 주목할 필요가 있을 것이다. 예를 들어, 신약시대에 팔레스타인은 두 개의 재판 관할의 중심지를 갖고 있었는데, 그것은 가이사랴와 예루살렘이었다. 지중해 해안에 있는 가이사랴는 로마인들이 수도로 정한 곳이었다. 반면에 유태인들은 요단 고원 깊숙한 곳에 있는 예루살렘을 여전히 정치 중심지로 생각했는데, 종교문제에 한해서였다. 따라서 로마인들조차도 거기에 공무원을 머물게 해야만 했다.

마지막으로, 지리적 요인들이 종종 정치에 크게 영향을 끼치고 있다는 점을 조사해 보아야 한다. 어떤 지리학자와 역사가는 이 문제에 대해서 극단으로 흐르는 경향이 있다. 그러나 지리의 영향은 원인적 요인이 된다기보다는 조건을 이루는 요인으로써 다루어져야 한다.

즉, 지리는 현재 일어난 그 사건의 유일한 원인으로써 간주되어서는 안 된다. 오히려 지리가 실제로 어떤 현존하는 상황의 다소간의 원인이 된다 하더라도 하나의 요소로서 생각해야만 한다. 팔레스타인은 대세계제국들 사이에 끼어 있는 하나의 조그마한 띠와 같은 나라였다는 사실이 그 나라의 정치에 커다란 영향을 끼쳤다. 팔레스타인의 지중해 연안에 좋은 항구가 부족하다는 사실과 국민들이 천성적으로 목가적이며 농업적 취향을 가지고 있었다는 사실 때문에, 유태 정부의 활동은 그 나라 역사의 긴 시간을 통해 그와 같은 문제에 한정되는 경향이 있었다.

정치 지도자들

성경 어느 곳에든지 정치적 지도자들은 이름에 의해서나 그들이 소유한 직위에 의해서 설명되고 있다. 이스라엘 민족과 이스라엘 주변의 세력을 지배하는 많은 왕들의 이름이 나와 있다. 다니엘 6 : 2에는 '총리'들에 관한 언급이 있고, 출애굽기 1 : 11에는 '감독'이라는 명칭이 나오며, 사도행전 17 : 8에서는 그 도시의 통치자에 관해서 알 수 있으며(읍장), 사도행전 18 : 12~16에서는 아가야의 총독 갈리오가 바울을 재판했다. 만약 그들 각 나라의 정치를 바르게 이해하려면, 이외에도 더 많은 정치 지도자들에 대하여 그들의 직위에 수반되는 책임과 그들의 개인적인 생활과 활동을 통해서 연구해 보아야 할 것이다. 그리고 그들이 성경상에 나타날 때 이러한 인물들에 대해서 완벽하게 연구할 필요가 있을 뿐만 아니라 성경 밖에 있는 자료들도 또한 활용해야 한다.

정치의 제 기능

중앙정부이든 지방정부이든 자기 백성을 위해서 갖가지 민정적 책임을 수행해야 하는 것이다. 애굽의 바로 왕은 요셉 시대의 기근에 대비해서 식량 조달과 저장 계획을 개발할 필요를 느꼈다. 비돔과 라암셋이라는 국교성이 모세 시대에 이스라엘 노예들에 의해서 만들어졌다.

다니엘의 소년 시절 관리들은 바벨론을 통치할 미래의 민족적 지도자들을 열심히 찾아내어 훈련시켰다. 은 세공인들의 동업조합이 바울에 대해서 폭동을 일으켰을 때 그 읍 서기장은 에베소의 질서를 유지하려고 애를 썼다(행 19 : 35). 이 민족의 통치로 인해서 그와 같이 잡다한 임무가 성경에 묘사되고 있다. 그리고 이와 같은 활동에 대한 연구는 성경 설화의 정치적 배경에 관한 지식을 높여 줄 것이다.

국가 재정은 통치의 중요한 직무 중의 하나이다. 그리고 이 문제 또한 성경연구에서 중요한 위치를 차지하고 있다. 유태인들은 팔레스타인에서 세금을 거두는 로마인들에 대하여 불쾌하게 생각하고 있었다. 레위와 같은 세리들을 대단히 싫어했으며 동료 백성들에 대한 반역자로 간주했는데, 이것은 그들이 어떤 외국의 스파이로서 활동하곤 했기 때문이다. 자금문제 또한 앗시리아의 디글랏 빌레셋(Tiglath-pileser)이나 산헤립의 군사적 활동에서는 하나의 기본적인 문제였는데, 그들은 이스라엘의 므나헴과 유다의 히스기야에게 공물을 요구했다.

어느 나라나 갖고 있는 가장 큰 문제 중의 하나는 인접 국가와 사이좋게 지내야 한다는 것인데, 성경에 나오는 팔레스타인도 예외는 아니었다. 이 나라는 불행하게도 지리적으로 두 대륙 사이의 교량 역할을 하는 위치에 있었다. 그것만으로도 팔레스타인은 이집트, 앗시리아, 바벨론, 페르시아와의 사이에서 여기저기 발길질당하는 하나의 국제적 축구공과 같은 신세였다. 성경 설화는 충돌하는 국가 이익과 그러한 문제 때문에 발생하는 전쟁에 관한 연속적인 이야기라고 할 수 있다.

또 정부의 주요 과제 중 하나는 사법 행정업무이다. 로마는 바울의 소송 사건을 그곳에서 판결하기 위해서 고린도에 있는 갈리오라는 사람을 임명했던 것처럼, 이 일에 관해서는 로마의 권한을 로마의 시민 중 어떤 이에게 분배했던 것 같다. 그리고 로마정부는 바울이 시저(Caesar)에게 호소하는 것을 허락했고, 그 다음 그가 로마로 오는 데 드는 여비를 마련해 주었다. 페르시아는 하만이 유태인을 멸종시키려는 사악한 음모를 펼쳤으나 오히려 그를 교수형시킴으로써 그 나라의 백성들에 대한 의무를 이행했다. 조그마한 베들레헴은 룻 시대에 성문에서 화합했던 곳으로 성에서 장로들의 도움으로 법적 문제를 처리했다.

종종 법적 규정과 국민들의 태도에 대해서는 그들의 법전에 대한 평가를 통해서 가장 잘 알 수 있다. 유태인들은 모세의 법전을 가지고 있었고, 바벨론 사람들에게는 함무라비와 리피트이스타 법전이 있었으며, 앗시리아 사람들과 힛타이트 사람들도 법전을 만들었다.

정치 속의 종교

종종 종교지도자들과 종교집단이 정치 문제에서 매우 중요한 역할을 수행하는 경우가 있다. 서기관이나 바리새인들, 그리고 신약시대 팔레스타인의 산헤드린 공회, 다곤 우상의 사제들, 이스라엘의 바알 사제들, 느부갓네살 궁전에 있는 왕실 사제들은 모두 자기 나라의 정치에서 일익을 담당했다. 이교도이든 크리스천이든, 종교는 오늘날과 마찬가지로 고대 사회에도 커다란 영향을 끼쳤다.

예 시

이제 실례를 들어 가면서 이 방법을 어떻게 활용하는가에 대해서 설명해 보겠다. 이러한 목적을 성취하기 위해 느부갓네살 시대의 바벨론을 선택했다. 이 시기에 대해서 역사학자와 고고학자들이 부르고 있는 술어는 '신바벨로니아 제국'인데, B. C. 539년에 바벨론의 몰락과 더불어 끝난다. 이제까지 설명한 개요에 맞추어 이 제국에 관한 논의를 시작해 보자.

성경상의 나라들 사이에서 관계가 되었듯이 바벨론 역시 단일정부 체제를 가지고 있었다. 왕의 칙령은 전 제국을 통치하는 법이 되었다. 이것은 다니엘 3장과 같은 구절에 명백히 나와 있다. 거기에서 영토 내에 있는 모든 민중들은 느부갓네살이 설립해 놓은 조상(彫像) 앞에서 몸을 굽히도록 명령 받았다. 만약 통치자가 온 신하들을 통하여 이와 같은 자신의 변덕심을 만족시킬 수 있다면, 이 통치자가 국가의 모든 일에 대해서 얼마나 절대적인 통치력을 구사했었는가를 이해하는 것은 그렇게 어려운 일이 아닐 것이다. 그의 무쇠 같은 이 지배력은 사드락과 메삭과 아벳느고가 믿는 하나님을 모독하려는 자에게 내린 파괴의 칙령 속에 더 잘 나타나 있다(단 3 : 29). 그리고 느부갓네살의 권세에 대한 다니엘의 평가(단 5 : 19)에서도 잘 나타나 있다.

바벨론의 정치 철학을 말하자면, 국가의 주권은 전제적인 권력을 소유하고 있는 왕에게 있다고 할 수 있다. 이것은 전술한 예문들에 나타난 근거를 살펴보면서 우리가 이끌어 낼 수 있는 결론이다. 대부분의 갈대아 통치자들은 어떤 신이 자기들의 지위를 부여했다고 종종 주장하면서도, 권력과 통치상의 권위의 근원은 개인적인 힘과 능력에서 비롯된다고 느꼈다. 느부갓네살은 다니엘 4 : 30의 "이 큰 바벨론은 내가 능력과 권세로 건설하여 나의 도성을 삼고 이것으로 내 위엄의 영광을 나타낸 것이 아니냐?"와 같은 구절에서 알 수 있듯이 그의 통치 초기 시절에는 이와 같은 태도를 견지했다.

그러나 하나님은 그가 자만심을 버릴 때까지 그를 멸망시켜 미치광이로 만들어 버리셨다. 이렇게 되자 그의 권력과 주권에 대한 생각은 바뀌게 된다. 이것은 다니엘 4 : 34~35에서 확인할 수 있다. "내가 지극히 높으신 이에게 감사하며 영생하시는 이를 찬양하고 경배하였나니 그 권세는 영원한 권세요 그 나라는 대대에 이르리로다 땅의 모든 사람들을 없는 것같이 여기시며 하늘의 군대에게든지 땅의 사람에게든지 그는 자기 뜻대로 행하시나니 그의 손을 금하든지 혹시 이르기를 네가 무엇을 하느냐고 할 자가 아무도 없도다"

한편, 다니엘이 처음부터 느부갓네살의 통치에 대해서 다음과 같은 견해를 갖고 있었다는 것을 살펴보는 것은 재미있는 일이 될 것이다. 즉, 그는 망각된 꿈을 해석하면서 다음과 같이 선언한다. "왕이여 왕은 여러 왕들 중의 왕이시라 하늘의 하나님이 나라와 권세와 능력과 영광을 왕에게 주셨고"(단 2 : 37).

다음에는 정치 지리에 대해서 살펴보자. 바벨론 본토는 미국의 뉴저지 주 정도의 크기에 불과했지만, 이 기간 동안에는 앗시리아, 시리아, 팔레스타인, 그리고 아라비아 사막의 많은 부분을 정복해서 통제하게 되었다. 이 같은 광대한 지역을 점령함에 따라 자연히 갈대아 사람들은 니느웨, 두로, 시돈, 다마스커스와 같은 많은 행정 중심지를 갖게 되었다. 그러나 이런 문제와 관련하여 성경이 언급하고 있는 유일한 것은 바벨론뿐이다. 따라서 우리의 관심도 이 도시에 쏠리게 된다. 이 도시는 장벽과 망루로 단단하게 요새화되고 있으며, 저 유명한 이스(Ishtar) 문을 통하여만 들어갈 수 있게 되어 있다. 고대에 관한 주석가들은 이 장벽의 크기와 길이에 대해서 다소간 일치를 보지 못하고 있지만 그 둘레는 약 40~50마일쯤 된다고 이야기하고 있다.

오늘날에도 그 폐허지가 유프라테스 강 양변을 따라서 수마일이나 널려 있다. 이 도시의 거리는 직각으로 교차하고 있으며, 다소 질서 있게 설계된 도시이다. 바벨론 제국의 성 조직에 대해서는 많이 알 수 없지만, 그와 같은 거대한 영토를 운영하기 위해서 분할 통치방식 같은 것을 시행한 것은 확실하다. 이와 같은 사실은 다니엘 2 : 48~49이 암시해 주는데, 여기서 다니엘은 바벨론 성의 통치자로 임명 받는다. 그리고 열왕기하 25 : 22을 보면, 그달리야(Gedaliah)는 유다가 느부갓네살에게 항복한 후에 이 유다 지역의 총독으로 임명된다. 그리고 다니엘 3 : 3에는 성의 통치자들에 관한 상세한 이야기가 나온다.

아무런 천연 장벽도 없으면서 억센 민족을 키워 주는 산맥과 접하고 있는 이 충적토는 끊임없는 침략의 무대가 되었으며, 그 침략의 결과는 새로운 민족 혈통의 유입과 최고 주권자의 빈번한 교체였다.

이와 같은 관점에서 지리적 특성은 바벨론의 정치생활에 커다란 영향을 끼쳤다. 게다가 평민들은 그들의 생계를 티그리스 강과 유프라테스 강에 의존하고 있었는데, 이 강들은 관개를 위해서 토지에 배관으로 연결되었다. 또한 일반 평민들과 정부의 효과적인 감독 사이에는 긴밀한 협력이 필요했는데, 이것은 이 수로망을 보호함으로써 물질생활이 가능하기 때문이었다.

신바벨론의 통치자들은 일곱 명이었다. 나버펄라셀(Nabopolassar, B. C. 626 – 605)은 앗시리아 대군주에 대항해서 바벨론 성에서 성공적으로 반란을 꾀하여 B. C. 612년에는 니느웨 성읍을 점령했다. 그 뒤를 이어 느부갓네살(B. C. 605 – 562)은 이 제국의 최고 건설자가 되었으며 이 시기의 가장 유명한 통치자가 되었다. 그는 바벨론을 요새화했으며 유명한 교살장을 만들었고 두로와 시돈, 그리고 유태인을 정복했으며 갈대아인의 세력을 아라비아 사막으로 확장했다. 그의 계승자는 43년간 통치한 그의 정치적, 군사적 재능을 따를 수가 없었다.

느부갓네살이 죽은 뒤, 이 나라는 그의 무능한 아들인 아멜말둑(Amel – Marduk), 에윌므로닥(Evil – Merodach ; 왕하 25 : 27)의 수중으로 떨어졌다. 성직자 계급들이 이 약한 정부의 실정에 곧 염증을 느끼고, 약 3년 뒤에는 그의 암살을 꾀하게 된다. 그 후 네리글리살(Neriglissar ; 예레미야 39 : 3의 네르갈사레셀), 즉 에윌므로닥의 처남이 B. C. 559년에 왕위에 올랐다. 그는 나라를 통치하는 데는 상당히 성공하는 듯했으나, 그의 어린 아들 라비시말둑(Labashi-Marduk)에게 통치를 맡기고서 B. C. 555년에 죽었다. 그러자 갑자기 이 어린 소년을 죽이려는 음모가 시작된다. 라비시말둑은 단지 9개월간 왕권을 지속한다. 그의 계승자는 성직자 계급 출신인 나보니두스(Nabonidus)였는데, 세력 있는 왕가와는 전혀 관계가 없는 인물이었다. 그는 그의 아들인 벨사살과 공동 통치를 하게 되고, 벨사살은 그 당시의 수도에서 법적 권위를 행사했었다. 그런데 고레스(Cyrus)가 이 도시에서 신바벨론 제국을 멸망시키게 된다.

성경은 왕들의 행적과 더불어 그 밖의 많은 바벨론 관리들을 기록하고 있다. 다니엘서에서 우리는 환관장, 친위대장, 바벨론의 현자들을 통치하는 총독, 공작들, 사사들, 출납관들, 고문들, 보안관들, 영주들 등과 같은 관리들에 대해 읽게 된다. 이 사람들 중 대부분은 그 직무를 명백하게 알 수 있지만 '환관'과 '보안관'과 같은 용어에 대해서는 설명이 조금 필요할 것이다. '환관'은 동양의 후궁에 기용되는 거세된 남자들을 말하는데, 침실에서 시중을 들고 때로는 신임 받는 관리로 등용되곤 한다. '보안관'은 의미가 불확실한 어떤 용어를 번역한 것인데 일종의 변호사였거나 법률 고문이었다고 생각된다.

바벨론 정부는 모든 일상적인 행정기능을 원만히 수행했던 것으로 추측된다. 그리고 성경은 이 정부의 활동에 대해서 자세하게 서술하고 있다. 느부갓네살은 성경(단 4 : 30)과 고고학적 근거에 의해서 확인된 바에 의하면 위대한 건설자였다. 즉, 다니엘 3 : 3에 나오는 재판관들과 보안관에 관한 목록과 성의 통치임명을 받는 다니엘과 그 외 인물들로 봐서 사법기구가 설치되어 있음을 알 수 있다. 함무라비 법전은 비록 B. C. 1700년경에 공포되었지만 여전히 지속되어 B. C. 600년에 바벨론 법률발달의 기초가 되었던 것 같다. 이 법전의 282개 법률은 폭행과 구타, 노예, 결혼, 강도, 부동산, 길 잃은 가축, 농업, 지대의 가격 등과 같은 중요한 문제들을 취급하고 있다. 정기적으로 고문들이 임명되었다는 사실로 보아 왕은 행정상 어느 정도 권위를 갖는 내각이나 평의회 같은 기관을 가지고 있었던 것 같다. 바벨론의 군사적 활동에 관해서는 예언서들과 역사서에서 많이 찾아볼 수 있다.

왕의 고문들은 강력한 군사기구를 개발하기 위해서 충분한 식량을 준비해 두었다. 외교정책은 적어도 느부갓네살 시대에는 침략적인 것이었는데, 그때에 팔레스타인과 시리아를 점령했다. 그리고 이때에 애굽의 침략이 있었던 것 같다. 앗시리아의 국외 추방정책은 정복지 주민들을 처리하는 데 계속적으로 이용되었다. 그 결과 다수의 팔레스타인 주민들을 메소포타미아 지방으로 이주시켰으며 반란을 일으킬 우려가 있는 다른 주민들이 팔레스타인 안으로 오게 된다.

종교집단과 종교적 인물들이 바벨론 정부에서 유력한 자리를 차지하고 있다는 사실에 대해서는 이미 언급한 바 있었다. 즉, 성직자들은 성경에 나오는 네르갈사레셀의 암살에 관계했으며, 바벨론의 몰락 시기에 '나보니두스'라는 이름으로 어떤 성직자가 공동 통치자가 되었다. 그러나 이와 같은 정보는 세속적인 출처에서 얻어진 것이다. 성경에서 보면 느부갓네살은 그가 자기 꿈에 대한 해석을 알고자 할 때(단 2 : 10) 마술사와 점성가를 크게 신임하고 있었다. 벨사살도 재앙의 전조(벽에 나타난 손가락 글씨)에 대한 해석을 알고자 할 때에 이 집단에게 부탁했다.

이 두 가지 경우에 있어서 이 성직자 관리들이 왕을 만족시킬 수 없었다는 사실 때문에 그 나라에서 이들의 영향력이 줄어든 것은 아니다. 왜냐하면 만약 그들이 어떤 방법으로든지 재치 있게 그 꿈이나 필적에 대해서 해석할 수 있었다면, 왕은 그들에게 귀를 기울였을 것이며, 그와 같은 해석으로 인해 공공 정책에 대한 그들의 영향력은 굉장한 것이 되었을 것이기 때문이다. 같은 취지에서 다음과 같은 사실을 첨가시킬 수 있다. 즉, 다니엘은 자신이 성직자 관리가 된 적이 있었는데 — 적어도 그는 필요에 따라서 그렇게 되었다 — 그것은 종교적 봉사 때문이었으며, 그 대가로 느부갓네살과 벨사살의 총애를 받게 되었다.

전성기 때의 바벨론이 하나의 커다란 정치적 권력체였다는 것은 사실이다. 그리고 적어도 느부갓네살 통치 때에 바벨론은 능률적인 정부기구를 과시했었다. 그러나 이 정부는 도덕정신이 약했으며, 페르시아의 고레스가 이 수도로 진격해 들어오고 이 제국의 죽음의 종소리가 들려왔을 때, 이 나라의 지도자들은 하나님을 조롱하면서 술을 마시고 흥청대는 환락에 빠져 있었다.

연구노트

성경은 근동(近東)의 여러 나라들에 대해서 풍부한 자료를 제공해 준다. 그러나 성경에서 충분하게 논의되고 있는 나라는 거의 없으며, 혹 성경의 정치학적 방법의 관점에서 연구를 가능케 해 주는 역사적, 고고학적 조사에 의해서 충분하게 알 수 있는 나라도 드물다. 그렇지만 이 연구방법을 이용해서 생각해 볼 수 있는 나라들로는 앗시리아, 바벨론, 애굽, 힛타이트, 이스라엘, 유다, 페르시아, 베니게, 그리고 로마 등이 있다.

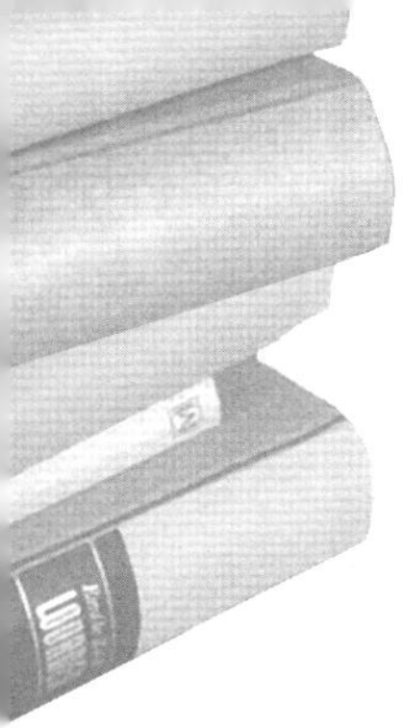

14 문화적 방법

영어의 '문화'라는 단어는 '경작하다' 혹은 '밭을 갈다'라는 의미를 갖는 라틴어의 'cultura'에서 나왔다. 이 어원은 농부의 경작 장면과 관련된 함축적인 의미를 갖는다. 즉, 개인개인이 문화화할 때까지 마음의 토양, 거기에 지적인 씨앗을 뿌리고, 땅을 비옥하게 하며, 지식에 대한 무관심이라는 딱딱한 땅 껍질 때문에 농사를 망치지 않도록 자주 마음의 토양을 갈고닦는 것을 의미한다. 그런 후에 문화는 정신적, 심리적인 훈련을 통해서 도덕, 지성, 그리고 사교적인 자질을 계발하고, 세련되게 한다는 뜻으로 쓰이게 된다. 문화는 종종 문명과 혼돈되는데, 후자는 인간사회에 적용되어 물질과 사회적 복지의 발달상태를 가리키며, 이에 비해 전자는 그러한 문명에 대한 지적인 내용을 의미한다.

문명에 대한 문화적 내용은 종교, 과학, 음악, 미술, 건축, 문학, 그리고 언어 등을 포함하고 있다. 이 책이 신학적 방법과 과학적 방법에 대해서 따로 다루고 있기 때문에, 이 문화적 방법에서는 이들을 제외하기로 하고, 그 외 분야에 대해서 학생들이 이 주제를 탐구할 수 있도록 몇 가지 간략한 질문이나 요점을 나열하기로 한다.

문화적 내용

음 악

음악에 대해서 이야기하고자 할 때 제기되는 첫 번째 질문은 "어떤 종류의 소리가 날까?" 하는 점이다. 그 다음에는 사용된 악기의 종류, 사람들이 생활 속에서 노래를 불렀던 장소, 주변 국가들의 음악 프로그램이 그 나라의 음악에 끼친 영향, 채택된 음악의 제 형태, 그리고 성경을 더 깊이 연구하기 위한 음악연구의 중요성 등에 흥미를 갖게 될 것이다. 포로의 시대에 이르기까지 존재했던 히브리 음악에 대해서는 문화적 방법의 실례로써 이 장의 후반부에서 다루려고 한다.

미 술

성경 인물들의 미술에 관한 관심을 설명할 때에도 역시 여러 가지 질문이 제기될 수 있다. 이때 우리는 먼저 그들의 예술적 노력의 특징을 알아보게 된다. 그들은 환조(丸彫)로 상(像)을 조각했는가? 아니면 부조(浮彫)를 만들었는가? 그들은 수채화형의 프레스코 작품을 좋아했는가? 보석 장식, 토기류, 가구, 옷감의 장식물 등과 같은 수제품을 보며 무엇을 알 수 있는가? 우리는 또한 미술적 모티브에 나타난 주제에 대해서 관심을 가져 볼 수도 있을 것이다. 그들은 기하학적인 디자인을 사용했는가? 혹은 인간, 동물, 수렵 장면, 전쟁 장면, 신성한 물건 등에 관심을 가졌는가? 그 다음 하나님이 그들의 미술에 어떤 금지령을 내리지는 않았는지에 관한 문제가 제기될 수 있다. 이것은 히브리 미술에 커다란 영향을 끼치는 문제이다. 출애굽기 20 : 4에는 다음과 같은 문장이 나온다. "너를 위하여 새긴 우상을 만들지 말고 또 위로 하늘에 있는 것이나 아래로 땅에 있는 것이나 땅 아래 물속에 있는 것의 어떤 형상도 만들지 말며"

조각의 모든 형태에 대해서는 이 계율 속에서 명백히 이해할 수 있다. 그리고 히브리 사람들은 이 계율을 수채화, 토기류, 모티브, 다른 장식적인 미술에까지 확장, 적용했다. 사실상 이런 이유 때문에 성경시대의 유태인들은 미술에 특별히 숙련이 되어 있지 못했는데, 사실 미술에 특별히 관심을 갖지 않았다고 말할 수도 있을 것이다. 그러나 히브리 미술은 없다고 단정적으로 말할 수도 없을 것이다.

한편 그들의 심미적 경향이 음악, 문학, 그리고 보석과 장식의 제작 분야에서도 훨씬 잘 표출되어 있었다.

이 미술 연구의 또 하나의 중요한 면은 어느 일정한 국가의 발달에 가해지는 영향들과 관계가 있다는 것이다. 근동의 문화에 관한 대조 역사 연대표를 고찰해 보는 것은 거창하고 재미있는 일이긴 하나, 대부분이 현재 연구하고 있는 범위 밖에 있다. 실례로써, 히브리 미술은 페니키아 미술에 의해 어느 정도는 애굽 미술에 의해 크게 영향을 받았다는 정도로 이야기해도 충분할 것이다. 성전 건축을 할 때 솔로몬은 장식물과 지적인 미술작품을 준비하기 위해서 숙련된 두로의 기공을 고용했다. 한편 '종'과 '석류무늬 장식'의 모양은 애굽의 연꽃무늬(봉오리 모티브)와 아주 흡사하다. 이 주제에 관한 더 많은 단어들이 성경연구에 중요한 역할을 하고 있다. 그러나 성전과 옛 유대의 다른 많은 성경 생활상의 제도와 양상에 대한 확실한 이해와 구상화는 성경시대의 미술에 대한 진지한 탐구가 없이는 어렵다는 사실도 덧붙여서 이야기하고 싶다.

건 축

미술의 연구에서 제기되었던 잘못된 것들 중에 많은 것들이 성경에 나타난 건축에 대한 논의에서도 적절히 제기되곤 한다. 그러나 이 건축에 관한 연구에서는 약간 어려운 점이 있다. 성경에 나오는 건축의 제 형태와 크기에 대한 조사부터 시작하는 것이 논리적일 것 같다. 성경에 언급된 건축물 중에는 성소, 장막, 성전, 성벽, 성문, 아합이나 솔로몬 같은 통치자의 궁궐, 솔로몬 시대의 요새지 등과 같은 것이 있다.

건축 스타일과 건축 자재의 종류와 출처에 대해서도 고찰해야 한다. 미술 연구에서처럼, 여기서도 성경에 나오는 사람들의 건축양식에 가해진 여러 가지 영향에 대해서 알아보는 것은 재미있는 연구가 될 것이다. 이것은 특히 히브리의 경우에 해당되는데, 그들은 다윗과 솔로몬 시대와 분할된 군주주의인 이스라엘 왕국시대에 솔로몬 성전의 건축을 포함해서 갖가지 모양의 건축물을 만들기 위해 베니게 기술자를 고용했다. 이런 식의 연구가 진척됨에 따라 명백해지는 것은 성경에 대한 이 연구의 중요성이다. 왜냐하면, 우리는 성경 설화의 배경을 보다 더 확실히 이해할 수 있게 되며, 성경의 메시지는 새로운 의미를 드러낼 것이기 때문이다.

문학과 언어

성경이 우리에게 암시적으로 혹은 확실하게 말해 주고 있는 언어는 상당수에 달하고 있다. 이 언어들 중에는 히브리어, 아랍어, 애굽어, 바벨론어, 앗시리아어, 힛타이트어, 희랍어, 아라비아어, 가나안 방언, 페르시아어 등이 있다. 학생들은 이러한 언어들의 특징, 즉 음소문학, 음절문학, 상형문학 등과 그 언어들의 기원에 대해서 알아보려고 노력해야 한다. 그리고 나면 이런 고대 민족들이 만들었던 문학의 형태, 그러한 문학의 범위, 그 문학작품을 낳게 했거나 영향을 끼친 사건, 그리고 그것이 다른 문학이나 역사의 발전에 영향을 끼치는 방식 등에 흥미를 갖게 될 것이다. 예를 들어, 모세의 법령이 이스라엘의 생존과 발전에 끼쳤던 영향, 혹은 고레스의 칙령과 같은 것이(에스라 1장에 기록되어 있다.) 히브리 공동체의 회복이라는 점에서 갖게 되는 효과에 대해서 고찰해 보는 것도 흥미 있는 일이다.

학생들에게 이 문화적 방법의 절차와 가능한 수단을 더 확실히 깨닫게 하기 위해 초기에서부터 B. C. 550년 정도까지의 히브리 음악에 대한 개요를 정리하여 보겠다. 이렇게 함으로써 이 정리는 문화적 방법에 대한 예증이 되는 셈이다.

이스라엘의 음악

히브리 음악의 특징

이스라엘에서의 음악은 가정, 사회적 모임 등에서 한결같이 중요한 역할을 해 왔다. 확실한 것은 음악이 모두 신성한 것만은 아니었고, 결혼식, 마을 축제와 같은 일반생활의 여러 활동에 공헌했다는 점이다. 그러나 다윗은 노래와 현악기를 정규 예배에 포함시킴으로써 신앙상 두터운 신망을 받게 된다(대상 23 : 5). 그리고 여호와 찬송하기를 배워 익숙한 자의 수효가 288명에 달했다(대상 25 : 7).

히브리 음계나 그들 악기가 내는 소리의 특징을 알아보기는 어렵다. 버러우스(Millar Burrows)는 다음과 같이 말한다. "만약 건축을 꽁꽁 얼어 있는 음악이라고 말할 수 있다면, 음악은 너무나 유동적이어서 벽돌이나 돌같이 땅에 간직할 수 없어 흘러 다니는 건축이라고 부를 수 있겠다."[1] 그들의 음계가 5음이었는지도 모르지만 그들의 음악은 아마 음계식이었을 것이다. 히브리 사람들은 결코 기보법(記譜法) 같은 체계를 만들지 않았다. 그래서 우리는 시편의 제목들

---

1) Millar Burrows, 「이 돌들은 무엇을 의미하는가」(*What mean These Stones?*) (New Haven : American Schools of Oriental Research, 1941), p. 195.

로부터 알 수 있듯이 그들의 멜로디에 대해서는 아무것도 알 수 없다.[2] 똑같은 이유로 우리는 그들의 하모니에 대해서도 아무것도 알 수 없다.

기 악

구약성경에서는(이 연구의 대상이 되는 B. C. 550년 이전의) 현악기, 목관악기, 타악기를 포함해서 13가지의 악기를 소개하고 있다. 이러한 악기들의 목록과 정의를 살펴보겠다. 독자들의 편의를 위해서 히브리 단어들의 번역은 Young의 *Analytical Concordance*를 따랐다.

① 현악기

첫째, 'Asor'이다. 이는 '10개 현을 가진 악기'로 열세 번 번역되었다. 그중 '10'으로는 한 번, '10번째'로는 열두 번 번역되었다. 어떤 사람들은 이것을 10개의 현을 가진 하프의 또 하나의 이름이라고 말한다. 또 어떤 사람들은 이것을 치터(zither : 현이 30~40개 있는 기타와 비슷한 현악기)와 같은 다른 특징을 갖는 악기라고 생각한다.

둘째, 'Kinnor'이다. 이는 '하프'로 마흔두 번 번역되었다. 이 Kinnor는 수금(lyre)이지 하프는 아니다. 다윗은 하프로는 전혀 연주하지 않았고 오직 수금으로만 연주했다는 사실에 주목해야 한다. 구약에 '하프'라는 말이 나오지만, 이것은 '수금'으로 번역해야 할 것이다. 우리는 구약으로부터는 이 악기에 대해서 많은 정보를 얻을 수가 없지만 다른 문헌들은 이 악기가 나무로 만들어졌고, 거트나 금속 줄로 되어 있으며, 여러 가지로 장식이 되어 있다고 말한다. 이 악기의 소리통은 아래에 붙어 있으며, 연주할 때는 보통 하나의 채

2) 이 장의 히브리 '성악' 부분을 참조하라.

를 사용했다.

셋째, 'Nebel'이다. 이는 '셀터리'(psaltery : 옛날의 현악기)로 스물세 번, '바이얼'(viol : 중세의 현악기로 현대의 바이올린의 전신)로 네 번 번역되었다. 이것이 진짜 하프인데, 모양이 삼각형인 현악기이다. 밑에서부터 위쪽으로 기울어진 공명틀을 가지고 있으며, 이 악기는 채를 가지고 연주하지 않는다.

② 관악기

첫째, 'Chalil'이다. 이는 '피리'(pipe)로 여섯 번 번역되었다. 현대 번역가들은 일반적으로 이 악기를 플룻으로 생각하고 있지만, 이것이 단순 플룻인지 더블 플룻인지는 전혀 확실하지 않다.

둘째, 'Chatsotserah'이다. 이는 '트럼펫'으로 스물여덟 번, '트럼펫 연주자'로 한 번 번역되었다. 이 악기의 정체에 대해서는 어떤 특별한 문제가 없다. 이 악기는 하나님이 모세에게 명령하여 만들었던 은제 나팔이다(민 10 : 2). 요세푸스(Josephus)는 이 악기의 길이가 1야드 정도 되며, 플룻보다는 약간 넓고, 끝이 종 모양같이 생겼으며, 숨을 멈출 때 주둥이 부분이 약간 팽창한다고 묘사했다.

셋째, 'Shophar'이다. 이는 '코넷'으로 네 번, '트럼펫'으로 예순여덟 번, 'qeren'과 동일어로 생각해서 '호른'으로 일흔다섯 번 번역되었다. 이 악기는 그 자연적인 형태에 있어서 원래 수양의 뿔이었다. 그런데 여기에 열을 가해서 고르게 편 다음, 직각 모양으로 구부려서 만든 것이다. 숙련된 연주자는 여러 개의 음정을 낼 수 있었지만 보통 사람들은 대개 두 음정(으뜸음과 제5음)을 냈다. 후에는 이 뿔을 금속으로 만들었으며, 곧 바르게 되어서 'chatsotserah'와 혼동을 가져오게 되었다. 수양의 뿔이 내는 울림은 너무 크고, 귀가 찢어지는 듯해서 합주 음악에서 적합하지 못했을 것이다.

넷째, 'Ugab'이다. 이는 '오르간'으로 네 번 번역되었다. 이 악기의 정체는 불확실하다. Ugab는 하모니카나 납작한 피리모양이었을지도 모른다. 혹은 어쩌면 일종의 플룻일지도 모르겠다.

③ 타악기

첫째, 'Menaanim'이다. 이는 '코넷'으로 한 번 번역되었다. 이 악기는 아마도 시스트럼(sistrum : 옛 이집트의 Isis제에 쓰인 악기)일 것이다. 이 악기는 타원형 테를 가지고 있으며, 손잡이가 붙어 있는 이 테의 측면의 구멍 속에는 갈고리 모양의 끝을 가지고 있는 철제 가늠자(iron rods)들이 헐겁게 걸려 있다.

둘째, 'Metsiltayim'이다. 이는 '심벌'로 열세 번 번역되었다. 이 증거로 보아 이 심벌은 현대 오케스트라와 밴드에서 사용하는 것과 비슷하며, 수평으로 부딪치면서 소리를 내는 접시 모양의 물건이라는 사실을 지적할 수 있을 것 같다.

셋째, 'Paamon'이다. 이는 '종'으로 일곱 번 번역되었다. 이 용어에 대해서는 특별히 설명할 필요가 없다. 이것은 고위 성직자가 입는 외투의 가두리(hem)에 꿰매어 단 종이다.

넷째, 'Toph'이다. 이는 '타브렛'으로 여덟 번, '티브럴'로 아홉 번 번역되었다. Toph는 출애굽기 15 : 20에서 미리암과 다른 여자들이 연주했던 악기이다. 성경은 보통 여인들이 이 악기를 연주했지만 남자들이 연주할 수 없는 것은 아니라고 말하고 있다(삼 10 : 9). Toph는 아마도 현대의 탬버린과 같은 것일 것이다.

다섯째, 'Shalishim'이다. 이는 '악기'로 한 번 번역되었다. 어떤 사람들은 이 악기가 트라이앵글이라고 하지만, 아직까지 이 악기의 특성에 대해서 일반적인 합의를 보지 못했다.

여섯째, 'Tseltselim'이다. 이는 '심벌즈'로 세 번 번역되었다. 이 악기들은 아마 애굽과 앗시리아에 이름이 알려진 원뿔 모양을 한 심벌즈일 것이다. 이 악기는 수직적으로 서로 부딪쳐 소리가 난다.

성 악

이스라엘에 성악 만큼 빛을 내어 발전한 것은 거의 없다. 즐겨 하는 스타일은 응답송가였다는 것이 출애굽기 15 : 20 이하 등의 구절에서 볼 때 명백한 사실이다.[3] 이런 종류의 노래는 응창으로 행해졌는데 다음과 같은 세 방식 중 하나를 채택할 수 있을 것이다. 그것은 리더 한 명과 합창대, 합창대 하나와 회중, 두 개의 합창단이 부르는 방식이다. 악기는 오케스트라 그 자체를 위해서가 아니라, 노래하는 사람들에게 반주를 맞추어 주려는 목적에서 사용되었다. 시편에 매우 자주 나타나는 '셀라'라는 단어는 막간이나 종절을 표시해 주는데, 어떤 사람들이 성악 부분의 쉼표였다고 추측하는 것은 있음직한 일이다.

시편의 제목에서 수집해 볼 수 있는 지시하는 말들은 히브리 성악이 고도로 발달한 것이라는 것을 어느 정도 반영해 주고 있다. 명백하게도 그것들의 다수는 시편이 어떻게 불려야 하는가를 말해 주는 지시들이다. 이 주제에 대해서는 이견들이 있는 반면, 아래와 같은 제안들은 거의 받아들일 만한 것 같다. ASV의 번역자들은 분명히 그렇게 느꼈다.

1. KJV, 시편 4편의 제목은 "영장으로 Neginoth에 맞춘 노래"라고 쓰여 있다. 여기서 'Neginoth'라는 단어를 '현악기들', 혹은 '현악기 음악'의 뜻으로 번역하라.
2. 시편 5편의 제목에 있는 'Nehiloth'는 아마 '관악기'로 번역되어야 할 것이다.

---

3) 시편 136편은 응답송가의 훌륭한 예가 된다.

3. KJV, 시편 6편의 제목은 "영장으로 Neginoth로 Sheminith에 맞춘 노래"라고 쓰여 있다. "영장으로 현악기 음악으로 제8음계에 맞춘 노래"라고 하면, 보다 낫게 표현될 것이다.
4. 종교적인 내용을 세속적인 곡조로 번역하는 작업은 예나 지금이나 널리 유행하는 일이었음을 알 수 있다. 그 이유는 이 제목들 중의 몇 개는 시편이 어떤 일정한 곡조에 맞추어 불려야 한다고 훈시를 하고 있기 때문이다. 예를 들면, 시편 22편은 "새벽의 암사슴", 혹은 "아침의 암사슴"이라는 곡조에 맞추어 불려야 한다. 또한 시편 45편은 "백합꽃"이라는 곡조에 맞추어 불려야 한다.

히브리 음악에 대한 이 간결한 설명에서 보았을 때, 성경의 문화적 방법 속에 진가가 있다는 것은 명백하다고 할 것이다. 만약 여러분들이 음악에 대해서 더 공부하는 데 흥미를 느낀다면, 본서의 마지막 부분에 수록되어 있는 참고문헌의 도움으로 그렇게 할 수 있으리라고 본다. 언어, 문학, 건축, 미술에 대한 연구를 위해서 그 분야의 문헌 목록도 수록되어 있다.

연구노트

첫째, 성전 건축양식을 연구하라. 둘째, 장막 성전의 예술적 기교를 연구하라. 셋째, 성경에 나오는 전문 직업과 손으로 일하는 직업을 연구하라. 넷째, 성경에 나오는 의복을 연구하라. 다섯째, 성경에 나오는 보석류와 이것에 대한 성직자의 태도를 연구하라. 여섯째, 팔레스타인과 그 외의 근동 지방에서의 알파벳 표기의 기원과 발달을 연구하라. 일곱째, 바알 신 숭배, 혹은 애굽의 종교가 히브리 예배에 미친 영향에 대한 하나의 고찰과 더불어 연구하라.

15

과학적 방법

'과학'이라는 용어는 사용하는 사람에 따라서 가끔 그 의미를 파악하기 어려울 만큼 넓고 다양한 방면으로 사용되고 있는 말이다. 우리는 정신과학이나 심리학에서 이 용어를 들어 볼 수 있다. 또는 도덕과학이나 윤리학, 관찰이나 실험에 의존함으로써 물질과학이나 자연과학에 반대되는 수학으로 이루어지는 순수과학, 모든 생활에 응용되고 있는 과학을 발견하고자 하는 응용과학, 생물학, 화학, 지질학, 수학, 물리학, 천문학을 포함하는 자연과학, 또는 물질과학, 사회학, 역사학, 정치학, 인류학을 포함하며, 인간관계를 다루는 사회과학에서도 이 용어를 들을 수 있다.

물론 다른 학문들도 기술적인 면에서 과학적인 접근이나 과학적인 관점 같은 전문어를 사용하곤 한다. 그러나 일반적으로 말하면, 과학은 확실하게 증명할 수 있는 일반적인 법칙들을 확립하려는 노력 안에서 사실들을 관찰, 분류하는 것과 관련이 있는 학문의 한 분야를 일컫고 있으며, 과학적인 방법이란 지식을 모으고, 검증하고, 종합하고, 체계화하는 것을 말하고 있다.

이 장에서는 특별히 물질과학에만 우리의 관심을 집중하고 있는데 이는 이미 다른 장에서 사회적, 정치적, 역사적 방법을 다루었기 때문이며, 앞으로 또한 철학적, 심리적 방법이 다루어질 것이기 때문이다.

여기서는 물질과학 중에서도 동물학, 광물학 등이 종합적으로 다루어질 것이다(이것은 지질학의 분야이고, 지형에 관한 문제들은 11장에서 이미 다루어졌으며, 동물학은 광물질을 취급하게 된다). 우리는 화학, 수학, 물리학, 천문학의 견지에서 성경을 연구해 볼 수도 있을 것이지만, 이러한 연구들은 연구자들에게 꽤 광범위한 기술적 지식을 요하고 있으므로 이 작업의 영역 안에 넣지 않기로 한다.

방법의 전개

성경연구에 있어서 과학적인 방법이라고 하는 것은 현미경이나 시험관을 사용하고 있기 때문이 아니라, 일반 세상에서 분류하고 있는 과학적 지식의 여러 분야에 따라 성경에 나타나고 있는 그 대상이나 그들의 관계를 연구한다는 점에서 과학적이라고 표현하는 것이다. 이 방법을 전개하는 데에 있어서 아주 간단한 절차를 다음과 같이 제시하고자 한다.

1. 당신이 사용하고 있는 번역서의 주어진 구절에 나타나고 있는 동물, 식물, 광물들의 이름을 목록으로 작성하라.
2. 당신이 사용하고 있는 번역서와 번역이 같은지 확인하기 위해 다른 번역서를 보라.
3. 다음에 당신이 연구하고 있는 종(種)의 종류를 정확히 알기 위하여 성경사전이나 백과사전을 참고하라.
4. 이 식물, 동물, 광물이 성경에 나타나 있는 곳을 전부 찾아보고, 지금까지 어떤 상징적인 의미로 사용되었는지를 알려고 노력하라. 예를

들면, 다니엘 2장에서 금, 은, 철은 상징적으로 사용되었고, 7~8장에서 사자, 곰, 표범, 수양, 염소는 세상의 열왕들이나 통치자들을 상징적으로 나타내고 있다.

5. 어떤 특별한 성경에 나타나 있는 이 대상이나 그들의 관계가 다른 곳에서 말하는 것과는 다른 무슨 중요한 의미를 가지고 있지는 않은가? 성경 여러 곳에서 동물들이 짝이 되어 혹은 비교되어 나오는 여기에 어떤 중요성이 있는가? 예를 들어, 이사야 11장에서 천년 왕국의 날에 일어나게 될 천계를 나타내는 몇몇의 사나운 동물들이 그들의 먹이와 함께 둘씩 짝이 지어져 있다.
6. 이제 거기에 대하여 가르쳐 주고 있는 바를 알아보기 위하여 그 이름이 나타나고 있는 여러 구절에서부터 동물, 식물, 광물에 관계된 모든 정보들을 모아라.
7. 마지막으로 이 생물학적, 광물학적 견본들이 기독교의 진리를 설명하기 위하여 어떻게 사용되고 있는가를 발견하도록 하라. 이 연구형태의 좋은 보기들로는 양과 목자의 비유(요 10장), 포도나무와 가지들에 대한 설명(요 15장) 등을 들 수 있다.

예 시

우리가 이 성경연구 방법을 어떻게 전개시킬 수 있는가를 설명하기 위하여 식물, 동물, 조류, 곤충 세계로부터 대략 10가지 정도의 예를 들고 있다. 각기 이 연구들은 위에서 보여 준 일곱 가지 단계를 따르고 있다. 이 자료들은 학생들이 한눈에 볼 수 있도록 큰 종이에 도표를 만들어 볼 수도 있다. 그러나 여기서도 좀 더 쉽게 하기 위하여 계속 나열식으로 설명하고자 한다.

회향초(Cummin)

이 단어는 The King James Version과 American Standard Version에서 같은 이름으로 번역되고 있다. 이것은 빵이나 고기의 양념으로, 또한 의약으로 사용되는 것으로 그 씨앗이 가치가 있는 꽃식물이다(씨앗은 캐러웨이와 비슷하다). 이 단어가 나타나는 두 구절(사 28 : 25－27, 마 23 : 23)에서는 아무런 상징적인 의미가 들어 있지 않다. 그렇지만 마태복음에서는 한 영적 원리가 포함되어 있다.

여기서 예수는 율법학자와 바리새인에게 중요한 의미를 상실한 채, 대수롭지 않는 열매의 십일조를 하는 것에 대해서 책망한다. 성경에서 이 식물에 대해서 알 수 있는 대략적인 것은 단지 들풀 종류가 아니라 재배되는 것이고, 타작할 때 막대기로 두들겨서 한다는 정도이다.

겨자(Mustard)

신약에서 이 단어가 5번 나타나고 있는데 KJV와 ASV에서 똑같이 번역되어 있다. 미국과 팔레스타인의 겨자 종류는 같지만 예외로 팔레스타인에서의 겨자는 12피트 이상까지도 자랄 수 있다. 주님은 하늘나라와 신앙에 관한 교훈을 설명하기 위하여 이 식물을 사용하셨다. 하나님 나라의 작은 시작을 이 보잘것없는 씨앗으로 설명하셨다. 사실, 아무런 기대를 할 수 없는 겨자씨 하나가 예상과는 달리 큰 아름드리 나무로 자라듯 하늘나라는 거대한 힘으로 발전한다는 뜻이다.

잣나무(Gopher)

'잣나무'는 성경에 단 한 번 창세기 6 : 14에 언급되는데, 노아가 방주를 지을 때 사용한 나무로, KJV와 ASV에서 같은 이름으로 나타난다. 확실히 같은 것으로 보기는 어렵지만, 많은 주석가들 중에는 실삼나무(cypress)로 보는 이도 있고, 또는 소나무 종류가 아닌가 하는 사람들도 있다.

아카시아(혹은 싯딤나무 ; shittah〈단수〉, shittim〈복수〉)

이 나무는 성경에서 28번 언급되는데 모두가 출애굽기에서 나오고, 예외로 신명기 10 : 3, 이사야 4 : 19에 나온다. KJV에서는 항상 이 나무를 '싯딤나무'(shittim)라고 번역하는 반면, ASV는 통일적으로 이 단어를 '아카시아'(acacia)라고 번역한다. 식물학자들은 이 나무를 사막 아카시아(desert acacia)와 동일시하고 있다.

이 사막 아카시아의 가지는 오렌지색이며, 깃털 있는 꽃이 피고, 불모지에서도 12피트까지 자랄 수 있다. 이 아카시아 나무는 성전을 짓고 그 안에 성구들을 만드는 데 사용되었다.

여우(Fox)

성경에서 모두 9번 나오는 이 단어는 KJV와 ASV에서 똑같이 '여우'라고 번역하고 있다. 히브리어는 '재칼'(Jackal : 여우와 늑대의 중간형, 역자주)과 '여우' 둘을 다 포함하고 있다. *Harper's Bible Dictionary*는 재칼이 사사기 15 : 4, 시편 63 : 10, 느헤미야 4 : 3[1]에서 더 적합하다고 말한다. ASV의 난외주에도 그와 같은 설명을 하고 있다.

아무튼 여우라는 동물은 땅에 굴을 파고 살며, 버려진 폐물들을 찾아다니는 교활한 약탈자요, 음흉한 자로 알려져 있다는 것을 가르쳐 준다. 누가복음 13 : 32, 마태복음 8 : 20에서 예수는 헤롯을 여우에 비유했고, 인자나 당신의 제자들보다 땅에 굴을 가진 여우들이 더 따뜻한 보금자리를 갖고 있다고 말한다. 예레미야애가 5 : 18에서는 예루살렘이 여우들이나 우글거리는 쑥밭이 되었다고 말한다.

---

1) Madeleine S. and J. Lane Miller, *Harper's Bible Dictionary*(New York : Harper & Brothers, 1952), p. 207.

나귀(Ass)

히브리어로 5번, 헬라어로 2번 나오는 이 단어는 KJV와 ASV에서 다 같이 '나귀'로 번역되고 있다. 동양의 나귀는 서양에서 말하는 나귀와는 다르다. 동양의 나귀는 얼룩말과 비슷하며, 색깔은 적갈색이 아니면 흰색이며, 인내성과 복종심이 뛰어나고, 총명한 동물로 알려진 반면에, 서양의 나귀는 속담에서 말하듯이 어리석고, 완고한 동물로 알려져 있다. 창세기 49 : 14에서 잇사갈은 무거운 짐을 나르는 나귀에 상징적으로 비유되고 있다.

성경 중에는 나귀에 관한 많은 언급들이 있는데 때로는 단순히 동물을 나타낼 때 쓰이나, 대부분은 종교적 진리를 설명할 때 쓰이고 있다. 안식일에는 나귀도 쉬게 해야 하며(출 23 : 12), 나귀의 맏배는 대속물이 되어야 했고, 짐을 지는 동물로 봉사하였으며(삼상 16 : 20), 운송의 수단으로 쓰이기도 하였다(삿 10 : 4). 소와 같이 멍에를 씌우지는 못하게 하였으며(신 22 : 10), 이스라엘은 나귀보다 더 분별력이 있음에도 불구하고 주께 순종하지 않았다는 책망을 들었다(사 1 : 3). 나귀는 평화, 겸손을 상징하는 동물이었으며, 특히 흰 나귀는 왕권을 뜻하였다(삿 5 : 10). 예수께서 흰 나귀를 탔다는 사실은 아마도 그의 겸손과 왕권을 동시에 의미하였을 것이다(슥 9 : 9, 막 21 : 5).

염소(Goat)

여러 번역서가 이 단어의 번역에서는 일치한다. 성경에 언급된 염소는 우리가 친숙하게 알고 있는 염소와 같다고 말할 수 있다.

양과 비슷하지만 숫양은 턱수염이 없는 반면, 숫염소는 수염이 있다는 점에서 다르다. 또한 염소의 뿔은 수양의 뿔과 다르고 냄새도 양보다 더 강하다. 경우에 따라서는 야생 염소 종(種)이 몇몇 곳에서 나타나는데, 이때 상징적으로 마태복음 25 : 32~33에서는 악한 개인들을, 다니엘 8장에서는 헬라 왕을 나타내고 있다. 우리는 성경에서 염소가 속죄의 날에 속죄물로 사용되었음을 볼 수 있으며, 성전을 덮는 막을 준비하는 데, 그리고 우유, 음식, 의복을 공급하는 데 중요한 역할을 하는 것으로 나타난다.

메추라기(Quail)

이 단어는 여러 번역서에 통일적으로 번역되어 있다. 이 새는 우리가 알고 있는 보통 메추라기와 똑같은 것으로, 성경에서 유일하게 이스라엘의 광야 방황기 동안에 나타나고 있다. 이때 메추라기는 그들에게 좋은 식사용으로 제공되었고, 한때는 하나님에 대한 불복종으로 인하여 큰 재앙이 되기도 하였다(민 11 : 33).

참새(Sparrow)

'참새'라는 단어는 히브리어의 'tzippor'의 번역어이다. 그런데 tzippor는 집과 정원을 자주 드나드는 모든 참새류에 대한 속명이었던 것처럼 보인다.

구약에서 이 단어는 40번 이상 나타나고 있는데, 그중 몇 곳이 '참새'로 되어 있고, 대부분이 '새'(bird 혹은 fowl)로 번역되어 있다. 헬라어 'strouthion'은 신약에서 두 번 나오는데(마 10 : 29, 눅 12 : 6-7), 두 경우 모두 '참새'로 번역되어 있다. 이 참새는 하나님 아버지의 인간에 대한 깊은 관심과 시편 작가의 외로움과 슬픔을 설명하기 위하여 언급된다. 예수께서는 하나님 아버지가 보잘것없는 참새 한 마리에게까지 관심을 가지고 계시기 때문에 당신의 영적 자녀들에 대한 사랑은 무한하다고 설명하고 있다. 시편 102 : 7에서 시편 기자는 "내가 밤을 새우니 지붕 위의 외로운 참새 같으니이다"라고 말함으로 자신의 외로움을 표현한다. 그의 슬픔과 외로움의 깊이가 항상 무리를 지어 수다스럽게 날아다니는 참새떼를 생각할 때 한층 더 이해가 잘 된다.

메뚜기(Locust)

이것은 채소 종류를 파괴하는 여치류에 대한 몇몇 히브리어와 헬라어의 번역이 일컫는 말이다. 이 메뚜기는 항상 파괴적인 재앙으로 나타나고 있다. 요엘서에서는 전진하는 군인에 비유된다. 모세가 바로 왕 앞에 청원을 할 때 바로에 대한 큰 재앙이 되었고, 하나님은 이스라엘의 불복종의 결과에 대해 이 메뚜기를 가지고 책망하셨다(신 28 : 42, 욜 1 : 4, 나 3 : 15－17). 시편 기자는 자신의 경험을 메뚜기에 비교하여, "나는 석양 그림자같이 지나가고 또 메뚜기같이 불려 가오며"(시 109 : 23)라고 말한다. 이 구절의 의미는 기자 자신이 바람에 불려 다니는 메뚜기떼만큼 약하고 힘이 없음을 뜻한다. 이 메뚜기는 이스라엘 사람들에게 금지된 음식이 아니었고, 오히려 세례 요한의 음식이 되기도 하였다(마 3 : 4, 막 1 : 6).

이제 이 자연 세계에 대한 간단한 취급을 통하여 과학적 방법이 성경을 더 깊이 맛보게 하고, 이해를 증진시킬 수 있음을 알 수 있었으리라 본다. 이제는 학생들 자신이 성경을 연구하면서 부딪치는 새, 동물, 곤충, 고기, 식물, 나무, 광물 등의 문제를 해결할 수 있도록 여기서 설명을 마쳐야겠다.

16

철학적 방법

어원학적으로 살펴보면, '철학'이란 '지혜에 대한 사랑'을 의미한다. 하나님의 계시와는 상관없이 주로 인간의 지혜에 근거하여 인생의 문제를 생각하고, 논하는 것이라고 정의해 볼 수도 있다. 철학은 인간의 이성에 의하여 우주의 문제를 해결하려는 전 인간적 노력으로써, 하나님 자신과 인간에게 관련된 제반문제에 관한 하나님의 계시인 '신학'의 정반대 개념이다. 그러면 기독교 체제 속에 이 철학적 방법을 논할 어떤 여백이 있는냐 하는 문제가 정당하게 제기된다. 그 대답은 단연 긍정적이다. 왜냐하면 철학이 근본적인 인생문제를 다루기 때문이다. 성경을 연구하는 학생들은 이 문제와 관련하여 성경에 나타나고 있는 바를 쉽게 발견할 수 있고, 조직화할 수 있으리라고 본다. 따라서 성경연구의 철학적인 방법은 이 문제들을 논의하려는 것이 아니라, 하나님이 이미 그것들에 대하여 말씀하신 것을 배우려고 노력하는 것이다.

물론 철학의 영역은 너무나 방대하여 우리가 윤리학, 유신론, 철학사, 정치철학, 종교철학, 논리학 등의 영역을 세분하여 다루고자 한다면, 이 한두 장의 논의로써는 도저히 다룰 수 없으리라고 본다. 그러므로 본 장에서는 철학적 영역을 6개의 근본적 문제, 즉 신학적, 형이상학적, 인식론적, 윤리적, 정치적, 역사적 문제 등으로 나누어서 토의하고자 한다.[1]

신학적 문제

간단히 말해서 신학적 문제란 "인간이 하나님의 존재에 대한 신앙을 정당화하는 데 있어서 이를 이성적으로 발견할 수 있느냐"고 하는 것이다.

논리적으로 이 문제에 대한 대답을 해 줄 수 있는 견해로써 세 가지 측면이 있을 수 있다. 그것은 첫째, 흄(David Hume)에 의해 제시된 회의적인 방법과 둘째, 밀(John Stuart Mill)의 제한된 신성, 셋째, 아퀴나스(Thomas Aquinas)에 의한 전지, 전능, 편재하신 성경상의 하나님이다.

아퀴나스는 자연(自然)이 무한하신 신앙의 하나님을 나타낸다는 자신의 견해를 뒷받침하기 위해 다섯 가지 논증을 사용했다. 첫째로, 그는 자신은 변하지 않으면서 변하는 것 뒤에서 그것들은 움직이는 부동의 동자를 들어 자신의 주장을 설명하고 있다. 둘째로, 그는 제일의 원인을 들어 끝없는 연쇄적 인간관계의 진상을 얻으려고 노력했다. 셋째로, 그는 우리가 경험하는 모든 것은 그 밖에 다른 어떤 것에 근거하여 일시적으로 존재하는 것이라는 사실에 주의를 기울이고, 어떤 것 위에 일시적인 것이 아닌 절대적 무엇의 진상을 논하려고 노력했다. 넷째로, 그는 불완전으로부터 시작하여 완전을 추구하려 했다. 그리고 다섯째로는 우주 안의 모든 계획에서 출발하여 그

1) 이 구분법이나 논의는 주로 Castell, *An Introduction to Modern Philosophy* (New York : The Macmillan Co., 1946)를 따르고 있다.

지혜의 근본인 계획자를 추구하려고 노력했다.[2)]

일부 복음주의자들은 이 주장에 찬사를 보내기도 하지만, 또 일부에서는 그 타당성에 대해 회의적이다. 나는 전자 편을 지지한다. 이미 이 장 서두에서 말했듯이 여기서는 어떤 철학적 변론을 전개하거나 철학적인 제반문제를 가지고 장구한 토론을 꾀할 생각은 전혀 없다. 오히려 우리의 주된 관심은 학생들로 하여금 이런 문제에 관한 성경상의 가르침을 모으고 조직하도록 하는 데 있다. 현명한 학생들은 토마스 아퀴나스의 주장을 증명함으로써 신학적인 문제를 해결하기를 원할지도 모르겠다.

우리는 우주 안의 모든 계획에서 출발하는 논의로써 시편 19 : 1에서 "하늘이 하나님의 영광을 선포하고 궁창이 그의 손으로 하신 일을 나타내는도다" 등의 구절을 쉽게 찾아낼 수 있으며, 우주 안에서 변하는 만물과 대조적으로 하나님의 부동적 특징을 보여 주는 구절로는 말라기 3 : 6의 "나 여호와는 변하지 아니하나니 그러므로 야곱의 자손들아 너희가 소멸되지 아니하느니라"라는 말씀을 들 수 있을 것이다. 혹 어떤 사람들은 하나님의 존재와 본질에 관련하여 성령이 말하고 암시하는 모든 것을 상호 연결하기를 원할지도 모르겠다.

이러한 연구를 위해서는 토레이(R. A. Torrey)의 *The New Topical Text Book*, 몬서(H. E. Monser)의 *Cross Reference Digest of Bible Reference*, 또는 네이브(Orville J. Nave)의 *Topical Bible* 등과 같은 책에서 '하나님'이라는 단어를 찾아봄으로써 많은 도움을 얻을 수 있을 것이다. 그리고 좀더 깊은 연구를 위해 '하늘', '땅', '해', '달', '별' 등 자연과 관련된 단어들을 찾아 성경이 말하고 있는 바를

---

2) 유일신론의 논증에 대한 하나의 좋은 방법은 Eerdmau's Publishing Co. (Michigan : Grand Rapids)에서 재판된 오르(James Orr)의 *The Christian View of God and the World*에서 찾을 수 있을 것이다.

살펴보면, 우주 안의 모든 계획에서 출발하는 논의에 대한 확실한 연구가 되어 줄 것이다.

형이상학적 문제

형이상학은 궁극적 실재나 존재의 문제, 혹은 그것이 무엇으로 이루어졌느냐 하는 문제 등을 연구하는 분야이다.

대부분 철학자들의 주장은 실재는 그 본질에 있어서 하나라는 '일원론', 모든 사물은 두 가지 요소로 이루어졌다는 '이원론', 그리고 궁극적인 실재는 여러 개로 이루어진다는 '다원론'으로 분류될 수가 있다. 어떤 철학자들 중에는 마음조차도 물질에서 나온다는 극단적 유물론자들도 있다. 혹 어떤 철학자들은 그들의 체계 속에 하나님을 넣어 설명하는 이들도 있다. 성경적인 가르침에 의존하고 있는 사람들은 하나님은 영원자요, 영적 존재요, 영과 이 물질 세계의 창조주요, 또 이 물질 세계는 다원적 요소로 이루어졌다는 사실을 믿는다. 영적인 영역 속에는 천사(타락한 혹은 타락하지 않은)나 인간의 본성에 비본질적 요인이 있음을 알 수 있다.

어떤 이들은 인간 본성의 비본질적 요인을 영과 혼으로 구분하기도 하고, 반면 어떤 이들은 이러한 구분을 하지 않는 사람들도 있다. 성경적인 형이상학은 상당히 흥미 있는 연구가 된다. 학생들은 형이상학적 문제에 대하여 성경이 말하고 있는 바를 밝히고, 실증하는 일이 흥미 있고 유익한 연구임을 알 수 있을 것이다. 이 분야에 대하여 학생들에게 이미 신학적 문제에서 토의된 주제들을 참고하라고 권하고 싶다. '천사', '사탄', '영', '창조', '하나님' 등의 주제는 형이상학에 관한 성경적 가르침을 연구하는 좋은 목록이 되어 줄 것이다.

인식론적 문제

'인식론'이란 지식의 본질을 파고드는 연구이다. "이 중대한 연구는 우리가 어떻게 알 수 있는가? 알 수 있다면 무엇을 알 수 있는가?" 하는 질문에 대한 대답을 위해 철학자들이 연구하기 시작한 문제이다.

일반적으로 비크리스천 철학자들은 지식이란 오관에 의하여 얻어진 경험에 불과하며, 계시 따위는 이 문제와 무관하다고 생각함으로써 이 문제에 대한 전적인 기초를 단순한 경험주의에만 의존하게 된다. 물론, 인간이 실제로 어떤 것을 알 수 있는지에 대해, 심지어 마음이나 자아의 실재에까지 의심을 품는 흄 등의 인식론적 회의주의자들도 있다. 그러나 대부분의 철학자들은 일련의 논증할 수 있는 지식들을 가지고 있다고 본다.

철학자들은 경험에 근거하여 알게 되는 '후천적'(a posteriori) 지식과 경험에 앞서서 알 수 있는 '선험적'(a priori) 지식을 구별하고 있다. 그러나 이것은 비크리스천 철학자들이 본질적으로 경험한 지식을 주장하는 것과 모순되는 것이 아니다. 왜냐하면 우리가 선험적으로 알고 있는 것들이 일반적으로 그 활동의 영역 안에서 이전의 경험에 기초하고 있다는 사실 때문이다. 예를 들어, 어떤 사람이 선험적으로 "나는 그 집 1층에 방이 다섯 개, 2층에 네 개가 있다는 사실을 모르고 있다. 그러나 이것이 사실이라면 그들은 아홉 개의 방을 가지고 있는 셈이다."라고 말했을 때, 이 경우에 확실한 것은 이전의 경험으로 정확한 수학적 지식을 가지고 있다는 점이다.

이 분야에서 제기되는 또다른 한 가지의 문제는 우리가 '형상'(形象 : 특별한 물건이나 대상)을 알 수 있느냐, '질료'(質料 : 일반적 개념이나 내용)를 알 수 있느냐 하는 점이다. 칸트(Kant)는 형상만이 알 수 있고 경험될 수 있는 것이지, 우리는 그 형상이 수반하고 있는 일반적 개념은 경험할 수 없다고 단언한다. 또한 칸트는 우리가 이성을 통하여 질료를 알 수 없기 때문에, 믿는다는 것은 올바른 태도이며, 우리는 신앙에 의해서만 믿는다는 것이 가능한 것이라고 말한다.

계속해서 그는 말하기를, 여기서 우리가 받아들여야만 하는 가장 위대한 사실은 하나님께서 자기 자신을 계시해 주셨으므로 그 계시에 근거할 때에만이 궁극적으로 그를 알 수 있다는 사실이라는 것이다.

인식론에 있어서 극단적인 유물론주의자들의 견해는 물질과학 속에서 사용된 법칙에 의하여 알 수 없거나 증명될 수 없는 모든 것은 지식이 아니라는 것이다. 이 학파의 대표자로는 콩트(August Comte)를 들 수 있다.

인식론적 주제에 관한 성경적 가르침은 모든 확실한 지식은 계시라는 것이다. 경험은 가치 있는 것이지만 경험에 의하여 얻어진 지식은 언제나 잘못 판단될 우려가 있으므로 완전한 지식이 못 된다는 것이다.

그러므로 이것은 계시에 의하여 항상 정화되어야 하는 것이다. 이 문제에 관한 연구를 위하여 지식, 신앙, 신뢰, 지혜에 관한 성경적 진술이나 그 근원들이 인식론적 영역에서 제기되는 제반 문제에 대한 해답으로써 수집되고 전개되어야 한다. 성경적 인식론을 연구하는 독자들에게 제시되는 제반 관련 단어들은 성구사전을 이용함으로써 성경에서 쉽게 찾아볼 수 있을 것이다. 이 작업이 끝나면 모아진 자료들을 가지고 '지식의 근원', '지식의 목적', '지식의 본질' 등의 제목하에서 쉽게 구분할 수 있을 것이다.

윤리적 문제

윤리적인 문제는 무엇이 옳은 것이고, 무엇이 잘못된 것인가를 구별하는 원리에 관계된 것이다.

크리스천 도덕가들은 '윤리학'이란 인간들에게 자신들의 의무와 그들에게 그 임무가 주어진 이유를 가르치는 과학이라고 말한다. 옳은 것이란 하나님의 뜻이나 혹은 그의 명령에 일치하는 것을 의미하고 있다. 일반적으로 크리스천들이 생각하는 윤리적인 문제는 '인간을 위하여' 무엇이 최선의 길이냐고 하는 점이지만, 참된 성경적인 윤리는 '하나님을 위하여' 최선의 것이 무엇이며, 무엇이 그에게 최상의 영광을 가져다줄 수 있느냐 하는 것을 요구하고 있다. 올바른 것의 척도는 주로 그의 율법에 있지 않고 그의 본성에 의한 것이며, 잘못된 것이란 그의 본성에 위배되는 것이다. 비크리스천 도덕가들은 이성이 행동을 규정하기 때문에 행동의 과정이 잘 되었느냐 하는 것을(Kant), 모든 사람들은 그 행동에 보상을 받게 됨을(Mill), 그 행동은 양심과 일치한다는 사실을(Nietzsche) 주목하게 된다. 그들에게 있어서 모든 윤리적 행동을 위한 표준은 인간이나 사회 속에서 발견되므로 어디까지나 상대적이다.

반면에 크리스천은 인간 속에 어떤 분명한 규정이나 행동의 완전한 표준이 있을 수 없고 하나님에 의해서만이 그 지침을 삼을 수 있다고 생각한다. 그러므로 그의 윤리는 절대적이라고 할 수 있을 것이다. 이 윤리적 문제를 흥미 있게 연구하고자 하는 학생들은 개인 삶의 윤리적 발전을 위한 지침이 되는 성경을 통하여 하나님의 본성을 발견하라고 권하고 싶다. 이에 대해 예수께서는 "그러므로 하늘에 계신 너희 아버지의 온전하심과 같이 너희도 온전하라"(마 5 : 48)고 말씀하신다.

이 문제와 관련하여 하나님의 속성을 더 깊이 배우기 위해 어떻게 하나님은 우리에게 신성함을 전달해 주시는가, 혹은 우리에게 그 거룩한 생활을 어떻게 명령하고 계시는가를 이해하기 위하여서는 성구사전 속에서 '온전', '거룩함', '신성함' 등의 단어를 조사해 보아야 한다.

'선'(善)의 개념에 대한 연구는 윤리적 문제에 유익한 재료가 되어줄 것이다. 다시 성구사전에서 '선한', '선함'(친절) 등의 단어를 찾아보자. 이 작업이 끝나면 당신이 발견한 구절 속에서 다음 질문들에 대한 대답을 찾아보라. "어떤 사람들을 성경에서 선하다고 일컫는가?", "어떻게 사람이 선해질 수 있다고 하는가?", "그 개인의 삶 속에서 선의 결과는 무엇인가?" 이와 똑같은 과정을 따라 '악한', '나쁜'이라는 개념을 가지고도 좋은 연구를 할 수 있을 것이다. 개인적 윤리의 표준을 발전시키기 위하여 십계명에 대한 경건적, 혹은 실제적 연구는 또다른 유형의 유익한 연구가 되리라고 본다.

역사적 문제

역사적 문제란 근본적으로 "역사의 사건들을 결합시키는 그 흐름(pattern)이 무엇인가?" 하는 것이다.

어떤 이들은 흐름이란 없다고 생각한다. 흐름이 있으나 우리가 느낄 수 없다고 말하는 이들도 있고, 혹 어떤 이들은 흐름은 분명히 있다고 말한다. 이 흐름이 있다고 보는 입장에서도 기본적으로 세 가지 분류의 역사 철학자들이 있을 수 있는데 염세주의적 입장, 낙관주의적 입장, 그리고 염세-낙관주의적 입장이 바로 그것들이다. 「서양의 황혼」(*Decline of the West*)을 지은 슈펭글러(Oswald Spengler) 같은 사람에 의하여 주창된 염세주의적 입장은 이 세상은 영멸의 상태를 향한 내리막길에 있다는 것이요, 궁극에는 지구가 그 궤도 속에서 멈추고, 태양이 식는 날이 오고야 만다는 것이다. 다른 말로 바꾸면 역사는 목표가 없는 것이요, 어떤 목적 있는 종국을 향하여 가는 것이 아니라는 것이다.

낙관주의적 철학자들은 인간은 더 좋은 곳으로 가고 있으며, 더 좋은 날이 오게 된다는 사실을 가르치고, 그것을 이루려는 노력에 있어서 일반적으로 혁명적 입장을 취한다. 이 학파 중 가장 널리 알려진 철학자 중의 한 사람은 막스(K. Marx)이다. 이 견해의 사람들은 혁명이 지나면 프롤레타리아 집권시대가 오게 되며, 계급이 없는 새로운 질서의 날이 출현한다는 입장을 취하게 된다.

염세-낙관주의적 입장은 어거스틴의 「신의 도성」(*City of God*)의 사상에서 잘 나타나고 있는데, 오늘날 크리스천들에 의하여 전적인 지지를 받는다. 이 학파는 인간은 자신의 힘으로 자신을 개조할 수 없다고 믿는 점에서는 염세적이다. 반면 하나님께서 언젠가는 이 사회를 정화하시고 인간들이 영원히 잘살 수 있는 유토피아적 상황을 가져오시리라고 믿는 점에서는 낙관적이다.

만약 우리가 이 문제에 깊은 관심을 가지고 역사 속에 나타난 하나님의 사역에 관한 성경적 가르침과 종말에 대한 예언자들의 가르침을 모으고 조직화하게 되면, 이 문제는 우리에게 정말 위대한 가치를 가져다줄 것이다. 학생들이 이 문제와 관련하여 발견할 수 있는 특별한 제목을 제시하기는 어렵고 다만 이 주제를 다루는 다음 구절들에서 참고하기 바란다. 그것은 시편 66 : 7, 다니엘 2 : 21, 4 : 25, 35, 사도행전 17 : 26(ASV), 로마서 13 : 1, 신명기 28 : 1~2, 20~22, 24~25, 열왕기상 11 : 9~13, 이사야 11, 35장, 마태복음 24~25장, 요한계시록 19~22장 등이다.

정치적 문제

정치적 문제란 국가의 주체로서 주권을 누가 소유하고 있느냐 하는 정당에 관한 문제이다. 많은 나라에서는 아직도 왕이 지닌 그들의 권력은 신이 위임한 것이라고들 생각한다. 철학가들 사이에도 이 주제에 대한 다양한 견해가 있다. 어떤 이들은 그 주권이 전적으로 국민에게 있다고 말한다. 혹자들은 그 국민에 의하여 선출된 대표기관에 있다고 주장한다. 또 어떤 이들은 아직까지 속박하고 억압하는 것이 인간 본성에 의하여 필연적인 것이라고 정당화하는 무리들도 있다. 아무튼 이 문제에 대한 성경적 견해는 그 궁극적 권력이란 당신의 뜻에 의하여, 그리고 당신의 영광을 위하여 권력을 위임하시는 하나님께 속한 것이요, 전체적인 국민이나 권력가들은 모두 다 같이 하나님에 대한 책임을 지니고 있다는 사실을 분명히 하고 있다.

만약 학생들이 관심을 가지고 이 문제를 좀더 깊이 연구하고자 한다면 정부가 지니는 권위의 본질과 그 근원, 정부에 대한 국민의 책임, 국민에 대한 정부의 책임, 그리고 정부와 하나님과의 상호관계 등에 대하여 성경이 말하고 있는 바를 탐구해야만 할 것이다. 이와 같은 연구가 어떻게 진행될 수 있는가를 예시하기 위하여 본 저자에게서 배운 학생들이 만든 두 개의 개요를 여기 실었다.

이 과제를 받은 학생들은 적절하게 작성할 카테고리(category)를 발견하려고 노력하게 된다. 이러한 결론에 도달하기 위해서는 먼저 성구사전에 의하여 성경에 나타나 있는 'govern'(심판하다, 지배하다, 다스리다), 'government'(두령, 관원, 군왕, 주권자, 권세, 통치), 'rule'(규례, 치리), 'tribute'(조공, 공세), 'authority'(권위, 권력, 권능), 'sovereignty'(주권), 'judge'(심판자, 심판, 판단) 등의 단어를 찾게 되고, 특별히 에베소서, 골로새서, 다니엘 등에 나타난 권세자와 국민들의 상호관계를 연구하게 된다.

개 요 1

Ⅰ. 통치적 권위의 근원 : 하나님
  A. 권세는 하나님이 정하신 것이다(롬 13 : 1).
  B. 권세자는 하나님의 사자이다(롬 13 : 4, 6).
  C. 하나님은 권세자를 세우시고 당신의 다스리시는 뜻에 따라서 그들에게 이 일을 위임하신다(단 4 : 32, 5 : 21, 시 75 : 7).

Ⅱ. 백성에 대한 통치자의 책임
  A. 치리자는 명철하고 지혜 있는 자여야 한다(창 41 : 33, 신 1 : 13).
  B. 심판자는 가난한 자와 궁핍한 자를 돕고 선과 공의를 위해 일해야 한다(롬 12 : 4, 시 82 : 3 - 4).
  C. 그는 권능자 하나님을 경외해야 한다(시 2 : 10 - 11).
    1. 느부갓네살(단 4장)
    2. 벨사살(단 5장)

Ⅲ. 통치자에 대한 국민의 책임
  A. 하나님께서 권세자들을 거스르지 않기 때문에 우리도 그들을 거스려서는 안 된다(롬 13 : 2).
    1. 백성들은 주를 위하여 인간들의 제도에 복종해야 한다(벧전 2 : 13 - 14).
    2. 하나님의 권위를 주관하는 자는 육체의 욕망에 빠진 자와 함께 벌하실 것이다(벧후 2 : 10).
  B. 백성들은 나라에 공세를 바쳐야 한다(롬 13 : 6-7, 마 17 : 25 - 27).
  C. 통치자의 명령이 하나님의 명령이나, 하나님의 목적에 위배될 때에는 복종해서는 안 된다.
    1. 산파들은 히브리 남자 아이를 죽이라는 바로 왕의 명령에 복종하지 않았다(출 1 : 17).
    2. 히브리 자녀들은 느부갓네살의 신상에 절하지 않았다(단 3 : 18).

3. 관원들의 명령에도 불구하고 베드로는 "인간의 말을 듣는 것보다 하나님께 순종함이 마땅하지 아니하냐"고 말하면서 설교를 계속했다(행 5 : 29).

개 요 2

Ⅰ. 권세의 권위에 대한 근원

A. 하나님은 인간 전체의 주권자이시다(시 75 : 7, 67 : 4, 단 4 : 32, 롬 13 : 1).

1. 그는 정당한 권위를 허락하신다(왕하 19 : 20 – 22, 34).
2. 그는 권세를 남용하는 자를 심판하신다.
   a. 느부갓네살(단 4 : 30 – 32)
   b. 헤롯(행 12 : 21 – 23)
3. 하나님 백성에 대한 징벌의 의미로써 이방 나라를 이용하신다(왕상 14 : 15 – 16, 단 1 : 1 – 2).
4. 그는 당신께 불복종하는 자를 제하시고 당신께 순종하는 자를 세우신다(왕상 11 : 11).
5. 하나님은 당신을 멸시하는 태도에 대하여 권위를 빼앗고 온 족속을 제하신다(왕상 14 : 7 – 11).
6. 의로운 자에 대하여 그는 자손 대대로 왕위를 허락하신다(왕상 11 : 13, 눅 1 : 32).

B. 하나님은 백성들에게 정부의 형태를 선택할 자유를 주신다(삼상 8 : 4 – 9).

Ⅱ. 이 권위의 본질

A. 하나님의 뜻에 위반되는 경우

1. 권세자는 자신의 이기적 욕망을 채우기 위하여 그 권위를 부당하게 사용하곤 한다(왕상 21 : 7 – 14).
2. 그러한 경우 하나님은 권세자들을 심판하신다(왕상 21 : 19).

B. 하나님의 뜻에 합당한 경우

1. 백성들의 이익을 도모하고 보호한다(롬 13 : 3–4).
2. 악을 판단한다(롬 13 : 3–4).

Ⅲ. 정부와 백성 사이의 책임

A. 정부

1. 백성들을 죄악으로 인도해서는 안 된다(왕상 12 : 28 – 30, 13 : 1 – 3).
2. 백성들의 이익을 도모해야 한다(롬 13 : 3–4).
3. 악을 판단해야 한다(롬 13 : 3–4).
4. 내국적 평화를 유지해야 한다(삼상 30 : 21 – 24).
5. 시민들의 권리를 보호해야 한다(행 22 : 25 – 29).

B. 백성

1. 법에 복종해야 한다(롬 13 : 2, 6 – 7, 막 12 : 17).
2. 정부에 봉사해야 한다(롬 13 : 1).
3. 하나님께 불순종하면서까지 인간 권세에 복종해서는 안 된다(단 3 : 16 – 18, 28, 6 : 10, 16, 23, 막 12 : 17).
4. 권세자를 위해 기도해야 한다(딤전 2 : 1 – 2).

중세기 철학은 신학의 시녀에 불과했다. 안셀름(Anselm) 같은 위대한 사상가들은 그의 기본적 출발점으로 "나는 알기 위하여 믿는다."라는 유명한 말을 했다. 그렇다. 신앙은 이해(앎)를 촉진시키는 것이다.

이 말은 신앙이라는 것이 그의 체계 속에서 철학적 탐구에 의하여 이해하려고 하는 모든 노력을 배제한다는 뜻은 아니다. 다만 철학이 신학과는 분리되고, 신앙의 근본마저 위협하는 오늘날에 있어서 우리는 안셀름의 견해로 돌아가 계시에 근거한 새로운 기독교 철학을 수립해야 한다는 뜻이다.

만약 철학이 우주와 인간의 삶의 문제를 해결하려는 노력이라고 한다면, 우리는 하나님께서 우리에게 보여 주신 바의 우리 시대의 혼란과 어려움을 해결할 해답을 얻기 위하여 책들 중의 책인 성경으로 돌아가자.

17

심리적 방법

'심리학'의 정의를 사전에서 찾아보면 "마음과 의식의 현상, 그리고 행위, 특성, 감정, 행동, 혹은 개인으로서나 사회 속에서 인격의 속성을 취급하는 과학"이라고 되어 있다. 이 문구는 심리학이란 어디까지나 '인간 행위에 대한 연구'라는 말로 표현해 주고 있다. 그러나 오늘날의 많은 심리학자들은 이 심리학이 무엇이냐고 하는 정의와는 별 상관없이 광범하게 연구하고 있는 듯하다.

이런 점에서 노르만 문(Norman L. Munn)은 말하기를 "오늘날 심리학자들은 행동의 환경적 혹은 생물학적 기초를 발견하고 묘사하는 것을 자신의 과제로 생각하고 있다. 그들의 궁극적 목적은 우리가 인간 사건의 과정을 더 잘 예견하고, 통제할 수 있도록 우리 자신과 동료들을 더 깊이 이해하는 데 있다."라고 한다.[1] 또한 프로이드 루치(F. L. Ruch)는 "좀더 광범하게 말하자면, 심리학이란 인간의 능력, 동기, 사고, 그리고 행동을 이해하려고 노력하는 작업이며, 생물

---

1) Norman L. Munn, *Psychology* : *Fundamentals of Human Adjustment*(2nd edition ; New York : Houghton Mifflin Co., 1950), pp. 1-2.

학 그리고 사회학과 밀접한 관계가 있는 학문이다."[2]라고 자신의 견해를 밝히고 있다.

심리학의 분야는 광범하다. 때문에 여기서는 토의할 내용을 제한하여 성경적 탐구와 관련이 되는 영역에 한하여 간단한 언급을 할 수밖에 없으므로 다섯 분야의 논제를 들어 전개하고자 한다.

유전과 환경

인간의 생식과정 속에서 전해지는 염색체, 유전 인자, 그리고 기타 요인들에 대한 기술적 논의는 본 연구의 범위와는 거리가 멀다. 그러나 유전이 된 체질이나 체격의 특성들이 타인과의 관계에 영향을 미친다는 사실은 명백하다. 이러한 주제에 대한 설명은 심리학에 관한 탁월한 작업을 통해서만이 습득될 수 있는 문제이기 때문에 본 장 마지막 부분에 별도로 수록했다. 유전이 인간 상호관계에 끼치는 조건이 되기도 하지만, 환경 역시 인간 유기체가 사회화되는 조건이 된다. 그렇다고 환경의 중요성이 지나치게 강조되어도 안 된다.

비크리스천 심리학자들은 대개 인간을 평가할 때 수평적인 평면에서만 취급하게 된다. 하나님께 응답해 가는 외부적 힘의 개입에 대한 고려가 전혀 없고, 단순히 환경에 대한 반응이나 그가 현재 존재하고 있는 그 상황만을 관찰 대상으로 하고 있다는 것이다. 많은 사람들에 의하여 '인격'이란 타인과의 관계 속에서의 인간의 행동 및 사고방식과 조화된 환경과 육체적 본능의 결실로 간주되어 왔다. 그러나 크리스천 심리학자들은 인간을 보는 견해로써 세 가지 영역을

2) Floyd L. Ruch, *Psychology and Life*(4th edition ; Chicago : Scott, Foresman and Co., 1953), p. 6.

들고 있다. 즉 유기체의 본질, 환경, 그리고 '하나님'이다.

자신의 사회적 상황이 그의 태도나 행동에 크게 영향을 미치고 있다는 견해는 보편적으로 일치하고 있다. 그러나 모든 요인들이 누구에게나 다 같은 식으로 영향을 끼치는 것도 아니고, 어떤 인간의 행동을 설명할 수 있는 환경적 요인은 너무나 많기 때문에, 우리가 책임지고 있는 우리 주위 사람들을 가능한 한 안전하게 보호하기 위하여 최선을 다하는 것이 중요하다. 이런 종류의 연구에서 크리스천에게 주어질 수 있는 가장 큰 축복 중의 하나는 인간이란 완전한 환경에 따라 좌우되는 존재가 아니라, 그것을 넘어 극복할 수 있다는 이 사실을 깨닫게 한다는 점이다. 물론 비크리스천들도 장애물 극복에 대하여 많은 이야기를 하고 있지만, 그들은 자기 자신의 지식에 한계가 있기 마련이다. 그러므로 우리는 하나님의 전능하심에 우리 자신을 내어 맡기게 되는 것이다.

인격과 적응

"인격이란 인간의 심성, 감정, 그리고 성격 전반을 구성하고 있는 모든 것의 총체이다."[3] 심리학자들은 행동과 반응을 관찰하고 행동개발을 위한 방법들을 제시하는 등 인간의 인격을 취급하고자 한다. 때로 그들은 더 나은 환경을, 때로는 더 많은 교육을, 혹은 삶의 문제 해결을 위해 새로운 접근방법을 권하기도 한다. 그러나 이 모든 것이 인간 유기체에 대한 기독교적 해석과는 별개의 것이다. 그들은 아담의 타락과 그 타락한 아담이 모든 인종의 조상이라는 사실을 깨닫지 못하고 있다.

그들은 성경은 지금 전 세계가 사탄의 지배하에 있으며, 사회적

3) Joseph Tiffin, et. al., *The Psychology of Normal People*(4th edition ; Boston : D. C. Heath and Co., 1946), p. 100.

문제와 갈등이 세상에 편만해 있는 죄에서 기인된 문제라고 주장한다. 그러므로 그들은 많은 개인적 문제는 죄의 문제가 적절히 다루어질 때 해결될 수 있다는 사실을 알지 못하고 있다.

인격이 세속적 입장에서 해석되든지, 기독교 심리학자들의 관점에서 해석되든지 적응의 문제는 계속 남아 있게 된다. 그것이 곧 끊임없이 곤란과 실패에 직면하는 인간의 역병(疫病)인 것이다. 일반심리학에서도 처음에는 이것들을 극복하기는 한다. 그러나 그것들을 다소 이겨 내기 어려워질 때 멸망의 범주 속으로 빠져 버리는 것이다. 그 좌절감의 근원은 환경적인 것일 수도 있고, 개인적인 것일 수도 있으며, 혹은 내적인 갈등이 될 수도 있는 것이다.

첫 번째 환경적인 갈등에 속하는 경우는 우리가 수면을 자유롭게 할 수 없거나 제한을 받거나 경제적 어려움이 있을 때, 마치 개가 마구 짖듯 계속 떠들어 대는 경우를 볼 수 있다. 두 번째 개인적 갈등에 속하는 분류는 신체적 불구이거나 결손자, 어떤 실제의 사실이나 상상, 혹은 그와 같은 사실에 대한 열등감에서 오는 경우이며, 내적 갈등에서 기인되는 경우는 어떤 사람이 완전히 반대되는 두 가지 동기를 놓고 한쪽을 잃어버리고 하나만을 택함으로써 만족을 해야만 하는 데서 오는 좌절감을 의미한다.

이러한 좌절감들이 잘 적응될 수 없을 때 행동 적응상 비정상적 상태를 가져올 수 있고, 정신분열의 원인이 되기도 한다. 개인적으로 주위 문제에 대해서 만족하지 못하면서 생활해 나가야 할 때 여러 가지 비정상적인 행위를 하게 되는 수가 있다. 즉, 허풍을 떨고, 남을 귀찮게 한다든지, 잔인하게 되기도 하고, 침울해지기도 하고, 성질을 부리기도 하며, 질투, 거짓말, 그리고 도둑질을 하게 되는 것이다. 게다가 좌절감은 종종 근본적인 상황에 대처하기가 다소 어렵기 때문에 다른 방향의 행동을 하게 하는 어떤 보상적 메커니즘으로 그

탈출구를 찾도록 유도하기도 한다.

종종 어떤 이들은 실제로부터 회피하고자 하는 도피 기제(escape mechanism)를 사용하기도 한다. 그것은 자신의 자아와 행동 반경을 잃었기 때문이다. 또는 그가 자신의 실책이 있기 때문에 다른 사람을 비난하거나 얕잡아 보는 수도 있다. 혹 어떤 때는 부정당한 자신의 행동에 대하여 자기 자신을 설득시키는 합리화를 하는 경우도 볼 수 있다. 경우에 따라 어떤 이들은 마치 어린애처럼 엉엉 울기도 하고, 발을 구르기도 하는 퇴행의 모습을 발견할 수도 있다. 혹은 공격 기제(aggression)로 성질을 부린다거나, 잔인할 정도의 행동을 나타내는 경우도 있다. 억압은 또다른 하나의 보상이 되기도 한다.

이 경우 인간은 어려움 가운데 있는 존재라는 사실을 인정하기를 거부하는 것이다. 끝으로 사람들이 동정을 얻어 정상적인 생활의 책임을 벗어 버리기 위하여 어떤 결점을 이용하는 일은 어느 정도 당연한 일이다. 즉, 이 메커니즘의 적절한 이용을 지나치게 비정상으로 보아서는 안 된다.

지각과 감정

'지각'(feeling)은 일종의 부드러운 감정(emotion)이다. '감정'은 "어떤 가치를 얻거나 상실함으로써 오게 되는 혼란된 유기체의 조건과 행동의 충격 전반을 포괄한 어떤 경험 상태"[4]라고 정의할 수 있을지도 모르겠다. 감정은 신체 내의 심리적 조건에 의하여, 혹은 전 시대에 걸친 인간 경험의 조절, 그리고 개인적으로 순간순간 부딪칠 수 있는 의무적 상황 등에 의하여 영향을 받기도 하고, 그것이 원인이 되기도 한다. 인간의 본질 속에 있는 감정적 요소

4) Ibid., p. 263.

는 서로 상반되는 것이 아니다. 그것은 육체적인 생존을 위해 절대적으로 필요한 것이다. 감정은 위험에 직면할 때 몸을 움직일 수 있도록 자극을 주는 것이다. 때로 그것은 정신적 차원에서 한층 고상한 행동을 낳기도 한다. 그것들은 어떤 억압의 영향으로부터 자유로운 것이다. 그리고 그것들은 생활에 꼭 필요한 다양성 있는 색깔을 준비해 준다(친구에 대한 사랑과 연민의 감정, 혹은 기쁨이 없다면 우리의 생활은 어떻게 되겠는가?).

만족하지 못하는 감정적인 적응은 행복하고 정상적인 생활을 원하는 사람들에게 틀림없는 핸디캡(handicap)이 될 것이다. 분노, 질투, 그리고 근심에 대한 표현을 하는 것은 우리의 정신적, 육체적 건강에 결코 해가 되지 않음을 알 수 있다. 어떤 사람이 그러한 행동을 극복하고 원숙한 감정에 도달하게 되는 것은 바람직한 일이다. 사람은 그의 감정의 조절과 동시에 내적인 평화와 조화의 높은 수준을 습득하게 될 때, 가장 지혜롭게 목적을 성취한다고 말할 수 있을 것이다. 바꾸어 말하면 그러한 감정의 원인은 단순한 억압주의자이기 때문이 아니라 그것은 내적 생활의 변화인 것이다. 물론, 심리학자의 노력으로만 이 목표를 달성할 수 있는 것은 아니다. 거기에는 성령의 특별한 도우심이 있어야만 한다.

아무튼 이런 일반적 주제와 관련하여 다룰 수 있는 몇 가지 상식적인 관찰을 적어 보면 다음과 같다.

1. 지나친 감정의 분출이 있는 상황을 피한다.
2. 자신이 느끼는 대로 행동에 옮기는 것을 오히려 금기로 생각하고, 만사에 숨은 자리에서 행동하는 것을 약점으로 생각하는 사람은 정서적 성숙에 도달할 수 있는 기회를 거의 갖지 못할 것이다.
3. 감정의 본질을 올바로 이해하고 그것을 객관적으로 평가할 수 있어야 한다.

4. 상황에 대한 이해와 통찰력을 갖도록 해야 한다. 두려움, 분노, 그리고 근심은 우리가 올바른 빛 속에서 상황을 바라볼 때 결국은 사라지고 만다.
5. 감정의 지나친 표현은 삼가야 한다. 감정의 표현을 함부로 하느니보다는 차라리 알뜰하게 간직하라.[5)]

우리는 이런 토론이 낡은 억압주의에 동조하는 것이라고 생각해서는 안 된다. 좀더 신중하게 생각해야 한다. 언제나 진리는 극단적인데 있는 것이 아니며, 지나친 억제는 인격을 비뚤어지게 할 수도 있다. 또 한편으로는 완전히 자유로운 표현주의자는 사회를 파괴시키고 만다. 여기서 우리는 사람들이 행복하고 자유롭게 향상되어 갈 수 있되, 동료들을 해치지 않을 수 있는 좋은 매개를 찾을 수 있게 해야 한다.

행동 동기

심리학자들은 동기(motive), 동인(drive), 본능(instinct) 등의 어휘를 사용하는 것에 일치하지 않는다. 그 모든 것이 사회적으로 습득된 것이냐, 인간이 타고난 것이냐 하는 점에서도 일치하지 않고 있다. 일반적으로 똑같이 일치하는 것은 굶주림, 갈증, 그리고 성(sex) 등의 기본적 심리 동인이나 공기, 열, 그리고 추위 등과 같은 본능적인 기본적 요구의 만족을 필요로 하고 있다는 사실이다.

그러나 두려움과 같은 동인이 언급될 때의 의견은 분분하게 나뉜다. 어떤 이들은 두려움 등의 본능은 인간관계에서 복잡하게 습득되는 반사적 형태가 아니라 태어날 때 가지고 태어난다고 주장한다.

5) Ibid., pp. 306-307.

그리하여 그들은 어린아이가 놀라 움츠리는 상황과 울음소리를 가지고 그들의 견해를 증명하려고 한다. 혹 어떤 이들은 이것이 습득되는 것이라고 말하는데, 그들은 뱀에 대한 두려움을 배우지 못한 어린이는 그 뱀에 대한 강한 혐오감이 없이 자라게 된다는 사실을 들어 말하고 있다.

그러나 여기서 말하고자 하는 바는 이것이 선천적이냐, 후천적이냐를 논하려는 것이 아니라 인간들이 정상적인 인격으로 성장할 수 있는 계획을 보여 주고, 성경연구의 심리학적 방법의 필요성을 깨닫도록 하는 데 그 목적이 있다.

심리학적 면에서 다른 몇 가지를 더 부언할 수 있는데 보가더스(Emory S. Bogardus)는 4가지의 기본적 욕구를 들고 있다. 그것은 새로운 경험에 대한 욕구, 안전에 대한 욕구, 응답에의 욕구, 인지에의 욕구이다.[6] 몬로에는 이 4가지 외에도 자기 보존의 욕구, 육체적 복지에 대한 욕망, 외적 통계로부터의 자유, 자존심의 보존과 증가, 종족 보존의 욕구를 들고 있다.[7] 이 밖에도 습득, 구원, 창조, 호기심, 파괴, 경쟁, 모방, 충성, 인간적 향락, 힘과 권위, 긍지, 예배, 그리고 동정 등의 욕구가 사람들을 행동으로 이끌어 주는 동인이 되고 있다는 것이다.

이와 같은 동인들은 누구에게나 있는 공통적 요인이며, 특히 지도자들은 이 사실을 인정하고 있어야 한다. 그리고 크리스천 교사들은 이와 같은 것들을 주님을 섬기는 데 이용할 수 있도록 승화시켜 나가야 한다.

---

6) Emory S. Bogardus, *Sociology*(3rd ed., New York : Macmillan, 1950), pp. 76-77.

7) Alan H. Vlonroe, *Principles and Types of Speech*(3rd ed., Chicago : Scott, Foresman and Co.,) p. 194.

정신 위생

사람이 어느 정도 자신의 감정과 욕망을 통제할 수 있고 좌절시키는 경험에 대처할 능력이 있다면, 그는 정신적 건강을 소유하고 있다고 말할 수 있을 것이다. 분명한 것은 미국 사람들의 정신 건강은 최근 수년 동안 많이 쇠퇴하고 있다. 그리고 병원에 입원하고자 하는 많은 사람들이 있으며, 이에 관련하여 비정상적 상태를 연구하고 예방하고 치료해야겠다는 관심이 증가하고 있다. 콜레만(James C. Coleman)은 잘못된 부모와 자녀 관계, 정신적 외상, 좌절과 갈등의 잘못된 감정들이 정신병이 늘어나는 주 심리적 요인들이라고 말했다.[8] 그 첫 번째 원인으로 나타난 것은 미국 가정에서 날로 증가하는 이혼율과 가정의 붕괴가 더욱 확실해진다는 사실이다. 정신적 외상은 충격이나 손상으로 인해 발생되는데 이것은 항상 전쟁의 부산물인 것이다.

정신 질환의 문제는 여기서 쉽게 토의할 수 없을 만큼 전문적이고, 기술적인 문제로서 의학 내지는 정신 의학적인 문제이다. 어쨌든 성인 기독교인에 있어서 정신적 무질서를 막을 수 있게 해 주는 것은 우리의 가장 큰 과제 중의 하나이며, 기독교 신앙만이 만병통치약으로 간주되어서도 안 되고, 정신적 문제에 있어서 우리의 관심을 의학에만 전적으로 의존해서도 안 된다.

정신병적 무질서는 두 개의 일반적 분류로 나뉘는데 그것은 기능적인 면과 유기적 정신 질환에 있는 것이다. 후자는 머리의 부상, 간질, 신경 조직이나 그와 같은 것의 병적인 쇠퇴에서 기인되는 경우이다. 그리고 지능적인 경우는 한두 가지의 좌절이나 부적응이 특별

---

8) James C. Coleman, *Abnormal Psychology and Modern Life*(Chicago : Scott, Foresman and Co., 1950), p. 234.

히 심해질 때 일어나는 현상이다. 기능적인 정신병은 좀더 나열하여 설명해야 할 필요가 있다.

1. 조광(操狂 ; mania) : 소위 미친 병인데 이는 어떤 격렬한 욕망이나 격정을 뜻한다. 몇 가지 형태는 있을 수 있다. 방화광(불을 지르고 싶어하는 격정), 주기적 음주광(술에 만취되어 자제력이 없는 발작증), 과대망상증(어떤 위대한 인물이나 부유한 사람이 될 듯한 환상), 파망상(어떤 물체에 있어서 심한 불균형), 절도광(도둑질을 하고 싶은 심한 충격) 등의 유형이 있다.
2. 히포콘드리어증(hypochondriac) : 이것은 좋지 않은 일에 대해 끊임없이 불평을 하는 상태를 말한다.
3. 조울증(manic - depressive) : 분위기에 의해서 극도로 움직이는 성격으로 착각과 환각 증세를 종종 나타내고, 욕설이나 비열한 언어를 보통으로 생각한다. 때때로 이런 유형은 제재를 해야 할 필요가 있다.
4. 정신분열증(schizophrenic) : 이 증세는 그 자신의 비실제적 세계 속에서 생활하고 그의 환경과 연결이 되지 않아 인격이 깨지거나 나뉘는 것을 말한다.
5. 우울증(melancholiac) : 고착된 우울의 상태에서 사는 증세를 말한다.
6. 편집증 : 피해 망상적인 증세를 말한다.

심리학적인 방법을 사용하는 데 있어서 학생은 심리학자의 눈을 통하여 성경의 일부를 보고자 하는 것이며, 이런 심리과학의 빛에서 그가 연구하는 인물들을 평가하고, 이런 심리학적 용어나 견지에서 성경의 사건을 해석하고자 하는 방법이다.

예 시

이 방법의 가능성에 관한 예증으로써 여기서는 다윗과 사울의 관계에 대하여 간단히 취급하려고 한다. 우선 다윗이 정신 위생적으로 수준 높은 관계를 맺고 있었음을 찾아보게 된다. 그의 파란만장한 생애를 통하여 이루어지는 하나님 안에서 신앙과 연결을 가짐으로써 비롯되었다고 볼 수 있다. 한편 사울은 조울증이 있었고, 그 증세는 점점 심화된다. 이런 관점에서 우리는 악령이 그에게 있었다는 성경의 설명을 우선 주시해야 한다(삼상 16 : 14, 19 : 9).

둘째로 그는 압박과 격노, 그리고 정상적 상태를 오가는 이중적 분위기 속에 살아갔다. 이런 정신적 조건은 외관상으로 좌절과 발광을 가져오는 것이다. 하나님께서도 그를 외면하고 말았다. 요나단은 그의 적이었지만 다윗과 깊은 관계를 가졌다. 또한 사울은 자신의 날을 세면서 살 수밖에 없었다. 그리고 그는 크게 자존심 상하는 고통을 겪었다. 이런 모든 상황 속에서 그의 인격은 적응 능력을 잃게 되었고, 여기서 그를 구원하실 수 있는 분은 하나님밖에 없었다. 그러나 하나님께서는 당신의 종 사울의 불순종을 심판의 자리에 이르게 하셨다. 사울의 인격상 부적응을 보면, 자랑(삼상 15 : 13), 시기(18 : 8), 분노의 유혹(20 : 30－31), 잔인성(18 : 11, 22 : 17－19), 그리고 자기 합리화(23 : 7) 등으로 나타난다.

두 지도자 사이의 특징 중에서 다윗은 여러 번 좌절의 경험에 직면했다. 그러나 그는 그의 상황에서 인간이란 완전한 조건을 가질 수 없다는 사실을 거듭거듭 보여 주었다. 더욱이 모든 것을 잃어버린 것처럼 보일 때도 있었다. 그러나 그는 끝까지 그 상황을 이겨 나가고 그의 원수의 생명을 취할 수 있는 기회가 있었음에도 불구하고, 그렇게 하지 않음이 옳다는 사실을 알고 있었다. 이는 그가 가진 하나님의 사랑과 지혜가 사울의 생명을 죽이는 것을 삼가도록 그를 이끄신 것이다. 아무튼 이 사건들 속에서 다윗의 고통은 극심했으며, 절망 속에서도 그는 이스라엘의 원수들 중에서 보호함을 받은 것이다.

이러한 사건들 중 그 첫 번째는 사울의 궁전으로부터 도망간 후에 곧 일어나게 된다. 그때 그가 쉽게 찾을 수 있었던 그의 은신처는 가드(Gath) 땅 아기스(Achish)의 궁전이었던 것이다. 거기에 도착하자 그 왕은 히브리 군대의 승리가 팔레스타인 지역에 퍼지고 있음을 환기시켰고, 다윗은 두려워 미친 체하게 된다(삼상 21장). 두 번째로는 가드에서 도망간 다윗은 사울의 시대가 완전히 끝날 때까지 사울에 의해서 추적을 당한다. 그러나 믿음에 의해서, 그의 육체적 고통은 정신적 갈등과 영적 갈등을 축소시키고, 그의 의지는 모든 것을 딛고 일어서게 한다(삼상 27장).

끝으로 이러한 여러 가지 욕구나 동인들이 이 설화 속에서 두 행동 원리에 영향을 미친 방법을 관찰해 보는 것도 흥미 있는 일이다. 이미 언급한 대로 몬로에는 인간의 기본 욕구 중에 육체적 복지를 위한 욕망과 자기 보존의 욕구가 있다고 말했다. 극단의 측정이 될지 모르나 다윗과 사울은 이 동기에 의해서 이끌린 것이다. 사울의 궁전을 떠난 다윗은 제사장 아히멜렉에게 가서 음식과 칼을 구했다(삼상 21장). 원수들의 손에 암살되는 것으로부터 자신을 보호하기 위하여 단순히 그는 가드 왕 아기스의 궁전에서 미친 척했던 것이다.

후일 더이상 사울의 추격을 대체할 수 없게 되자 다윗은 다시 아기스의 궁전으로 가게 된다. 이때 그는 지글락(Ziglag) 남쪽 영역의 침입 사건에 대하여 거짓말을 하게 된다. 왜냐하면 그 왕이 다윗의 공적을 알았다면 그는 다시 유대 지방으로 다윗을 몰아냈을 것이고, 다윗은 다시 사울에게서 도망을 다녀야 한다는 사실을 두려워했기 때문이다.

한편 사울은 다윗으로부터 그의 왕국을 보존하기를 바랐고, 따라서 두 번씩이나 그를 죽이려고 했던 것이다(삼상 20 : 31, 24 : 20－22). 사무엘의 지혜로운 상담도 아랑곳없이 사울의 행동은 과격해졌고, 엔돌(Endor)에 있는 신들린 여인을 찾기까지 이르렀다(삼상 28 : 7). 사무엘상 22 : 7에서 "사울이 곁에 선 신하들에게 이르되 너희 베냐민 사람들아 들으라 이새의 아들이 너희에게 각기 밭과 포도원을 주며 너희를 천부장, 백부장을 삼겠느냐"고 말하고 있듯이, 다윗에 대한 대중들의 지지에 대하여 사울은 이스라엘에서의 자기 보존의 본능과 취득의 본능을 잘 나타내고 있다.

보존심과 자만심의 증가는 사울의 행동에서 나타나는 또다른 하나의 충동이다. 그는 유대의 어느 누구보다 키가 커 모든 백성보다 어깨 위는 더했다고 말한다(삼상 9 : 2). 그의 아버지는 능력 있는 사람이었고(9 : 1), 암몬 사람들을 쳐부수고(11 : 11) 큰 승리를 이룬 자였다. 사울은 위대하고 용감한 자였다. 그러나 다윗 역시 골리앗을 죽이고 승리했으며 사울이 천을 죽일 때, 다윗은 만을 죽일 수가 있었다. 자연히 성령은 다윗 위에 계셨다. 결국 사울은 그의 자만심으로 그를 보존하려고 노력하며 다윗을 의심하게 하는 행동을 하게 된다. 의심과 질투는 더욱 큰 죄악을 낳고 두 사람의 간격은 너무나 넓어 다시 건널 수 없는 다리가 되고 만다.

이러한 기본적 충동과 관계하여 사무엘상 설화 속에서 보여 주는 세 가지의 좋은 표본이 있다. 그 첫째는 두려움이다. 그것은 사울의 편에서 나타나는데 그는 주께서 다윗과 함께하시기 때문에 그를 두려워했다(18 : 2, 29). 그러나 한편 다윗은 그의 뒤를 계속하여 좇는 사울의 간계를 두려워했다. 그래서 그는 사울로부터 도망하고, 거짓말을 하고 미친 척했던 것이다(21, 27장).

또 하나 다윗과 사울의 갈등에서 주시해야 할 동인은 자부심이다.

이것은 사울이 정신적으로 위험한 상태에 있었다기보다는 하나님께서 사울을 거절하신 데에 그 원인이 있다. 사울의 자부심은 희생의 제물을 드리는 제사장의 직무를 횡령하도록 했고(삼상 13장), 결국 그의 완전한 불순종을 낳고 말았다(15장). 끝으로 그의 입장에서 지지를 호소하며, 그가 흐느껴 울며 한 다음의 말에서 '동정'을 볼 수 있다. "너희가 다 공모하여 나를 대적하며 내 아들이 이새의 아들과 맹약하였으되 내게 고발하는 자가 하나도 없고 나를 위하여 슬퍼하거나 내 아들이 내 신하를 선동하여 오늘이라도 매복하였다가 나를 치려 하는 것을 내게 알리는 자가 하나도 없도다 하니"(삼상 22 : 8).

성경연구에서 심리학적 방법은 모든 성경 인물에 대하여 사용될 수 있다. 즉, 그것은 비정상적 인격에는 어떤 제한이 있는 것이 아니기 때문이다. 이 문제를 개발하기 위해 특별한 관심을 가지게 되면 어떤 사람이든 간에 행한 행동에는 이유가 있고, 그 행동 속에는 언제나 동기가 있게 마련이다. 아마도 신자들은 그의 일반적 행동의 조건에서도 사려 깊은 관심과 노력하에서 사람의 영적인 조건에 특별한 관심을 기울여야만 할 것이다. 왜냐하면 우리 크리스천들의 심리학적 접근에는 하나님이 주신 원리와 더불어 갈등하게 되는 타락의 본성을 소유하고 있다는 사실에 의하여 조건화되기 때문이다. 그리고 그 본성은 성령에 의하여 통제될 때, 그 사람의 행동과 생각의 방향이 다시 결정될 수 있다는 사실을 깨달아야 한다.

연구노트

효과적인 성경연구를 위해 여기서 사용되는 방법들의 가치는 연구노트에서 한층 더 잘 나타나고 있다.

첫째, 빌립보서 1 : 14~19에 나타난 기독교인의 봉사에 대한 동기의 평가와 그들에 대한 바울의 반응을 연구하라. 둘째, 솔로몬의 정치와 행실에 대하여 그의 환경이 미친 영향을 연구하라. 셋째, 바울의 기독교적 경험이 자신의 사명을 감당해 가는 동안 당하게 되는 여러 가지 고통에 대하여 그의 반응에 영향을 끼친 방법을 연구하라. 넷째, 복음서에 나타난 그리스도의 인간적 자각과 감정에 대한 도표를 작성하라. 다섯째, 바리새인의 입장에서 예수의 행동과 반응에 관한 심리학적인 연구를 하라. 여섯째, 갈멜 산 사건 후 엘리야의 행동과 태도에 관한 심리학적 소고에 관한 연구를 하라. 일곱째, 요나서를 심리학적으로 해석하여 연구하라. 여덟째, 느헤미야를 적대하는 데 대한 심리학적 동기를 연구하라. 아홉째, 두 번째 성전이 세워졌을 때 나타난 감정적 평가(스 3장)를 하라. 열째, 여로보암의 잘못된 예배 제도에 포함된 심리학적 요인들을 연구하라.

18

경건적 방법

"경건적(신앙적) 방법은 성경연구에 있어서 최고의 기술을 가진 것이 곧 영이라고 본다. 하나님의 심정을 알고자 갈망하는 영이다. 하나님의 음성에 귀를 기울이는 겸손한 영(靈)이다. 진심으로 하나님의 뜻을 실현하고자 하는 담대한 영이다. 하나님의 현존 앞에 안식을 경앙(景仰)하는 영이다."[1] 사실 영과 더불어 성경연구를 한다는 것은 무엇보다도 중요한 것인 반면에 이 방법은 그 기초나 절차에 있어서 다소 불안감을 주게 된다. 본 장에서 상세하게 설명될 이 방법은 참된 신앙적 적용이 이루어지는 가운데 의미 있는 성경 이해를 제공해 준다는 점에서 그 가치가 있다. 더구나 신앙화하는 과정은 더 중요한 의미를 지니고 있으며, 계획과 함께 조화 있게 연구될 때 한층 더 중요한 영향력을 가져오게 될 것이다.

조직화된 경건적 연구방법을 논하기 전에 간단한 조언을 하고자 한다. 첫째로, 무엇보다도 이 방법을 수행하는 동안 사탄은 최대의

---

1) M. C. Tenney, 갈라디아서 : 크리스천 자유의 헌장(*Galatians : The Charter of Christian Liberty*), pp. 189-190.

반대 활동을 감행하게 될 것이다. 사탄은 신자들이 과학적, 철학적 혹은 심리적 관점에서 성경을 연구하고자 할 때는 그렇게 지나친 관심을 나타내지 않는다.

그러나 우리가 더 나은 승리의 생활과 더 효과적인 증거의 생활을 위하여 말씀을 우리의 개인적 삶에 적용하고자 할 때 이야기는 아주 달라진다. 사탄은 우리가 이 연구에서 능력을 얻는 만일의 사태를 대비하여 온 힘을 다해 방해 공작을 하게 되고, 신자들은 곧 개인적 성경연구에 보내는 시간보다 다른 일을 하는 데 쓸데없이 시간을 소비하게끔 심한 유혹을 받게 될 것이다.

둘째로, 학생들은 성경을 연구하는 데 있어서 깊게 파고드는 연구나 넓게 하는 연구, 어느 한쪽에 지나친 강조를 하는 것은 자신의 경건생활에서 피해야 하고, 잘 병행하도록 노력해야 한다. 깊은 탐구에만 지나친 시간을 소비하는 일은 나무를 보고 숲을 보지 못하듯 전체적 맛을 느끼지 못하게 하며, 일반적 개괄에만 관심을 기울이는 일은 숲을 보고 나무를 보지 못하듯 세밀한 관찰에서 얻어지는 축복을 놓쳐 버리게 한다.

셋째로, 말씀에 대한 경건적 연구는 성경을 기억함으로써 무한히 증진되어 갈 수 있다. 우리 마음속에 말씀의 아름다운 구절들이 쌓여 있다면, 우리도 항상 말씀을 묵상하며 우리의 생활을 수정해 나갈 수 있는 길이 열릴 것이다. 이것이 곧 밤낮으로 주의 말씀을 묵상함으로써(시 1 : 2) 하나님의 축복된 삶을 살아갈 수 있게 해 주는 길이 아니겠는가. 이 말씀을 기억하는 일은 항상 설교 준비를 하며 생활을 해야 하는 목사에게도 많은 은혜가 될 것이다. 이러한 생활 속에서 그 구절들의 진리는 그의 전 존재 속에 스며들게 되며, 그의 설교는 사람들을 구원으로 인도할 때 그 자신의 일부분이 되어 능력 있는 설교가 될 것이다.

넷째로, 이 경건적 방법에는 조직적인 체계가 참으로 필요하다. 이런 계획성이 없이는 시간을 소비하게 되고, 때로는 백일몽의 경향을 가져오기도 하며, 과정을 스쳐지나감으로써 얻게 되는 영적 진리의 조각 하나만을 얻어 쥐고 쉽게 만족하게 된다. 자, 이제 우리도 하나님의 말씀의 목장을 배회하는 한 마리의 양이 되지 말고 영적 축복의 샘을 마음껏 마셔 보자.

모든 경건적 성경연구의 목적은 말씀 속에서 신자들을 향한 하나님의 주장과 새로운 삶을 향한 지시를 발견하고 크리스천다운 삶을 고양해 감으로써 개인의 영적 생활을 증진하는 데 있다. 이 책에서 상세하게 설명하고 있는 방법들을 잘 따르게 되면 많은 영적 유익을 가져다줄 것이지만, 이 방법들을 더 깊이 개발하고 변형해 가게 되면 한층 더 큰 축복을 얻게 될 것이다. 이 경건적 방법은 단어, 구절, 문단, 장, 권, 성경 인물, 주어진 부분 속에 나타난 그리스도 등을 주의 깊게 연구함으로써 효과적으로 수정될 수 있을 것이다.

단 어

성경적인 단어의 경건적 탐구는 다소 신학적 방법과 중복되는 감이 없지 않다. 여기서는 기술적인 면에서라기보다는 영적인 견지에서 그 단어나 개념들을 살피려고 노력하게 된다. 그러므로 쉽게 영적 메시지를 수반할 수 있는 단어를 선택하는 것이 현명한 일이다. 단어가 선택되면 몇 가지의 질문에 따라 연구를 하게 된다.

1. 성경에서 이 단어가 어떻게 사용되고 있나? 즉, 다양한 성경적 맥락 속에서 그 단어가 쓰이는 용도를 탐구함으로써 어떤 정의를 얻을 수가 있나?

2. 이 단어를 사용하고 있는 사람이 어떤 의미로 이 단어를 쓰고 있는가? 예를 들면 바울이 디모데후서 1 : 12에서 "내가 믿는 자를 내가 알고 또한 내가 의탁한 것을 그날까지 그가 능히 지키실 줄을 확신함이라"고 했을 때, 그는 '알라', '의뢰하라', '의탁하라', '확신하라'라는 단어를 어떠한 의미로 사용하고 있는가?
3. '하나님', '인간', '죄', 그리고 '악한 힘' 등에 대하여 계시되고 있는 바는 무엇인가?
4. 내 자신의 영적 생활을 강건하게 하는 데 이것이 어떻게 연관될 수 있는가?

이 특별한 단어는 다른 단어들에게는 적용할 수 없는 일련의 문제를 수반하게 됨을 볼 수 있을 것이다. 예를 들어 '지혜'라는 단어를 살펴보자. 지혜의 근원, 지혜를 얻게 하는 근거는 하나님이시다. "너는 마음을 다하여 여호와를 의뢰하고 네 명철을 의지하지 말라"(잠 3 : 5). 또한 지혜를 얻는 목적은 우리가 올바른 길로 걸으며 선한 증거를 하기 위함이며, 지혜를 얻어야 할 필요성은 우리의 마음은 언제나 죄악에 유혹되기 때문이라는 것이다.

구 절

성경구절의 구분은 다분히 인위적이어서 이 구절들이 완전한 의미를 전달해 주기에는 불완전한 경우를 자주 볼 수 있다. 그러나 많은 구절들이 경건적 명상의 결실을 가져다줄 때가 있다. 또는 이 구절들이 너무 단편적이어서 그 메시지가 전체 텍스트의 맥락에서 이해되어야 할 때도 있다. 주어진 구절 속에서 동사를 연구해 보는 일은 많은 유익이 되기도 한다. 즉, 동사의 시제, 태, 법(가정, 직설, 명령법 등), 주어, 목적어 등을 관찰하는 일이다. 그 다음 이 편집된 구절이 어떻게 전체적인 메시지와 잘 조화되며, 그 메시지에 어떻게 기여하고 있는지를 물어보라. 각 구절들은 서로 상황에 따라 다른 점이 너무 많기 때문에 이 연구방법을 따라 연구할 수 있는 일괄적인 계획을 제시하기는 어렵고, 개인적 접근을 해 갈 수밖에 없다고 본다. 다만 우리가 연구를 함에 있어서 많은 유익을 가져다줄 몇 개의 구절을 제시할 수밖에 없을 것이다.

이 중에는 우리 신자들의 깊은 관심을 끌게 하는 신약성경의 '3－16구조'(3 : 16) 구절을 볼 수 있다. 이 중에서도 가장 의미 있는 구절로서는 요한복음(구원의 선포), 디모데전서(심오한 계시), 디모데후서(말씀의 영감), 요한1서(최고의 희생제물), 고린도전서(성령의 전), 야고보서(불화의 죄) 등을 들 수 있을 것이다. 또한 그리스도의 말씀과 업적을 담은 기록, 그리스도에 대한 세례 요한의 진술, 그리스도의 부름을 받은 각 제자들의 반응 등을 복음서에서 비교해 보는 것도 위대한 축복을 가져다줄 것이다.

문 단

문단에 대한 연구는 이미 제2장에서 다루었다. 그러나 경건적 방법과는 다소 다른 점이 있다. 여기서 우리는 주로 기술적인 관점에서 다루려고 하는 것이 아니라, 우리 영혼의 양식을 얻는 데 그 목적이 있다. 종종 성경의 한 문단은 아침과 저녁 경건의 시간을 위해 적당한 길이가 되곤 한다. 어떤 이들은 성경의 문단을 차례대로 읽어 가기도 하고, 혹 어떤 이들은 주제에 따라서 문단을 선택하기도 한다. 예를 들어 각 문단을 명상하고자 할 때 그리스도의 세례, 유혹, 십자가에 못 박힘, 승천 등의 주제를 택할 수도 있고, 때로는 어떤 주제에 관한 모든 문단을 비교해 보는 것도 크나큰 영적 축복을 가져다줄 것이다. 문단의 메시지를 찾고자 할 때 학생들은 제목, 개요, 요절, 내용 요약, 마음에 감동을 주는 특별한 말씀 등을 생각하게 된다. 이 마음의 감동을 주는 말씀을 찾는 이것이 이 방법으로 연구하는 과정에서 제일 중요한 부분이 된다. 그러므로 연구자들은 한 제목 아래서 적어도 하나의 감동된 말씀을 찾기 전에는 그 텍스트를 떠나서는 안 된다.

장과 권

비록 각 장별로 연구를 한다고 할지라도 연구자가 각 권에 대한 완전한 연구가 있기 전에는 각 장을 차례대로 선택해 가는 길밖에 없을 것이다. 그러므로 여기서는 장과 권의 장 구분에 따르지 않고, 한 권 전체를 경건적 방법으로 연구하고자 한다면 이미 설명된 귀납적, 종합적, 분석적 방법을 따라 연구를 진행해 갈 수밖에 없을 것이다. 성경 각 장에 대한 연구는 많은 접근 방법들이 있지만 다음과 같이 10가지의 질문을 통하여 본문에 대한 충분한 탐구도 있으리라고 본다.

1. 본 장의 숨은 주제는 무엇인가?
2. 본 장의 주된 교훈은 무엇인가?
3. 본 장의 요절이라고 생각되는 구절은 어디인가?
4. 본 장의 주요 인물들은 누구인가?
5. 본문 중에서 그리스도에 대한 가르침은 무엇인가?
6. 본문에서 마땅히 내가 따라야 할 표본이 있는가?
7. 본문에서 마땅히 내가 행해야 할 임무가 있는가?
8. 본문에서 내가 마땅히 피해야 할 잘못이나 경고가 있는가?
9. 본문에서 나를 위한 어떤 약속이 있는가?
10. 본문에서 내가 뒤따라야 할(echo) 기도가 있는가?[2)]

---

2) Wilbur M. Smith, *Profitable Bible Study*, p. 33. 이와 같은 방법에 따른 연구로서는 네비게이토 성경연구가 가장 단순하면서도 가장 효과적인 방법이라고

이러한 방법에 따라 각 장을 천천히 묵독하기도 하고, 소리 내어 읽기도 하며, 또한 기도하면서 명상을 한다. 그 다음 각 절과 장을 연구하게 되는데 여기서는 장(章) 제목, 요절, 의미 있는 말씀, 인물이나 기타에 대한 난이점들, 대조되는 구(句), 느낀 점, 요약이나 개요 등 여러 가지 문제들을 기록하게 된다. 이때 큰 모조지나 대학 노트를 사용하여 이 종이 위에 칸을 만들어 나란히 배열한다. 이와 같은 기록은 대부분 성경에 나타난 그대로를 설명한다. 그러나 때로는 간단한 코멘트가 그 뜻을 분명히 해 줄 때도 있다.

'의미 있는 말씀' 칸에는 할 수 있는 한 간단한 단어로 본문의 주요 교훈을 포함시킨다. 대조구가 꼭 필요한 것은 아니다. 그러나 종종 우리가 말씀을 묵상할 때 성경은 이 병행구를 통하여 역사하는 때가 있다. '난이점'이라는 칸은 다시 두 개로 구분하여 상반부에는 연구 과정에서 생기는 문제점이나 의문점을 기록하고, 그 해결은 제일 마지막에 가서 하게 된다. 그 하반부에는 나중에 '깨달은 바'와 '해결한 바'를 기록하게 된다. 그리고 '느낀 점'에는 신자들의 마음을 움직이는 본문상의 어떤 의미나 코멘트, 혹은 그로 하여금 풍부한 크리스천의 삶으로 인도해 주는 특별한 말씀을 기록한다.

우리가 이 방법을 따라 연구해 가노라면 많은 성경의 본문들이 우리 마음에 충만한 영적 축복을 가져다줄 것이다. 이 중에는 특별히 요한복음, 로마서, 히브리서, 그리고 요한1서 등을 들 수 있겠다. 이 방법으로 연구할 수 있는 몇 가지 본문을 들자면 열왕기상 8, 18장, 열왕기하 18~19장, 시편 1, 23, 119편, 이사야 53장, 누가복음 2장, 요한복음 3, 15장, 사도행전 2장, 로마서 8장, 고린도전서 13, 15장, 빌립보서 2장, 히브리서 11장, 요한1서 3장 등을 들 수 있겠다.

생각된다(우리나라에는 이 네비게이토 외에 U. B. F. 성경연구나 C. C. C. 성경연구 등도 있다).

성경적 인물

성경 인물에 대한 연구는 이미 전기적 방법에서 길게 다루었다. 그러므로 여기서는 경건의 영이 강조되어야 한다는 사실 외에 다른 설명이 필요치 않을 것이다. 독자들은 마음속에 우선적으로 다음과 같은 질문을 해야 한다.

"왜 하나님께서는 구별된 성경 속에 이 인물을 포함시켰는가?", "왜 하나님께서는 성경 속에서 당신이 행하신 그런 식으로 이 인물을 다루었는가?", "그 인물의 생활 속에서 내가 본받아야 할 점이나 혹은 삼가야 할 무엇이 있는가?", "그로 하여금 그러한 인물이 되고, 그러한 행동을 하게 했던 개인적 배경과 어떤 관계가 있는가?", "만약 성경이 지금도 계속 기록되고 있다면 내 이름이 그런 식으로 포함될 수 있을 것인가?", "아니면 성경은 나에 대하여 무엇이라고 기록할 것인가?".

그리스도

그리스도는 성경 전체 메시지의 중심이다. 각 본문을 연구할 때마다 예수 그리스도와 관련된 직접적 말씀이나 유형, 혹은 예언의 말씀을 탐구한다면 크나큰 축복과 유익을 가져다줄 것이다. 여기서 말하는 경건적 방법은 여타의 방법이나 이미 설명한 신학적 방법과 대동소이하나, 다만 차이점이란 영의 역할을 강조하는 것이다. 독자들은 제4장에서 그리스도의 인격에 대한 연구를 위해 개요나 제언들을 발견할 수 있을 것이다.

신자들이 성경을 연구함에 있어서 경건적 방법으로 어느 본문을 택하든지 다른 어느 방법보다도 더 큰 효과를 가져오리라는 것이 본 저자의 견해이다. 왜냐하면 개인의 삶을 하나님께서 주장하실 때에 그 영향력이란 위대한 것이며, 그 말씀들이 단순히 우리 마음을 잠깐 스쳐 지나가는 것보다 그것들이 우리 손을 통하여 잉크나 펜으로 나타날 때 그 감동은 더욱 큰 것이다. 더구나 이 경건적 방법은 과거 하나님께서 말씀하셨던 바를 오늘 우리의 마음속에 그대로 남아 보존되게 하는 방법이 되어 줄 것이다.

참고문헌

1. 성경교수의 방법

Benson, Clarence H. *The Christian Teacher*. Chicago : moody Press, 1950.

Betts, George H. *How To Teach Religion*. Nashville Abingdon-Cokesbury Press, 1919.

Bower, W. C. *Christ and Christian Education*. Nashville : Abingdon-Cokesbury Press, 1943.

Cantor, Nathaniel. *Dynamics of Learning*. Buffalo : Foster & Stewart, 1946.

Deese, James. *The Psychology of Learning*. New York : McGraw-Hill, 1952.

Dewey, John. *How We Think*. Boston : D. C. Heath and Co., 1933.

Dobbins, Gaines S. *The Improvement of Teaching in the Sunday School*. Nashville : Sunday school Board, Southern Baptist Convention, 1943.

Eavey, C. B. *The Art of Effective Teaching*. Grand Rapids : Zondervan Publishing House, 1953.

_______. *Principles of Teaching for Christian Teachers*. Grand

Rapids : Zondervan Publishing House, 1940.

Gaebelein, Frank. *Christian Education in a Democracy.* New York : Oxford University Press, 1951.

______. *The Pattern of God's Truth.* New York : Oxford University Press, 1954.

Gregory, Jonh M. *The Seven Laws of Teaching.* New York : Pilgrim Press, 1886.

Guthrie, E. R. *The Psychology of Learning.* New York : Harper & Brothers, 1952.

Haden, Eric G. *Educational and Evangelistic.* Kansas City, Kansas : Central Seminary Press, 1950.

Highet, Gilbert. *The Art of Teaching.* New York : Alfred A. Knopf, 1952.

Horne, H. H. *Jesus-the Master Teacher.* New York : The Association Press, 1920.

Kuist, Howard Tillman. *The Pedagogy of St. Paul.* New York : George H. Doran Co., 1925.

Mort, Paul R. and William S. Vincent, *Modern Educational Practice : A Hand book for Teachers.* New York : McGraw-Hill Book Co., Inc., 1950.

Mursell, James Lockhart. *Successful Teaching.* New York : McGraw-Hill Book Co., Inc., 1946.

National Society for the Study of Education, *Learning and Instruction, Forth-ninth Yearbook*, Part Ⅰ. Chicago : University of Chicago Press, 1950.

Price, J. M. *Jesus the Teacher.* Nashville : The Sunday School Board, Southern Baptist Convention, 1946.

Tead, Ordway. *College Teaching and Learning a Plea for Improvement.* New Haven : Yale University Press, 1949.

Thornton, E. W. *How to Teach.* Revised by C. J. Sharp. Cincinnati : Standard Publishing Co.

Weigle, Luther. *Jesus and the Educational Method.* Nashville : Abingdon-Cokesbury, 1939.

Woodruff, Asahel, *The Psychology of Teaching.* New York : Longmans, Green and Co., 1948.

Yoakam, Gerald Alan, and Robert G. Simpson. *Modern Methods and Techniques of Teaching.* New York : The Macmillan Co., 1949.

6. 전기적 방법

대부분의 경우, 학생들은 그가 좋아하는 성경사전의 도움으로 성경인물에 대한 사실들을 완벽하게 연구할 때까지는 성경적 인물에 대한 다른 책들을 피해야 한다. 그 주제에 대해서 아무리 유명한 저자라 할지라도 성경적 설화에 의해서 만들어진 어떤 전기 속에서 미완성된 부분에 대해서는 추론적으로 그 갭(gaps)을 매우는 것을 볼 수 있다. 만약 당신 자신의 연구를 먼저 하게 되면, 당신은 이런 보충적인 자료들이 어디에 첨가되어야 하는지를 쉽게 알게 되며, 하나님의 영감과 인간의 상상을 혼동하지 않을 것이다. 더욱이 어떤 신성화된 상상력은 모든 신자들에게 가치가 있을 것이다. 그러나 다른 사람의 상상력에 지나치게 의존하는 것은 자신의 상상력의 성숙을 방해하는 격이 될 것이다.

이 분야에 관계된 몇 권의 책을 소개해 보겠다. 「국제표준성경 백과사전」(*The International Standard Bible Encyclopedia*, Grand Rapids : Wm. B. Eerdmans Publishing Co.)은 성경적 인물에 관한 기본적 사실을 쉽게 모으는 데 아주 좋은 참고서가 된다. 성경에 나오는 모든 인물은 5권으로 된 이 사전에 사실상 다 수록되어 있다. 같은 계열로는 밀러 공저(Miller and Miller), 「하퍼 성경사전」(*Harper's Bible Dictionary*, New York : Harper & Brothers)과 스미스(William Smith) 저, 「스미스 성경사전」(*Smith's Bible Dictionary*, Grand Rapids : Zondervan Publishing House)을 들 수 있다. 성경인물 연구에 관한 고전적인 해설서로는 히트(Alexander Whyte)가 쓴 「성경인물들」(*Bible Characters*)이 있는데, 그

것은 이전에는 6권으로 출판되었다가 현재는 2권으로 되어 있다.

또한 개개의 인물에 관한 일련의 좋은 책들을 메이어(F. B. Meyer)가 썼는데, 이 책들 중 많은 부분이 Zondervan 출판사에 의해서 재판되었다. 이 분야의 또다른 가치를 가진 Zondervan 출판사의 책은 무디(Moody)와 탈메지(Talmage), 파커(Parker)가 공저한 「성경인물들」(*Bible Characters*)이다. 이 책은 대 · 소 성경상의 인물에 관해서 82개의 설교를 담고 있다.

7. 역사적 방법

Adams, J. M. *Biblical Backgrounds.* Nashville : Broadman Press, 1938.

Cartledge, Samuel A. *A Conservative Introduction to the New Testament.* 6th ed. ; Grand Rapids : Zondervan Publishing House, 1951.

Fairweather, William. *The Background of the Epistles.* Edinburgh : T. & T. Clark, 1935.

_______. *The Background of the Gospel.* 4th ed. ; Edinburgh : T. & T. Clark, 1926.

Filson, Floyd V. *The New Testament Against Its Environment.* 3rd ed. ; London : The SCM Press.

Kerr, John H. *An Introduction to the study of the Books of the New Testament.* New York : Fleming H. Revell Co., 1892.

Miller, Madeleine S. and J. Lane, *Encyclopedia of Bible Life.* New York : Harper & Brothers, 1944.

_______. *Harper's Bible Dictionary.* New York : Harper & Brothers, 1952.

The New Schaff-Herzog Encyclopedia of Religious Knowledge. Grand Rapids : Baker Book House, 1949. 13 volumes.

Orr, James, ed. *The International Standard Bible Encyclopaedia.*

Grand Rapids : Wm. B. Eerdmans Publishing Co., 1943. 5 volumes.

Ramsay, W. M. *The Cities of St. Paul.* London : Hodder & Stoughton, 1907 ; reprinted by Baker Book House.

______. *St. Paul the Traveller and the Roman Citizen.* 8th ed. ; London : Hodder & Stoughton, 1905 ; reprinted by Baker Book House.

Raven, John Howard. *Old Testament Introduction.* New York : Fleming H. Revell Co., 1906.

The Seventh-day Adventist Bible Commentary. Washington, D. C. : Review and Herald Publishing Association, 1954. 7 volumes. The introductory chapters of each of these volumes are of special value in that they deal with historical and chronological problems of the Bible in the light of the latest discoveries of modern scholarship.

Smith, William. *Smith's Bible Dictionary.* rev. ed. ; Grand Rapids : Zondervan Publishing House, 1953.

Tenney, Merrill C. *The New Testament : An Historical and Analytical Survey.* Grand Rapids : Wm. B. Eerdmans Publishing Co., 1945.

Thiessen, Henry C. *Introduction to the New Testament.* Grand Rapids : Wm. B. Eerdmans Publishing Co., 1943.

Unger, Merrill F. *Introductory Guide to the Old Testament.* Grand Rapids : Zondervan Publishing House, 1951.

Wright, G. Ernest. *The Old Testament Against Is Environment,* 3rd ed. ; London : The SCM Press.

Young, Edward J. *An Introduction to the Old Testament.* Grand Rapids : Wm. B. Eerdmans Publishing Co., 1949.

11. 지리학적 방법

기본적 문헌으로서는 「대영백과사전」(*Encyclopaedia Britannica*), 「아메리카 백과사전」(*Americana Encyclopaedia*), 「사회과학 백과사전」(*Encyclopaedia of the Social Sciences*), 「쉐이프헤르조그 대종교백과사전」(*The New Schaff-Herzog Encyclopaedia of Religious Knowledge*), 「국제표준성경」(*the International Standard Bible Encyclopaedia*), 「웹스터 지리학사전」(*Webster's Geographical Dictionary*), 그리고 헤이스팅스의 「성경사전」(*Dictionary of the Bible*) 등이다. 그 외에도 다음과 같은 문헌들이 지리학적 성경연구 방법을 개발하는 데 좋은 자료가 되어 줄 것이다.

Adams, J. M. *Biblical Backgrounds.* Nashville : Broadman Press, 1938.

Barton, George A. *Archaeology and the Bible.* 7th ed. ; Philadelphia : American Sunday-School Union, 1937.

Dalman, Gustaf. *Sacred Sites and Ways.* translated by Paul P. Levertoff. London : Society for Promoting Christian Knowledge, 1935.

Finegan, Jack. *Light from the Ancient Past.* Princeton : Princeton University Press, 1946.

Free, Joseph P. *Archaeology and Bible History.* Wheaton Illinois : Van Kampen Press, 1950.

Hurlbut, Jesse Lyman. *A Bible Atlas.* New York : Rand McNally & Company, 1910.

Miller, Madeleine S. and J. Lane. *Encyclopaedia of Bible Life.* New York : Harper & Brothers, 1944.

______. *Harper's Bible Dictionary.* New York : Harper & Brothers, 1952.

Ramsay, W. M. *The Cities of St. Paul.* London : Hodder & Stoughton, 1907, reprinted by Baker Book House.

______. *St paul the Traveller and the Roman Citizen.* 8th ed ;

London : Hodder & Stoughton, 1905, reprinted by Baker Book House.

Smith, William. *Smith's Bible Dictionary.* rev. ed ; Grand Rapids : Zondervan Publishing House, 1953.

Wright, George E. and Floyd V. Filson. *The Westminster Historical Atlas to the Bible.* Philadelphia : The Westminster Press, 1946.

12. 사회학적 방법

Barnes, Harry Elmer. *Social Institutions.* New York : Prentice -Hall, 1942.

Bogardus, Emory S. *Sociology.* New York : The Macmillan Co., 1950.

Gillin, John L. and John P. Gillin. *Cultural Sociology.* New York : The Macmillan Co., 1948.

Lee, Alfred M. ed. *New Outline of the Principles of Sociology.* New York : Barnes & Noble, 1946.

Maclver, R. M. and C. H. Page. *Society : An Introductory Analysis.* New York : Rinehart & Co., 1949.

Ogburn, William F. and M. F. Nimkoff. *Sociology.* New York : Houghton Mifflin, 1950.

Robinson, Thomas H. et. al. *A Survey in the Social Sciences.* New York : Harper & Brothers, 1940.

Young, Kimball, *Sociology. A Study of Society and Culture.* New York : American Book Co., 1942.

13. 정치학적 방법

기본적 문헌으로서는 「대영백과사전」(*Encyclopaedia Britannica*), 「아메리칸 백과사전」(*Americana Encyclopaedia*), 「사회과학백과사전」

(*Encyclopaedia of the Social Sciences*), 「쉐이프헤르조그 대종교백과사전」(*The New Schaff-Herzog Encyclopaedia of Religious Knowledge*), 「국제표준 성경사전」(*The International Standard Bible Encyclopaedia*), 「웹스터 지리학사전」(*Webster's Geographical Dictionary*), 그리고 헤이스팅스의 「성경사전」(*Dictionary of the Bible*) 등이 있으며, 그 외에도 정치학적 성경 연구방법을 개발하는 데 있어서 다음과 같은 문헌들이 많은 도움을 주리라고 믿는다.

Adams, J. M. *Ancient Records and the Bible.* Nashville : Broadman Press, 1946.

Barton, George A. *Archaeology and the Bible.* 7th ed. ; Philadelphia : American Sunday-School Union, 1937.

Breasted, James Henry. *A History of Egypt.* New York : Charles Scribner's Sons, 1909.

Finegan, Jack. *Light from the Ancient past.* Princeton : Princeton University Press, 1946.

Hurlbut, Jesse Lyman. *A Bible Atlas.* New York : Rand McNally & Co., 1910.

Miller, Madeleine S. and J. Lane. *Harper's Bible Dictionary.* New York : Harper & Brothers, 1952.

Olmstead, A. T. *History of Assyria.* New York : Charles Scribner's Sons, 1923.

________. *History of Palestine and Syria.* New York : Charles Scribner's Sons, 1931.

________. *History of the Persian Empire.* Chicago : University of Chicago Press, 1948.

Steindorff, George, and Keith C. Seele. *When Egypt Ruled the East.* Chicago : University of Chicago Press, 1942.

Wright, George E. and Floyd V. Filson, *The Westminster Historical Atlas to the Bible.* Philadelphia : The Westminster Press, 1946.

14. 문학적 방법

A. 미술 및 건축

Burrows, Millar. *What Mean These Stones?.* New Haven : American Schools of Oriental Research, 1941.

Caldecott, W. S. and James Orr. "Temple," *International Standard Bible Encyclopedia*, V. pp. 230 – 240.

Dalman, G. "Synagogue," *The New Schaff – Herzog Encyclopaedia of Religious Knowledge,* XI. pp. 213 – 216.

Dickie, A. C. "Architecture," *International Standard Bible Encyclopaedia*, I. pp. 234 – 238.

Finegan, Jack. *Light from the Ancient Past.* Princeton : Princeton University Press, 1946.

Geimore, George W. "Temples, Hebrew," *The New Schaff–Herzog Encyclopaedia of Religious Knowledge*, XI. pp. 293–296.

International Standard Bible Encyclopedia, "General Index," list of articles under "Architecture," p. 3184, and under "Crafts," pp. 3217 – 3218.

Kennedy, A. R. S. "Arts and Crafts," in James Hastings, ed. *Dictionary of the Bible.* Special Illustrated Edition. pp. 52 – 54.

Miller, Madeleine S. and J. Lane. *Encyclopaedia of Bible Life*, articles on "Arts and Crafts," "Apparel," "Jewelry," "Professions and Trades". New York : Harper & Brothers, 1944.

________. *Harper's Bible Dictionary*, articles on "Architecture," "Jewelry," "Synagogue," and "Temple". New York : Harper & Brothers, 1952.

B. 언어와 문학

Buhl, F. "Hebrew Language and Literature," *The New Schaff–*

Herzog Encyclopaedia of Religious Knowledge, Ⅴ. pp. 183–192.
Gelb. I. J. *A Study of Writing*. Chicago : University of Chicago Press, 1952.
Miller, Madeleine S. and J. Lane. *Harper's Bible Dictionary*, articles on "Languages" and "Writing". New York : Harper & Brothers, 1952.
Robertson, E. C. "Writing," *International Standard Bible Encyclopaedia*, V. pp. 3114–3126.
Richardson, A. T. "Language of the New Testament," *International Standard Bible Encyclopaedia*, Ⅲ. pp. 1826–1832.
Unger, Merrill F. *Introductory Guide to the Old Testament*. Grand Rapids : Zondervan Publishing House. 1951, pp. 116–124.
Weir, Thomas W. "Languages of the Old Testament," *International Standard Bible Encyclopaedia*, Ⅲ. pp. 1832–1836.

C. 음 악

Benzinger, I. "Sacred Music : Hebrew," *The New Schaff–Herzog Encyclopaedia of Religious Knowledge*, Ⅹ. pp. 148–152.
La Violette, Wesley. *Music and Its Makers*. Chicago : University of Knowledge, Inc., 1938.
Millar, James. "Music," *International Standard Bible Encyclopaedia*, Ⅲ. pp. 2094 – 2101.
Miller, Madeleine S. and J. Lane. "Music," *Harper's Bible Dictionary*. New York : Harper & Brothers, 1952.
______. "Musical Instruments," *Encyclopaedia of Bible Life*. New York : Harper & Brothers, 1944, pp. 284 – 298.
Prince, J. D. "Music," *Encyclopaedia Biblica*, Ⅲ.
Sachs, Curt. *The History of Musical Instruments*. New York : W.

W. Norton & Co., 1940.
Sellers, O. R. "Musical Instruments of Israel," *Biblical Archaeologist.* September, 1941.
Vos, Howard F. "The Music of Israel," *Bibliotheca Sacra.* October, 1949, pp. 446–457, and January, 1950, pp. 64–70.

15. 과학적 방법

Hastings' Dictionary of the Bible. London : T. & T. Clark, 1910, 5 volumes.
The International Standard Bible Encyclopaedia. Grand Rapids : Wm. B. Eerdmans Publishing Co., 1943, 5 volumes.
Miller, Madeleine S. and J. Lane. *Encyclopaedia of Bible Life.* New York : Harper & Brothers, 1944.
________. *Harper's Bible Dictionary.* New York : Harper & Brothers, 1952.
The New Schaff–Herzog Encyclopaedia of Religious Knowledge. Grand Rapids : Baker Book House, 1949, 13 volumes.
Smith, William. *Smith's Bible Dictionary.* rev. ed. ; Grand Rapids : Zondervan Publishing House, 1953.

16. 철학적 방법

철학 이해에 대한 좋은 지침들을 소개한다. 이는 이 분야에 대한 완전한 참고문헌이라기보다는 우리에게 특별한 관심을 불러일으킬 수 있겠다 싶은 참고문헌을 몇 가지만 소개하고자 한다.

Beck, Lewis. *Philosophic Inquiry. An Introduction to Philosophy.* New York : Prentice–Hall, Inc., 1953.
Castell, Alburey. *An Introduction to Modern Philosophy.* New York : The Macmillan Co., 1946.

Hocking, William Ernest, *Types of Philosophy.* New York : Charles Scribner's Sons, 1939.

McCormick, John F. *Scholastic Metaphysics.* Chicago : Loyola University Press, 1940.

Patrick, George T. W., *Introduction to Philosophy.* New York : Houghton Mifflin, 1935.

Bandall, John H. and Justus Buchler. *Philosophy : An Introduction.* New York : Barnes & Noble, 1942.

Spier, J. M. *An Introduction to Christian Philosophy.* Philadelphia : Presbyterian and Reformed Publishing Co., 1954.

Titus, Harold H. *Living Issues in Philosophy.* New York : American Book Co., 1946.

Young, Warren. *A Christian Approach to Philosophy.* Wheaton, Illinois : Van Kampen Press, 1954.

17. 심리적 방법

Allport, Gordon W. *Personality–A Psychological Interpretation.* New York : Henry Holt & Co., 1937.

Coe, George A. *The Motives of Men.* New York : Charles Scribner's Sons, 1928.

Coleman, James C. *Abnormal Psychology and Modern Life.* Chicago : Scott, Foresman and Co., 1950.

Cross, Hildreth. *An Introduction to Psychology.* Grand Rapids : Zondervan Publishing House, 1952, Conservative Christian approach.

Emerson, Wallace. *Outline of Psychology.* Wheaton, Illinois : Van Kampen, 1953. Conservative Christian approach.

English, O. S. and G. H. J. Pearson. *Emotional Problems of Living.* New York : W. W. Norton & Co., Inc., 1945.

Guthrie, Edwin R. *The Psychology of Human Conflict.* New York

: Harper & Brothers, 1938.

Ligon, Ernest. *The Psychology of Christian Personality.* New York : Macmillan & Co., 1950.

Merton, Robert. *Mass Persuasion.* New York : Harper & Brothers, 1946.

Munn, Norman L. *Psychology : Fundamentals of Human Adjustment.* 2nd edition ; New York : Houghton Mifflin Co., 1951.

Ruch, Floyd L. *Psychology and Life.* 4th edition ; Chicago : Scott Foresman and Co., 1953.

Tiffin, Joseph, Frederic B. Knight, and Eston J. Asher. *The Psychology of Normal People.* rev. edition ; Boston : D. C. Health & Co., 1946.

효과적인
성경연구 방법 17가지 지침

초판 인쇄 1988년 2월 25일
개정1쇄 발행 2009년 11월 30일
지은이 하워드 F. 보스
옮긴이 류 영 모
펴낸이 채 형 욱
펴낸곳 한국장로교출판사
주소 110-470 / 서울특별시 종로구 연지동 135
전화 (02) 741-4381~2 / 팩스 (02) 741-7886
영업국 (031) 944-4340 / 팩스 (031) 944-2623
등록 No.1-84(1951. 8. 3.) / Printed in Korea

ISBN 978-89-398-0178-3

값 9,000원

편집과장 이현주 기획과장 정현선
교정·편집 김효진 표지디자인 김지수
업무과장 박호애 영업팀장 박창원